体教融合下高校体育与健康教育指导教程

任延东　连文冲　康　宁　主编

北京体育大学出版社

策划编辑：史仲华　李志诚
责任编辑：李志诚　陶　源
责任校对：仝杨杨
版式设计：华泰联合

图书在版编目（CIP）数据

体教融合下高校体育与健康教育指导教程 / 任延东，连文冲，康宁主编. -- 北京：北京体育大学出版社，2022.8（2023.8 重印）
ISBN 978-7-5644-3718-3

Ⅰ. ①体… Ⅱ. ①任… ②连… ③康… Ⅲ. ①体育—高等学校—教材②健康教育—高等学校—教材 Ⅳ. ① G807.4 ② G647.9

中国版本图书馆 CIP 数据核字 (2022) 第 143430 号

体教融合下高校体育与健康教育指导教程
TIJIAO RONGHE XIA GAOXIAO TIYU YU JIANKANG JIAOYU ZHIDAO JIAOCHENG
任延东　连文冲　康　宁　主编

出版发行：北京体育大学出版社
地　　址：北京市海淀区农大南路 1 号院 2 号楼 2 层办公 B-212
邮　　编：100084
网　　址：http://cbs.bsu.edu.cn
发 行 部：010-62989320
邮 购 部：北京体育大学出版社读者服务部 010-62989432
印　　刷：北京建宏印刷有限公司
开　　本：787 mm × 1092 mm　1/16
成品尺寸：185mm × 260 mm
印　　张：17
字　　数：360 千字
版　　次：2022 年 8 月第 1 版
印　　次：2023 年 8 月第 2 次印刷
定　　价：49.00 元

编委会

主　编： 任延东　连文冲　康　宁

副主编： 王　涛　曹雷雷　胡　朋　翟羽佳

编　委： 赵明来　曹福忠　顾丽娟　靳鲲鹏

王　强　于　鹏

前　言

学校体育是教育的重要组成部分，是有组织、有计划、有目的的，它与德育、智育、美育、劳育相结合，是全面发展身体，增强体质，传授体育知识、技术和技能，培养学生良好的道德品质和顽强进取的拼搏精神的教育过程。大学体育作为高等学校教育的重要组成部分，是培养新时期全面发展的高素质人才的重要手段，是大学生树立终身锻炼思想和形成良好锻炼习惯的重要途径。作为学校体育的重要舞台，高等院校体育工作如何抓住机遇，促进学校体育工作快速、和谐地发展，已成为我国高等院校体育工作者面临的重大课题。教材建设历来都是高等院校工作的重点之一，是进行体育基本理论教育的重要理论依据。基于国务院批准的《学校体育工作条例》和教育部颁布的《全国普通高等学校体育课程教学指导纲要》的精神，以及教育部、国家体育总局颁布的《国家学生体质健康标准（2014 年修订）》《关于深化体教融合 促进青少年健康发展的意见》等对高等院校体育工作的指导思想、教学目标、课程建设、课程内容、教材改革的要求，我们组织编写了《体教融合下高校体育与健康教育指导教程》这本具有鲜明特色的教材。

本教材强调体育在大学中的学科性，把握大学体育课程发展的时代特征，突出体育思政教育，以“素质教育”“终身体育”“健康第一”为指导思想，以培养大学生的健康体魄和体育能力为最终目标，激发大学生参与体育运动的主动性和积极性，拓展大学生对运动项目选择的自主性和灵活性。本教材共十章，主要内容为体育概述、健康管理、田径运动、游泳运动、大球运动、小球运动、武术与技击、健身与养生运动、形体运动、新兴体育运动。

本教材由任延东、连文冲、康宁担任主编，王涛、曹雷雷、胡朋、翟羽佳担任副主编，赵明来、曹福忠、顾丽娟、靳鲲鹏、王强、于鹏参与编写。作为编者，我们希望此教材让学生既懂理论又会实践，在培养其终身体育意识的同时，又能使自身的体育实践能力得到提高，从而达到大学体育教育的最终目标。

在编写过程中，我们参考和借鉴了大量的文献资料，并得到有关专家的指导和大力支持，在此表示衷心的感谢。

由于时间紧、水平有限，书中若有不妥之处，恳请广大师生批评指正，以便今后修订、完善。

目 录

CONTENTS

第一章 体育概述

第一节 体育的产生与发展

体育作为人类文化的重要组成部分，是随着人类社会的发展而逐渐形成和发展起来的。体育产生与发展的根本动力是人类生存和社会发展的需要。在原始社会，原始人迫于谋生的需要，为寻找食物而跋山涉水，为杀伤猎物而掷石投棍，为追捕野兽而奔跑，为抗御自然侵袭而跋涉迁徙，为防备狩猎时被野兽伤害而进行格斗。显然，像走、跑、跳、投、攀、爬、格斗和游泳等身体运动，都是原始人求生存所必需的基本活动技能。到了原始社会后期，随着生产力的发展，掠夺财产和奴隶而发生的冲突日益频繁，人们需要改善生产工具和狩猎技术，使之成为谋生手段且世代相传，同时人们还意识到必须提高谋生和防卫能力本身所需的智力和体力，于是成年人就把最基本的生产劳动和日常生活的技能和本领传授给下一代。这是人类教学的萌芽，也是体育活动的萌芽——原始体育。

在原始社会，人们往往通过预演劳动过程而使后来实际的劳动取得成功，如狩猎前演示狩猎活动，希望通过模拟杀死或制服假扮的野兽而使以后在实际的狩猎过程中取得成功。这种演示是体育的一种萌芽。此外，原始人在祭祀活动中，要做各种困难、复杂的姿势，如以虎为图腾的民族要做出虎跑腾跃的姿态。这些演示，同样也是体育的萌芽。在这种原始活动中，表现佼佼者受到众人的拥护而成为活动的带领者并有尊贵的社会地位。他们为了保护其地位，在活动中不断做出一般人难以做出的动作，或者能以惊人的体力长时间连续地舞蹈、跳跃等，由此人们在原始活动中展开了体力和体能的竞赛。为了在竞赛中获胜，人们努力锻炼，提高自己的体力和体能。

随着社会生产力的发展，到奴隶制社会初期，战争开始频繁发生。生存还是死亡，做征服者还是奴隶，就看谁在一场竞争中是强者。要想成为强者，就必须在竞争中取胜。因此，培养强壮机敏的身体甚至超常的体力，就成为战争和社会的需要。人类自此首次提出了自觉锻炼身体的要求，并有组织地加以实施。比如古希腊的斯巴达人，为了使男子有健壮、敏捷的身体，他们从 7 岁开始被集中起来专门训练跑、跳、拳击、击剑、摔跤、投标枪、游泳、骑马、狩猎、行军和球戏。这些活动的直接目的就是培养健壮的身体，培养合格的武士。为了使母亲生出健壮的婴儿，斯巴达人要求青年女子参加各种身体锻炼，他们相信，健壮的母亲能生出健壮的婴儿。由此可见，斯巴达人在自觉地培养战争和社会所需要的体质，这鲜明地体现了古代体育的精神。

体育的发展与教育、军事、科学技术以及人们的宗教活动、休闲娱乐活动有着密切的关系。必须指出的是，体育在整个历史发展过程中，受一定的政治、经济条件所制约，并为一定的政治、经济服务。体育的发展大致经过了以下3个时期：原始的体育萌芽时期、自觉从事体育时期、形成与完善体育制度时期。经过这3个时期，逐步形成了现代的体育体系。其中，竞技体育的发展更成为推动现代体育发展的主要动力。

第二节　体育的概念与组成

一、体育的概念

体育是人类社会发展中根据生产和生活的需要，遵循人体身心发展的规律，以身体练习为基本手段，为增强体质、提高运动技术水平、进行思想品德教育、丰富社会文化生活而进行的一种有目的、有意识、有组织的社会活动，是伴随人类社会的发展而逐步建立和发展起来的一个专门的学科领域。

我国对体育的解释有广义和狭义之分。广义的体育是指以身体练习为基本手段，以增强人的体质、促进人的全面发展、丰富社会文化生活和促进精神文明为目的的一种有意识、有组织的社会活动，是体育教育、竞技体育、身体锻炼三者的总称，是社会总文化的一部分，其发展受一定的社会的政治和经济的制约，并为一定的社会的政治和经济服务。狭义的体育是指发展身体，增强体质，传授锻炼身体的知识、技能，培养道德和意志品质的教育过程，是对人体进行培育和塑造的过程，是教育的重要组成部分，是培养全面发展的人的一个重要方面。

二、体育的组成

（一）学校体育

学校体育是随着教育的发展而逐步形成体系的，是体育、学校教育的重要组成部分和结合部分，是实施全民健身的基础。

在欧洲，古希腊已将体育列为教育内容。特别是在封建领主割据的时代，军事体育是统治阶级的特殊需要，因而“骑士七艺”（骑马、游泳、投枪、击剑、打猎、下棋、吟诗）成为骑士教育的主要内容；18世纪后期，普鲁士教育家巴泽多把卢梭的教育观点运用于德国。在其开办的泛爱学校中，体育与劳动的结合比较突出。学生每天读书2小时，体育和音乐活动3小时。在此基础上，形成了较早的学校体育体系。

中国的学校体育，起源于周代的“六艺”（礼、乐、射、御、书、数）。射、御中包括身体训练，礼、乐中的舞蹈也有锻炼身体的功效。学校体育形成主要在近代。1904年，清政府兴办学堂，在学堂中开设体操科，每周2～3学时；1923年，学校课程纲要开始把体操科改为体育科，每周2～3学时。学校体育体系在中华人民共和国成立以后逐渐完善。1952年，教育部设立体育处，管理全国的体育教学与大纲的修订。1956年，我国开始使用统一教学大纲、教材，明确了目的、任务。1979年，教育部制定了全国普通全日制高等学校《体育教学大纲》。

（二）竞技体育

竞技体育又称竞技运动，是指在全面发展身体，最大限度地挖掘和发挥人（个人或群体）在体力、心理、智力等方面的潜力的基础上，以攀登运动技术高峰和创造优异运动成绩为主要目的的体育活动。19世纪末，以奥运会为代表的竞技体育提出了“更快、更高、更强”的口号，使现代竞技体育有着前所未有的竞争性，并与政治、经济、军事、文化、教育等领域密切结合，发挥着巨大的社会功效。

（三）社会体育

社会体育又称大众体育，是以健身、娱乐、休闲、养生、医疗康复为目的的体育活动。社会体育开展的广泛和社会化，取决于一个国家经济的繁荣、生活水平的提高、余暇的增多以及社会环境安定等因素。从发展趋势来看，社会体育作为现代体育发展的重要标志，无论是普及程度还是开展规模，都不亚于竞技体育，已成为现代体育运动的重要组成部分。

第三节 体育与现代社会

如果要全面理解体育与现代社会的关系，必须了解人类的“需要”理论，只有“需要”才能全面理解体育的发展、进步，才能认识现代社会的体育需要。

一、现代社会需要体育

（一）现代社会与健康

《现代汉语词典（第7版）》将健康定义为：（人体）发育良好，机理正常，有健全的心理和社会适应能力。从这个权威性的定义来看，健康不仅仅是躯体的健康，更重要的是心理健康。可以说，人的健康的一半是心理健康。即人们在自然和社会环境中，遇到困难、挫折、突发意外等情况时，也能够做到心理和谐、情绪稳定、精神饱满，从而正确地对待、处理和排除不利因素的影响。

（二）现代社会对人才的基本要求

世界经济的全球化和科学技术的迅猛发展，正日益深刻地改变着当今人类的生产方式和生活方式，以信息转移为特征的知识经济时代已经到来，知识、人才、民族的素质和国家的创新能力等要素已成为经济增长和社会发展的关键因素。当今世界各国的竞争，实际上是知识、人才的竞争。要想在竞争中抢占制高点，赢得主动权，最根本的就是要依靠高素质的劳动者和创新的人才。从现代社会的发展来看，对现代合格人才的基本要求可以归纳为以下几个方面：①体质良好，体格健壮，适应能力强；②体能全面；③心理健康。

二、体育培养现代人的作用

在人类社会文明程度较低时，人类为基本生存和安全需要而发展自身的身体能力；工业时代到来后，综合性体力劳动过渡到片面性体力劳动；信息产业兴起后，片面性体力劳动向脑力劳动转化。尽管人类医疗、卫生、环境、体育手段等都得到较好的发展，但是人们也强烈地意识到人体的弱化在加速。今天，人类已经步入信息化的知识经济时代，脑力劳动不可避免地占据主导地位，人类比任何时候都需要体育，现代社会更需要体育。体育的作用主要表现在以下 3 个方面。

（一）体育能促进身心健康

新技术革命的浪潮席卷全球，新信息、新观念、新学科、新技术、新理论层出不穷，人类进入一个知识纵横交叉、一体化的科学时代。特别是信息技术、生物工程、微电子技术的高速发展，带来了高层次、多系列和综合化的发展，信息量不断增长，更新快，人类要不断地适应变化和挑战。在这个过程中，人类要面临精神压力，而参与体育运动能缓解这种压力。体育既是对过去生活的连续和弥补，又是对未来生活的准备和承接。体育是人类缓慢的生物进程与急速社会发展进程间的“润滑剂”，是追寻身心健康的有益方式。

（二）体育能促进智力发展

现代社会知识的更新越来越快，这就要求人们具有较强的学习能力。体育能提高大脑皮质反应的灵活性，具有激活脑细胞的功能，可以发展积极思维、良好记忆和集中注意力，而这些都是学习知识所必备的条件。随着科技的发展，从事脑力劳动的人不断增多已是现代社会发展的趋势。脑力劳动者机能特点是呼吸表浅、血液循环慢、新陈代谢慢、肌肉活动量小，但大脑神经系统却处于高强度工作状态，大脑疲劳会使工作、学习能力下降。根据高级神经活动的负诱导规律，运动中枢的兴奋可以使思维、记忆中枢得到更完全的休息。运动生理学研究表明：科学的体育运动，能对大脑中枢神经系统和内分泌系统产生良好的刺激，促进人体新陈代谢，加速血液循环，提高心脏功能，改善大脑的供氧能力，从而消除大脑的疲劳，恢复和提高大脑的工作能力。

（三）体育能培养高尚的道德情操

体育运动是一种有一定约束力的社会活动。各种比赛都有严格的规则，且在裁判员的直接监督和教练员的教导下有组织地进行，参与运动和比赛的人必须遵守这些准则。这也是对培养人们遵守社会生活准则和职业道德的强化。对于体育运动，特别是集体项目的运动，只有个人之间相互配合才能进行。如排球，通过一传、二传和攻手的密切配合才能在比赛中取得胜利；足球，从守门员到前锋队员形成一个整体，团结协作才能赢得比赛。体育运动的这些特性，对培养人们的团结协作精神起到了强化作用。

第二章 健康管理

第一节 体育运动与健康

一、健康与亚健康

（一）健康

1. 健康的含义

1948年，世界卫生组织（WHO）明确提出：健康不仅是没有疾病或不虚弱，而且是身体上、心理上和社会上的完好状态。这是世界公认的对健康的标准定义，此定义提出了健康新概念，即健康包括身体健康、心理健康和社会适应能力良好3个方面，即三维健康观。1989年，世界卫生组织在对健康定义的阐述中，又在此基础上增加了道德健康，即四维健康观。2000年，世界卫生组织又提出了“合理膳食，戒烟，心理健康，克服紧张压力，体育运动”的促进健康新准则。由此看出，对于健康的认识是一个不断发展的过程。世界卫生组织关于健康概念的发展变化，是对健康的比较全面的认识，这是一种整体的、积极向上的健康观，表明人们传统的健康思维发生了变化，明确指出了只有在身体、心理、社会适应和道德等几方面都健康，才算得上是真正意义上的健康。健康概念的发展变化，说明了人类对健康的重视程度和生活质量的不断提高。那种在传统意义上的没有病即健康的观念显然是非常不全面的。健康是人类生存发展的一个基本要素。随着社会的进步和医学科学的发展，生物—心理—社会医学模式逐渐取代了传统的生物医学模式，人们对健康含义的理解也越来越深入。

2. 健康的基石与标准

（1）健康的四大基石。

第一，合理膳食。

第二，适量运动。

第三，戒烟限酒。

第四，心理平衡。

（2）健康的标准。

2000年，世界卫生组织根据健康的新含义提出了健康的10条标准，如下：

第一，精力充沛，能从容不迫地担负日常生活，对繁重的工作不感到过分紧张、疲劳。

第二，处事乐观，态度积极，乐于承担责任，事无大小，不挑剔。

第三，善于休息，睡眠好。

第四，应变力强，能适应外界的各种变化。

第五，能抵御一般疾病，如感冒。

第六，体重适当，身体匀称。站立时，头、肩、臀位置协调。

第七，眼睛明亮，反应敏捷，眼睑不发炎。

第八，牙齿清洁，无龋齿，无疼痛，牙龈颜色正常，无出血现象。

第九，头发有光泽，无头屑。

第十，肌肉丰满，皮肤有弹性。

（二）亚健康

1. 亚健康的含义

亚健康是一种生理功能低下的次等健康状态，故又有“次健康”“第三状态”等称谓。世界卫生组织将机体无器质性病变，但是有一些功能改变的状态称为“第三状态”，我国称其为“亚健康状态”。亚健康是指心理、生理、社会环境等因素造成人体的神经、内分泌、免疫系统整体协调失衡、功能紊乱，导致机体的内稳态和阴阳平衡出现失调，从而引起机体出现暂时的不稳定状态的现象。

2. 亚健康的表现

亚健康的表现多而复杂，具体包括身体、心理、道德和社会适应性等方面。

（1）身体方面。

全身疲乏无力，不愿多干活，不愿多走路，自感体质虚弱，步伐沉重；浑身酸痛、头昏、头痛、腰酸背痛、四肢肌肉酸痛，常诊断为“风湿”“痛风”“腰肌劳损”等；睡眠障碍，每天昏昏沉沉，头脑不清醒，想睡睡不着，睡着睡不深，睡深睡不久，睡久睡不安，经常做一些怪诞的噩梦；机能低下，免疫力下降；性功能低下，男性常表现为阳痿、性交不能、早泄，女性表现为性冷漠、性恐惧、性厌恶等；功能紊乱，常见的有自主神经功能紊乱，表现为感觉忽冷忽热，爱出汗，皮肤经常出现烧灼、针刺不定位的疼痛、麻木、蚁走样等异常感觉；胃肠功能紊乱，食欲不振、厌食、恶心、腹胀、便秘等。

（2）心理方面。

精神不愉快、情绪不稳定、烦躁、易怒、紧张、恐惧、妒忌、焦虑、抑郁、记忆力下降、注意力不集中及反应迟钝。

（3）道德方面。

道德方面主要表现为世界观、人生观和价值观上存在着明显的损人利己的问题。

（4）社会适应性方面。

社会适应性方面突出表现为对工作、生活、学习等环境难以适应，人际关系难以协调，对社会看不惯，牢骚满腹，固执己见，看问题主观、片面，偏激，爱吵架，脱离实际脱离社会。与同学、朋友或家庭成员关系紧张，自己感到很烦恼、很孤独，工作、学习效率低下。

总之，亚健康的临床表现存在着“三低”“四多”“八高”。“三低”指免疫力低，工作效率低，适应（环境、社会、角色）能力低；“四多”指疲劳症状多，器官功能紊乱多，高负荷（精神负担和体力透支）多，超重、肥胖多；“八高”是指医院血液检查发现高血压、高血脂、高胆固醇、高血黏度、高低密度脂蛋白、高血糖、高血酶及脂肪肝。

3. 亚健康产生的主要原因

（1）过度紧张和过高的压力。

研究表明，长时期的紧张和过高的压力对健康有“四害”：一是引发急慢性应激直接损害心血管系统和胃肠系统，造成应激性溃疡和血压升高、心率增快，加速血管硬化进程和心血管事件发生；二是引发脑应激疲劳和认知功能下降；三是破坏生物钟，影响睡眠质量；四是导致免疫力下降，使罹患恶性肿瘤和感染病毒机会增加。

（2）不良生活习惯。

不良生活习惯可导致肿瘤、心脑血管疾病等。不良生活习惯主要表现为饮食结构不合理、长期偏食、暴饮暴食、嗜烟酗酒。

（3）环境污染。

水源和空气污染、噪声、微波、电磁波及其化学、物理因素污染是防不胜防的健康隐性杀手。

4. 亚健康的测评方法与诊断标准

国内外针对亚健康的测评方法主要有五类，分别为体质测量法、血液生化检测法、健康评估法、症状标准评价法和问卷评定量表法，在此不做详细介绍。目前，我国医学界普遍接受的亚健康诊断参考标准如下。

（1）持续3个月以上反复出现不适状态或适应能力显著减退，但能维持正常工作。

（2）无重大器官器质性疾病及精神心理疾病。

（3）尽管有明确的非重大器官器质性疾病或精神心理疾病诊断，但无须用药维持，且与目前不适状态或适应能力的减退无因果联系。

5. 预防或摆脱亚健康的方法

亚健康属于非疾病状态。要摆脱亚健康，主要是靠自己主动自觉地预防，可以从均衡营养、保障睡眠、善待压力、培养兴趣、参加户外活动几个方面进行自身生活规律的调节，这些有助于预防或摆脱亚健康。

二、体育运动对健康的积极影响

（一）体育运动对新陈代谢的影响

体育运动时体内物质的新陈代谢加快，能量消耗增加。如以 6 km/h 的速度快步走，每分钟能量消耗比坐着工作、学习时大 3 倍。参加一场篮球比赛的能量消耗比安静时增加 20 倍以上。能量消耗增加，促进了体内消化吸收过程，也补充了体内需要。根据“超量恢复”规律，在正常范围内，体育运动时能量消耗会在运动后加以恢复，并且超过原来消耗的水平。

由于体育运动后恢复过程加强，需要从外界吸取更多的营养物质，因此必然会促进消化吸收功能的加强。体育运动时，呼吸运动加强，膈肌活动范围加大（等于对腹壁胃肠做按摩），对促进消化道工作、加强消化功能也非常有利。同时，体育运动还能提高腹肌力量，有利于维持正常的腹部压力，促进消化吸收。体育运动还可以使人心情愉快，精神饱满，对消化吸收功能也有良好的作用。适当的体育运动对消化不良、便秘、胃下垂等有积极辅助治疗的作用。体育运动不仅能增加热能的消耗，还可以增强机体代谢，提高体内某些酶，尤其是脂蛋白酶的活性，有利于三酸甘油酯的运输和分解，从而减少血液中的脂肪。动脉硬化是随着人年龄的增长而出现的血管疾病，通常是在青少年时期发生，至中老年时期加重、发病，男性患者较女性多。近年来，动脉硬化患者在我国逐渐增多，动脉硬化成为老年人死亡的主要原因之一。体育运动可以增加高密度脂蛋白，减少低密度脂蛋白，把多余胆固醇从胆道与肠道排至体外，避免过剩胆固醇沉积在血管内壁。此外，体育运动可以促进血液循环，增加血管弹性，降低血压，消耗过剩热量，使身体脂肪比重减少，肌肉比重增加，从而减轻体重。

（二）体育运动对运动系统的影响

1. 体育运动对骨关节的良好影响

合理的体育运动能促进骨的血液循环，增加对骨的血液供应，使正处于旺盛造骨时期的骨组织能获得更多的造骨原料，加速造骨过程，加快骨的生长；能增强骨的抗折、抗弯、抗压、抗扭曲等能力，使骨更坚固；能预防关节的变形；能保持骨的弹性，延缓骨的老年性、退行性变化；有助于增强韧带的弹性，增加关节的稳固性，提高关节的灵活性。

2. 体育运动对肌肉的良好影响

（1）肌肉体积增大。通过体育运动，可以明显地看到肌肉体积的增大。不同运动项目肌肉增大部位和程度不一。力量性练习，如举重和投掷项目可使肌纤维得到极大程度的增粗，这些项目可使白肌纤维和红肌纤维都增粗，但往往白肌纤维增粗较大。耐力性练习，如长跑和自行车运动员的肌纤维增粗不明显。

（2）肌肉重量增加。经常运动的人肌肉重量可占体重的 50%，某些受过长期训练的专项运动员甚至可达 60%。

（3）肌肉内中脂肪含量减少。

（4）肌肉内结缔组织增多。

（5）肌肉内化学成分发生变化。

（6）肌肉内毛细血管增多。肌肉内有丰富的毛细血管，在 1 mm^2 肌肉中，约有 4000 根毛细血管。但在平时仅开放很少一部分，开放 30 ～ 270 根。体育运动时，肌肉的活动促使肌肉内毛细血管大量开放，其开放数量可达安静时的 20 ～ 50 倍，这样，肌肉可获得比平时多得多的氧气及养料，大大促进了肌肉的生长。

（7）参加活动的肌纤维数量增加。

（三）体育运动对心血管系统的影响

有规律的体育运动，可以减慢安静时和运动时的心率，加强心脏功能，保持冠状动脉血流畅通，更好地供给心肌所需要的营养，可使心脏病的患病率降低。

（1）经常参加体育运动可以使心肌细胞内的蛋白质合成增加，心肌纤维增粗，使得心肌收缩力量增加，这样，可以使心脏在每次收缩时将更多的血液射入血管，使心脏的每搏输出量增加，长时间的体育运动可使心室容量增大。

（2）体育运动可以增加血管壁的弹性，这对人健康的远期效果来说是十分有益的。人随着年龄的增加，血管壁的弹性逐渐下降，因而可诱发高血压等疾病。通过体育运动，可增加血管壁的弹性，预防或缓解高血压症状。

（3）体育运动可以促使大量毛细血管开放，加快血液与组织液的交换，提高新陈代谢的水平，增强机体能量物质的供应和代谢物质的排出能力。

（4）体育运动可以显著降低血脂含量，有效地防治冠心病、高血压和动脉粥样硬化等疾病。

（5）体育运动还可以使安静时脉搏徐缓和血压降低。

（四）体育运动对呼吸系统的影响

（1）经常参加体育运动，特别是做一些伸展扩胸运动，可以使呼吸肌力量加强，胸廓扩大，有利于肺组织的生长发育和肺的扩张，使肺活量增加。经常性的深呼吸运动，也可以促使肺活量的增长。大量实验表明，经常参加体育运动的人，肺活量高于一般人。

（2）体育运动由于加强了呼吸力量，可使呼吸深度增加，有效地增加肺的通气效率。研究表明，一般人在运动时肺通气量能增加到 60 L/min 左右，有体育运动习惯的人运动时肺通气量可达 100 L/min 以上。

（3）一般人在进行体育活动时只能利用其最大摄氧量的 60% 左右，而经过体育运动后可以使这种能力大大地提高。体育运动时，即使氧气的需要量增加，也能满足机体的需要，而不至于使机体缺氧。

（五）体育运动对神经系统的影响

体育运动能改善神经系统的调节功能，提高神经系统对人体在活动时错综复杂的变化的判断能力，并及时做出协调、准确、迅速的反应。此外，体育运动对神经系统的良好影响，主要在于它是一种积极的休息。当经过较长时间的脑力劳动，感到疲劳时，参加短时间的体育运动，可以转移大脑皮层的兴奋中心，使原来高度兴奋的神经细胞得到良好的休息，同时又补充了氧气和营养物质。而脑组织所需氧气和营养物质的供给又依赖于血液循环、呼吸和消化系统，体育运动在很大程度上改善了这些系统的功能，提高了它们的工作效率，从而促进了脑血液循环，改善了脑组织的氧气和营养物质供应，使脑组织的工作效率有了显著提高。神经系统在机体其他系统的配合下，构成了神经—体液调节系统，后者是人体全自动控制系统的中枢，主要负责维持人体的稳定状态。经常参加体育运动，可以使这一系统的功能得到加强，使中枢神经系统对兴奋和抑制的调节能力更趋完善，从而进一步活跃全身各个系统和器官的功能，使它们的活动更加协调，提高工作效率，使它们对外界刺激的反应迅速、灵敏，以适应外界环境的变化并增强抵抗各种疾病的能力。

（六）体育运动对衰老的影响

随着年龄的增长，身体的生理机能由旺盛期开始走下坡路，头发变白，肌肉萎缩，关节不灵活，皮肤松弛……这些衰老表现虽然是自然生理现象，不可避免，但我们总是可以让衰老的脚步放慢些，再慢些。体育运动是延缓衰老的重要手段之一。体育运动延缓衰老是有科学依据的，它能使体内各器官功能保持相对年轻。坚持运动的中老年人的心肺功能可能比他们的实际年龄要年轻 20 ～ 30 岁。此外，体育运动还可以促进人体内新陈代谢，提高人的免疫功能，使人开朗愉快，有助于心理上推迟衰老等。

（七）体育运动对心理方面的影响

体育运动对心理的发展（如增强信心、培养稳定的情绪等）有巨大的推动作用。相反，不积极参与体育运动，不良情绪得不到彻底宣泄，对心理健康有负面影响。常见心理健康的体育运动疗法如下。一是人际关系紧张的体育运动疗法。多参加群体性合作项目，如球类运动、拓展训练等，通过协作、配合学会与人交际和懂得换位思考。二是神经衰弱的体育运动疗法。多参加体育舞蹈、健美操、瑜伽等运动，舒缓紧张的神经。三是互联网成瘾综合征的体育运动疗法。可通过专门的拓展训练锻炼其坚韧、顽强果敢的意志品质。四是易躁易怒的体育运动疗法。有氧运动及中小强度运动对长期性的、轻微或中度的焦虑症和抑郁症有一定的治疗作用，如慢跑、游泳、下棋等。五是紧张胆怯的体育运动疗法。多参加竞争性强的运动，如球类运动等，可有效调节中枢神经系统的活动，使紧张的情绪得到缓解。六是内向腼腆的体育运动疗法。参加一些群体性、合作性较强的项目，在活动中尽可能争取多的表现机会，在团队协作中增强自信，敢于在公众面前表现自己。

体育思政园地

体育思政是课程思政的重要组成部分。高校体育应全面落实“立德树人”的根本任务，以身体练习为主要手段，通过合理的体育教育和科学的体育锻炼，达到增强大学生体质、增进大学生健康、提高大学生体育素养的目的。高校体育课程是寓思想品德教育、文化科学教育、生活与体育技能教育于身体活动并有机结合的教育过程，也是实施素质教育和培养全面发展的人才的重要途径。开展体育思政教育可不断丰富高校体育教育的内涵，提高高校体育课程的教育效果。

第二节　大学生体质健康标准与评价

一、实施说明

《国家学生体质健康标准（2014 年修订）》（以下简称《标准》）是国家学校教育工作的基础性指导文件和教育质量基本标准，是评价学生综合素质、评估学校工作和衡量各地教育发展的重要依据，是《国家体育锻炼标准》在学校的具体实施，适用于全日制普通小学、初中，普通高中，中等职业学校，普通高等学校的学生。

《标准》从身体形态、身体机能和身体素质等方面综合评定学生的体质健康水平，是促进学生体质健康发展、激励学生积极进行身体锻炼的教育手段，是国家学生发展核心素养体系和学业质量标准的重要组成部分，是学生体质健康的个体评价标准。

《标准》将适用对象中高校部分分为两组：大学一、二年级为一组，大学三、四年级为一组。大学各组别的测试指标均为必测指标。其中，身体形态类中的身高、体重，身体机能类中的肺活量，以及身体素质类中的 50 m 跑、坐位体前屈、立定跳远为各年级大学生共性指标。

《标准》的学年总分由标准分与附加分构成，满分为 120 分。标准分为各单项指标得分与权重乘积之和，满分为 100 分。附加分根据实测成绩确定，即对成绩超过 100 分的加分指标进行加分，满分为 20 分。大学的加分指标为男生引体向上和 1000 m 跑，女生 1 min 仰卧起坐和 800 m 跑，各指标加分幅度均为 10 分。

根据大学生学年总分评定等级：90.0 分及以上为优秀，80.0 ～ 89.9 分为良好，60.0 ～ 79.9 分为及格，59.9 分及以下为不及格。

评价指标与权重见表 2–2–1。

表 2–2–1 评价指标与权重

测试对象	单项指标	权重 /%
大学各年级	体重指数（BMI）	15
	肺活量	15
	50 m 跑	20
	坐位体前屈	10
	立定跳远	10
	引体向上（男）/1 min 仰卧起坐（女）	10
	1 000 m 跑（男）/800 m 跑（女）	20

注：体重指数（BMI）= 体重（kg）/ 身高^2（m^2）。

二、测试项目

（一）身高

1. 测试目的

测试学生的身高，与体重测试相配合，评定学生的身体匀称度，评价学生生长发育的水平及营养状况。

2. 场地器材

身高计。使用前应校对 0 点，以钢尺测量基准板平面至立柱前面红色刻线的高度是否为 10.0 cm，误差不得大于 0.1 cm。同时应检查立柱是否垂直，连接处是否紧密，有无晃动，零件有无松脱等情况，并及时加以纠正。

3. 测试方法

受试者赤足，立正姿势站在身高计的底板上（上肢自然下垂，足跟并拢，足尖分开约 60°），足跟、骶骨部及两肩胛区与立柱相接触，躯干自然挺直，头部正直，耳屏上缘与眼眶下缘水平。成绩以 cm 为单位，精确到小数点后一位。测试误差不得超过 0.5 cm。

（二）体重

1. 测试目的

测试学生的体重，与身高测试相配合，评定学生的身体匀称度，评价学生生长发育的水平及营养状况。

2. 场地器材

杠杆秤或电子体重计。使用前应检验其准确度和灵敏度。准确度要求误差不超过0.1%，即每100 kg误差小于0.1 kg。准确度的检验方法是：以备用的10 kg、20 kg、30 kg标准砝码（或用等重标定重物代替）分别进行称量，检查指标读数与标准砝码误差是否在允许范围。灵敏度的检验方法是：置100 g砝码，观察刻度尺变化，如果刻度抬高了3 mm或游标向远移动0.1 kg而刻度尺维持水平位时，则达到要求。

3. 测试方法

测试时，杠杆秤应放在平坦地面上，受试者赤足（男性受试者身着短裤，女性受试者身着短裤短袖衫）站在秤台中央。读数以kg为单位，精确到小数点后一位。测试误差不超过0.1 kg。

（三）肺活量

1. 测试目的

测试学生的通气功能。

2. 场地器材

电子肺活量计。

3. 测试方法

使用干净的吹嘴。受试者进行一两次较平日深一些的呼吸动作后，更深地吸一口气，向吹嘴处慢慢呼气至不能再呼气为止。每位受试者测一次，以mL为单位，不保留小数。

（四）50 m跑

1. 测试目的

测试学生速度、灵敏素质及神经系统灵活性的发展水平。

2. 场地器材

50 m直线跑道若干条，地面平坦，地质不限，跑道线要清晰。发令旗一面，口哨一个，秒表若干块（一道一表）。秒表使用前应用标准秒表校正，每分钟误差不得超过0.2 s。标准秒表的选定，以北京时间为准，每小时误差不超过0.3 s。

3. 测试方法

受试者至少两人一组测试，采用站立式起跑。受试者听到“跑”的口令后起跑。发令员在发出口令同时要摆动发令旗。计时员视旗动开表计时，当受试者的躯干部到达终点线垂直面时停表。记录以s为单位，精确到小数点后一位。小数点后第二位数按非0进1原则进位，如10.11 s读成10.2 s，并记录。

（五）立定跳远

1. 测试目的

测试学生下肢肌肉爆发力及身体协调能力的发展水平。

2. 场地器材

在沙坑（沙面与地面齐平）或土质松软的平地上进行。起跳线至沙坑近端不得少于30 cm。起跳地面要平坦，不得有坑凹。

3. 测试方法

受试者两脚自然分开站立，站在起跳线后，脚尖不得踩线（最好用线绳做起跳线）。两脚原地同时起跳，不得有垫步或连跳动作。丈量起跳线后缘至最近着地点后缘的垂直距离。每人试跳1次。以 cm 为单位，不计小数。

（六）坐位体前屈

1. 测试目的

测试学生在静止状态下的躯干、腰、髋等部位可能达到的活动幅度，主要反映这些部位关节、韧带和肌肉的伸展性与弹性及学生身体柔韧性的发展水平。

2. 场地器材

使用坐位体前屈测试计测量。将仪器放置在平坦地面上。测试前用直尺进行校正，即将直尺放在平台上，使游标的上面与平台水平，将游标的刻度调到0位。

3. 测试方法

受试者两腿伸直，两脚平蹬测试纵板坐在平地上，两脚分开10～15 cm，上体前屈，两臂伸直向前，用两手中指指尖逐渐向前推动游标，直到不能前推。测试计的脚蹬纵板内沿平面为0点，向后为负值，向前为正值。记录以 cm 为单位，保留一位小数。测试2次，取最好成绩。

（七）800 m 跑（女）或 1000 m 跑（男）

1. 测试目的

测试学生耐力素质的发展水平，特别是心血管呼吸系统的机能及肌肉耐力。

2. 场地器材

400 m、300 m、200 m 田径场跑道，地质不限。也可以使用其他不规则场地，但必须丈量准确，地面平坦。发令旗一面。秒表若干块，使用前需要校正，要求同50 m 跑。

3. 测试方法

受试者至少两人一组测试，采用站立式起跑，受试者听到“跑”的口令后起跑。发令员在发口令同时要摆动发令旗。计时员视旗动开表计时，当受试者的躯干部到达终点线垂直面时停表。以 min · s 为单位记录测试成绩，不计小数。

（八）引体向上（男生）

1. 测试目的

测试学生上肢肌肉力量的发展水平。

2. 场地器材

高单杠或高横杠，杠粗以手能握住为准。

3. 测试方法

受试者跳起双手正握杠，两手与肩同宽成直臂悬垂。静止后，两臂同时用力引体（身体不能有附加动作），上拉到下颌超过横杠上缘为完成一次。记录引体次数。

（九）1 min 仰卧起坐（女生）

1. 测试目的

测试学生的腹肌耐力。

2. 场地器材

垫子若干块（或代用品），并铺放平坦。

3. 测试方法

受试者全身仰卧于垫上，两腿稍分开，屈膝 90° 左右，两手指交叉贴于脑后。另一同伴压住其踝关节，以便固定下肢。受试者起坐时两肘触及或超过双膝为完成一次。仰卧时两肩胛必须触垫。测试人员发出“开始”口令的同时开表计时，记录 1 min 内完成次数。1 min 到时，受试者虽已坐起但未达到双膝者不计次数，精确到个位。

三、评分标准

（一）大学生体重指数（BMI）单项评分标准

大学生体重指数（BMI）单项评分标准见表 2–2–2。

表 2–2–2 大学生体重指数（BMI）单项评分标准

等级	单项得分	男生 体重指数 /（kg/m^2）	女生 体重指数 /（kg/m^2）
正常	100	17.9 ～ 23.9	17.2 ～ 23.9
低体重	80	≤ 17.8	≤ 17.1
超重		24.0 ～ 27.9	24.0 ～ 27.9
肥胖	60	≥ 28.0	≥ 28.0

（二）大学生身体素质评分标准

大学男生身体素质评分标准见表 2–2–3，大学女生身体素质评分标准见表 2–2–4。

表 2-2-3 大学男生身体素质评分标准

项目		肺活量		50 m 跑		坐位体前屈		立定跳远		引体向上		1 000 m 跑	
单位		mL		s		cm		cm		次		min · s	
等级	得分	大一大二	大三大四	大一大二	大三大四	大一大二	大三大四	大一大二	大三大四	大一大二	大三大四	大一大二	大三大四
优秀	100	5 040	5 140	6.7	6.6	24.9	25.1	273	275	19	20	3'17"	3'15"
	95	4 920	5 020	6.8	6.7	23.1	23.3	268	270	18	19	3'22"	3'20"
	90	4 800	4 900	6.9	6.8	21.3	21.5	263	265	17	18	3'27"	3'25"
良好	85	4 550	4 650	7.0	6.9	19.5	19.9	256	258	16	17	3'34"	3'32"
	80	4 300	4 400	7.1	7.0	17.7	18.2	248	250	15	16	3'42"	3'40"
及格	78	4 180	4 280	7.3	7.2	16.3	16.8	244	246	—	—	3'47"	3'45"
	76	4 060	4 160	7.5	7.4	14.9	15.4	240	242	14	15	3'52"	3'50"
	74	3 940	4 040	7.7	7.6	13.5	14.0	236	238	—	—	3'57"	3'55"
	72	3 820	3 920	7.9	7.8	12.1	12.6	232	234	13	14	4'02"	4'00"
	70	3 700	3 800	8.1	8.0	10.7	11.2	228	230	—	—	4'07"	4'05"
	68	3 580	3 680	8.3	8.2	9.3	9.8	224	226	12	13	4'12"	4'10"
	66	3 460	3 560	8.5	8.4	7.9	8.4	220	222	—	—	4'17"	4'15"
	64	3 340	3 440	8.7	8.6	6.5	7.0	216	218	11	12	4'22"	4'20"
	62	3 220	3 320	8.9	8.8	5.1	5.6	212	214	—	—	4'27"	4'25"
	60	3 100	3 200	9.1	9.0	3.7	4.2	208	210	10	11	4'32"	4'30"
不及格	50	2 940	3 030	9.3	9.2	2.7	3.2	203	205	9	10	4'52"	4'50"
	40	2 780	2 860	9.5	9.4	1.7	2.2	198	200	8	9	5'12"	5'10"
	30	2 620	2 690	9.7	9.6	0.7	1.2	193	195	7	8	5'32"	5'30"
	20	2 460	2 520	9.9	9.8	–0.3	0.2	188	190	6	7	5'52"	5'50"
	10	2 300	2 350	10.1	10.0	–1.3	–0.8	183	185	5	6	6'12"	6'10"

表 2-2-4 大学女生身体素质评分标准

项目		肺活量		50 m 跑		坐位体前屈		立定跳远		1min 仰卧起坐		800 m 跑	
单位		mL		s		cm		cm		次		min · s	
等级	得分	大一大二	大三大四	大一大二	大三大四	大一大二	大三大四	大一大二	大三大四	大一大二	大三大四	大一大二	大三大四
优秀	100	3 400	3 450	7.5	7.4	25.8	26.3	207	208	56	57	3'18"	3'16"
	95	3 350	3 400	7.6	7.5	24.0	24.4	201	202	54	55	3'24"	3'22"
	90	3 300	3 350	7.7	7.6	22.2	22.4	195	196	52	53	3'30"	3'28"

续表

项目		肺活量		50 m 跑		坐位体前屈		立定跳远		1min 仰卧起坐		800 m 跑	
单位		mL		s		cm		cm		次		min · s	
等级	得分	大一大二	大三大四	大一大二	大三大四	大一大二	大三大四	大一大二	大三大四	大一大二	大三大四	大一大二	大三大四
良好	85	3 150	3 200	8.0	7.9	20.6	21.0	188	189	49	50	3'37"	3'35"
	80	3 000	3 050	8.3	8.2	19.0	19.5	181	182	46	47	3'44"	3'42"
及格	78	2 900	2 950	8.5	8.4	17.7	18.2	178	179	44	45	3'49"	3'47"
	76	2 800	2 850	8.7	8.6	16.4	16.9	175	176	42	43	3'54"	3'52"
	74	2 700	2 750	8.9	8.8	15.1	15.6	172	173	40	41	3'59"	3'57"
	72	2 600	2 650	9.1	9.0	13.8	14.3	169	170	38	39	4'04"	4'02"
	70	2 500	2 550	9.3	9.2	12.5	13.0	166	167	36	37	4'09"	4'07"
	68	2 400	2 450	9.5	9.4	11.2	11.7	163	164	34	35	4'14"	4'12"
	66	2 300	2 350	9.7	9.6	9.9	10.4	160	161	32	33	4'19"	4'17"
	64	2 200	2 250	9.9	9.8	8.6	9.1	157	158	30	31	4'24"	4'22"
	62	2 100	2 150	10.1	10.0	7.3	7.8	154	155	28	29	4'29"	4'27"
	60	2 000	2 050	10.3	10.2	6.0	6.5	151	152	26	27	4'34"	4'32"
不及格	50	1 960	2 010	10.5	10.4	5.2	5.7	146	147	24	25	4'44"	4'42"
	40	1 920	1 970	10.7	10.6	4.4	4.9	141	142	22	23	4'54"	4'52"
	30	1 880	1 930	10.9	10.8	3.6	4.1	136	137	20	21	5'04"	5'02"
	20	1 840	1 890	11.1	11.0	2.8	3.3	131	132	18	19	5'14"	5'12"
	10	1 800	1 850	11.3	11.2	2.0	2.5	126	127	16	17	5'24"	5'22"

（三）加分指标评分

引体向上、1 min 仰卧起坐均为高优项目，学生成绩超过单项评分 100 分对应的成绩后，应以超过的次数所对应的分数进行加分，具体见 2–2–5、表 2–2–6。1000 m 跑、800 m 跑均为低优项目，学生成绩低于单项 100 分对应的成绩后，应以减少的时间所对应的分数进行加分，具体见表 2–2–7。

表 2–2–5 男生引体向上加分评分表

加分	大一大二 / 次	大三大四 / 次
10	10	10
9	9	9
8	8	8
7	7	7
6	6	6
5	5	5

续表

加分	大一大二 / 次	大三大四 / 次
4	4	4
3	3	3
2	2	2
1	1	1

表 2-2-6 女生 1 min 仰卧起坐加分表

加分	大一大二 / 次	大三大四 / 次
10	13	13
9	12	12
8	11	11
7	10	10
6	9	9
5	8	8
4	7	7
3	6	6
2	4	4
1	2	2

表 2-2-7 800 m、1000 m 跑加分表

加分	男生 1 000 m 跑		女生 800 m 跑	
	大一大二	大三大四	大一大二	大三大四
10	–35"	–35"	–50"	–50"
9	–32"	–32"	–45"	–45"
8	–29"	–29"	–40"	–40"
7	–26"	–26"	–35"	–35"
6	–23"	–23"	–30"	–30"
5	–20"	–20"	–25"	–25"
4	–16"	–16"	–20"	–20"
3	–12"	–12"	–15"	–15"
2	–8"	–8"	–10"	–10"
1	–4"	–4"	–5"	–5"

体育思政园地

"青年兴则国家兴，青年强则国家强。"大学生的全面健康是保障其成长、成才的重要基础。大学生只有保持全面健康，才能承担起建设中国特色社会主义、实现中华民族伟大复兴的历史使命和历史重任。

第三节 常见运动损伤与应急处置

运动损伤是指在体育运动过程中所发生的各种损伤。运动损伤与运动项目、教材内容、技术动作、练习水平、技能基础、教学环境与条件有着密切的关系。运动损伤会直接影响学生的身心健康和学习，因此，应采取有效的安全措施，避免运动损伤的发生。

一、出血和止血

在运动过程中，外伤引起各部位出血，特别是较大的动脉损伤所引起的大出血，如果止血不及时或处理不当，很可能会危及生命。

（一）出血的种类

1. 根据人体损伤的部位分类

根据人体损伤的部位分类，出血可分为外出血和内出血两类。

（1）外出血：指体表有伤口，血从伤口往体表外流出。外出血是运动损伤中常见的一种出血方式，也是威胁伤者生命的重要因素之一。因此，采取妥善的止血方法就显得尤为重要。

（2）内出血：指体表无伤口，血液由破裂的血管流入组织（皮下组织、肌肉组织）、体腔（胸腔、腹腔、关节腔）或官腔（胃肠道、呼吸道）。运动中常见的内出血有皮下淤血、膝关节腔内积血、腹部严重挫伤时导致肝破裂或其他脏器损伤时的腹腔内出血。由于内出血没有血流至体外，较为隐蔽，不易及时发现，一旦发现，就可能已经酿成大出血而危及生命，因此，如果受伤后没有外出血，但伤者有失血的表现，就有内出血的可能，应及时送往医院处理。

2. 根据血管的种类分类

根据血管的种类分类，出血可分为动脉出血、静脉出血和毛细血管出血三类。

（1）动脉出血：血色鲜红，出血速度快，呈喷射状。

（2）静脉出血：血色暗红，血流缓慢。

（3）毛细血管出血：血缓慢渗出。

（二）止血方法

对外伤引起的出血的止血方法主要有以下几种。

1. 压迫止血法

（1）间接指压法。

这一方法简便有效，可用于浅部动脉出血，方法正确可即刻止血。需要注意的是，动脉出血时指压伤口的近心侧，静脉出血时指压伤口的远心侧。常用的压迫止血点如下：

①头部出血：头顶、额部及颞部出血，压迫颞动脉。压点在耳前，用手指正对颧骨后端骨面压迫。（图 2–3–1）

②面部出血：压迫颌外动脉，压点在下颌角前约半寸处。（图 2–3–2）

③颈部出血：压迫颈总动脉，压点在甲状软骨外搏动处。注意不要同时压迫两侧的颈总动脉，以免引起大脑出血。（图 2–3–3）

④上肢出血：腋部和上臂出血时压迫锁骨下动脉，压点在锁骨上方，胸锁乳突肌外缘。前臂出血压迫肱动脉，使患肢外展，用拇指压迫上臂内侧上 1/3 处。（图 2–3–4）

⑤下肢出血：大腿部出血压迫股动脉，压点在腹股沟中点该动脉搏动处。（图 2–3–5）

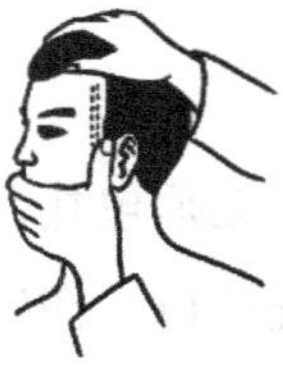
图 2–3–1

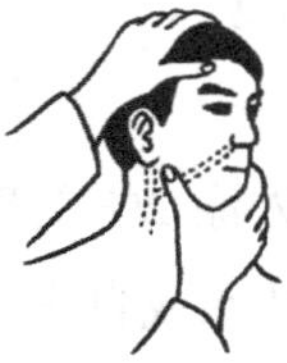
图 2–3–2

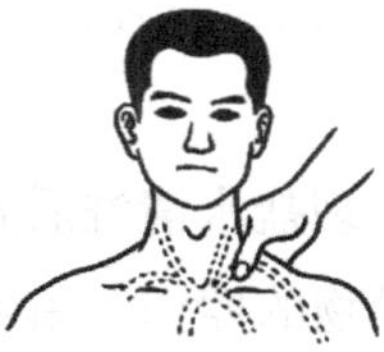
图 2–3–3

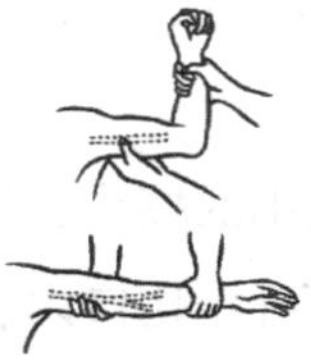
图 2–3–4

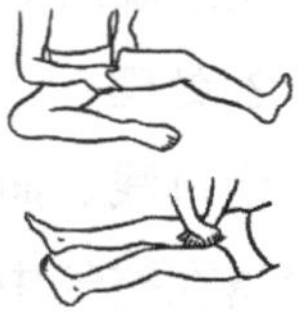
图 2–3–5

（2）加压包扎法。

适用于小静脉和毛细血管出血。方法是将伤口消毒后撒上消炎药粉，盖上纱布块，用绷带包扎即可。

（3）加垫屈肢止血法。

适用于肢体出血（如前臂、手和小腿、足）。将棉垫或绷带卷放在肘窝或膝窝上，令肘关节或膝关节尽量弯曲，再用绷带做“8”字形包扎。

2. 止血带法

适用于四肢动脉大出血、创面大或不整齐时。常用皮管、橡皮带、气压式止血带等工具来止血，也可根据现场情况来选材止血，比如用布带、手帕、领带、长袜等折叠成带状或用衣服撕成布条，宽度至少 5 cm，用来替代止血带。

方法：用止血带在出血部位的近端（近心侧）扎紧（上肢应在上中 1/3 交界处，下肢在靠近大腿根部），压力不小于 20 mmHg，因为压力太小只能闭锁静脉，而动脉仍可继续出血。

3. 充填法

多用于躯干部位的大伤口，运动中很少使用，多用盐水纱布充填伤口压迫止血。

二、软组织损伤

软组织损伤是指运动中发生的除骨骼以外的损伤。软组织损伤按照损伤部位可以分为开放性软组织损伤和闭合性软组织损伤。开放性软组织损伤指皮肤和黏膜的完整性遭到破坏；闭合性软组织损伤则指皮肤和黏膜完整无缺。按照损伤发生的时间，运动中的软组织损伤又分为急性软组织损伤和慢性软组织损伤。

（一）擦伤

擦伤是指运动时机体表面与粗糙的物体相互摩擦而引起的皮肤表层损伤，创面有擦痕、渗出液和点状出血，属于开放性软组织损伤。例如，田径、球类运动时摔倒擦伤，体操和武术运动时身体与器械摩擦受伤，滑雪时被树枝擦伤，拳击时被拳套擦伤等。

1. 征象

伤口浅，面积大，边缘不整；表皮脱落，点状出血，组织液渗出；无感染时，伤口易干燥结痂而愈合；伤口感染后易化脓，有较稠的渗出液。

2. 处理

伤口浅、面积小的擦伤，用生理盐水清洗后直接外涂 2% 的碘酊，无须包扎，让伤口暴露在空气中即可；伤口内有异物的擦伤，用生理盐水或自来水冲洗伤口，伤口用双氧水、伤口周围用 75% 的酒精消毒，然后用消炎药粉、无菌敷料处理；伤口较深、污染严重的擦伤，除消毒、包扎等处理外，还应注射破伤风抗毒素；关节部位的擦伤，经消毒后，上消炎软膏或抗生素软膏，并用无菌敷料覆盖，一般不用暴露疗法。

（二）裂伤

裂伤也称“撕裂伤”，是开放性软组织损伤的一种，是指身体受钝性暴力打击引起的皮肤、皮下组织撕裂。运动中头部裂伤最多，约占整个裂伤的 61%，其中额部和面部居多。例如，篮球运动员，眉弓被对方肘部碰撞即可引起眉际裂伤。

发生裂伤的运动者，轻者可先用碘酒、酒精将伤口周围皮肤消毒，然后在伤口上撒上消炎药粉，用消毒纱布覆盖，加压包扎。小的裂口，伤口消毒后可用粘膏粘合。裂口较长和污染较重者，应由医生做清创术，清除伤口内的污物和异物，切除失去活力的组织，彻底止血，缝合伤口。凡伤情和污染较重者，应口服或注射适当的抗菌药物，预防感染。凡被不洁物致伤且伤口小而深者，应注射破伤风抗毒素，预防破伤风。如伤口有感染，则应使用抗感染药物，加强换药处理，及时清除伤口内的分泌物，畅通引流，促进肉芽组织健康生长，以利于伤口早日愈合。

（三）刺伤

刺伤亦是开放性软组织损伤的一种，是指在运动过程中，尖锐细物刺穿皮肤及皮下组织器官的损伤。

1. 征象

伤口细小，但较深，可能伤及深部组织或器官，或者将异物带入伤口深处，容易引起感染。

2. 处理

为了预防和减轻感染，应对被刺伤的运动者进行无菌操作。注意检查伤口，观察污染情况，判断是否有神经、血管、肌腱等组织的损伤。较浅、小、干净的伤口，可用碘酊等消毒，然后用创可贴或消毒纱布覆盖；较大、深、不洁的伤口，应现场加压包扎后将伤者送医院进行清创、止血、缝合，伤者口服或注射抗生素，常规注射破伤风抗毒素预防破伤风。

（四）扭伤

扭伤属于闭合性软组织损伤之一，多是在外力作用下，关节发生超常范围的活动，造成关节内外侧副韧带损伤。

1. 征象

关节出现疼痛、肿胀、皮下淤血、关节功能障碍等症状，其程度随损伤程度加大而加重。轻者发生韧带部分纤维断裂，重者则韧带纤维完全断裂，并引起关节脱位或半脱位，同时合并关节内滑膜和软骨损伤。扭伤在运动中较为常见。

2. 处理

关节韧带扭伤或部分韧带纤维断裂者，伤后立即冷敷，加压包扎，抬高伤肢并休息，以减轻出血和肿胀。24 ～ 48 h 后，拆除包扎固定，根据伤情可采用中药外敷、痛点药物注射、理疗和按摩等，但理疗和按摩在开始时只能施于伤部周围，3 天后才可用于伤部。韧带完全断裂者，经急救处理后送至医院，以争取早期手术缝合或固定。关节韧带扭伤时，在关节肿胀和疼痛减轻后，在不引起疼痛或疼痛加重的原则下，应尽早进行伤肢功能性活动，防止发生肌肉萎缩和组织粘连，以促进功能恢复。

（五）拉伤

拉伤是指肌肉或关节韧带在运动中急剧收缩或过度牵拉引起的损伤。拉伤可分为肌肉拉伤和关节韧带拉伤两种。

1. 肌肉拉伤

肌肉损伤除有直接外力作用引起肌肉挫伤外，还有在间接外力作用下肌肉发生拉伤。肌肉拉伤是指由于肌肉的猛烈收缩或被动牵拉超过了肌肉本身所能承受的限度，而引起的肌肉组织损伤。据有关资料统计，肌肉拉伤约占各种运动损伤的 25%。常见的拉伤部位为大腿后群肌、腰背肌、小腿三头肌、大腿内收肌群等。

（1）部位和征象。

肌肉拉伤的部位可发生在肌腹或肌腹与肌腱交界处，或肌腱的起止部。轻者发生微细损伤，重者则肌纤维大部分断裂或完全断裂，甚至发生撕脱骨折。肌肉拉伤后，伤处疼痛、肿胀、压痛，肌肉紧张或痉挛，触之发硬。受伤肌肉做主动收缩或被动拉长的动作时，疼痛加重。肌肉严重拉伤时，患者在受伤当时可感到或听到断裂声，疼痛和肿胀明显，皮下淤血显著，运动功能严重障碍，肌肉出现收缩畸形。

（2）处理和治疗。

肌肉微细损伤或少量肌纤维断裂时，立即冷敷、加压包扎并抬高伤肢，注意局部休息。疼痛较重者可口服镇静剂、止痛剂。24 ～ 48 h 后可外敷中药、痛点药物注射、理疗或按摩等。肌纤维大部分断裂或完全断裂时，伤者经加压包扎等急救处理后，应立即送至医院，及早进行手术。

2. 关节韧带拉伤

关节韧带拉伤是指在间接外力作用下，关节发生超常范围的活动而引起的关节韧带损伤，主要是由间接外力作用引起的一种闭合性软组织损伤。在体育活动中最常见的是踝关节、膝关节、掌指（间）关节和肘关节韧带拉伤。

（1）损伤机制。

在外力作用下，关节发生超常范围的运动，关节内外侧韧带受到过度的或猛烈的牵拉而造成损伤。轻者仅是少量韧带纤维断裂，重者则是部分韧带纤维断裂或韧带完全断裂，甚至引起关节半脱位或完全脱位，同时还可合并关节内滑膜、软骨损伤或撕脱骨折等。例如，跑跳运动时因场地不平，踝关节发生过度内翻而造成踝关节外侧韧带损伤；膝关节屈曲 130° ～150° ，小腿突然外展外旋，或足与小腿固定，大腿突然内收内旋（简称膝外翻），都可造成膝关节内侧韧带损伤等。

（2）征象。

伤后局部疼痛，肿胀，若伤及关节滑膜或韧带断裂及合并关节内其他组织损伤时，出现整个关节肿胀或血肿，局部有明显压痛。轻者关节功能障碍，关节活动受限，不能着力；重者韧带完全断裂或撕脱，关节有不稳或松动感，关节功能明显障碍。

（3）处理和预防。

关节韧带拉伤是运动中常见的损伤。早期误诊或处理不当，转成慢性炎症或遗留功能障碍，则影响比赛和训练。处理基本原则：早期止血，预防肿胀；晚期消炎活血。最初要压迫及减少局部供血（降温）。经冰袋冷敷或冷水淋浴、喷冷冻剂后，覆盖绷带加压包扎。24 h 后打开绷带，考虑是否做进一步处理。拉伤后早期妥善处理，对减少淤血肿胀、防止韧带无力是非常重要的。24 ～ 48 h 后出血停止，局部用封闭治疗、中药外敷、理疗、按摩等，促使组织损伤后的炎症尽快消散。1 ～ 3 周后，大多都能恢复。伤后的运动练习，要尽量用支持带保护，避免再损伤。

（六）挫伤

挫伤又称撞伤，是指钝性外力直接作用于人体某部，而引起该处及其深部组织的一种急性闭合性软组织损伤。

1. 损伤机制和征象

在体育运动或比赛尤其是各种对抗性较强的项目中，比如足球、橄榄球运动中相互冲撞，散打、格斗运动中被踢打，或体操、武术运动中人体与器械撞击或被器械击伤，都会发生局部和深层组织的挫伤。最常见的挫伤部位是大腿与小腿的前部，头、胸、腹部的挫伤也并不少见。单纯性挫伤，轻者仅在伤部出现疼痛、肿胀、局部皮肤青紫、压痛和功能障碍等症状；严重挫伤或有合并症时，可因皮下出血而形成血肿或瘀斑，疼痛和功能障碍较为明显，头部或躯干部的挫伤较为严重者可并发脑组织或内脏器官的损伤，甚者出现全身症状或某些特殊体征。

2. 处理

单纯性挫伤的处理，一般分为 3 期，若病情较轻，可把 2、3 两期合并。

（1）限制活动期。

伤后 24 ～ 48 h 内，局部冷敷、加压包扎、抬高伤肢并休息。较轻的挫伤可外敷安福消肿膏或一号新伤药。疼痛较重者，可内服镇静剂、止痛剂。股四头肌和腓肠肌挫伤时，应注意严密观察，若出血较多，肿胀不断发展或肿胀严重而影响血液循环，应将伤员送医院进行手术治疗，取出血块，结扎出血的血管。

（2）恢复活动期。

受伤 24 ～ 48 h 后，肿胀已基本消退，可拆除包扎进行温热疗法，包括各种理疗和按摩。在伤情允许的情况下，应尽早进行伤肢的功能锻炼，逐渐增加关节的活动幅度。股四头肌挫伤时，当病情已稳定，患者可以控制股四头肌收缩时，才可开始做膝关节的屈伸活动，先做伸膝练习，屈膝练习宜晚些，不可操之过急。当膝关节能屈至 90°，走路不用拐杖时，可视为此期治疗结束。

（3）功能恢复期。

功能恢复期逐渐增加抗阻练习和一些非碰撞性练习，如打乒乓球、羽毛球等，并配合进行按摩和理疗等，直至关节功能恢复正常。

三、骨折和脱臼

（一）骨折

由于外伤或病理等原因致使骨的连续性、完整性遭到破坏的损伤称为骨折。运动中发生的骨折多为闭合性骨折。

1. 骨折的原因

（1）直接暴力。

直接暴力系暴力直接作用于受伤部位。比如足球运动员胫骨骨折，常见于一方球员直接踢在另一方球员小腿上所致。

（2）间接暴力。

骨折发生在接触暴力较远的部位，多是由于外力的传导、杠杆、旋转等作用所致。比如肱骨髁上骨折，多由于伤者失足跌倒，手掌撑地，暴力上传导致骨折；锁骨骨折，多为摔倒时手撑地面而发生。

2. 骨折的表现

骨折的一般表现为局部疼痛、肿胀和功能障碍。骨折时，骨髓、骨膜及周围组织血管破裂出血，在骨折处形成血肿，以及软组织损伤所致水肿，使患肢严重肿胀，甚至出现张力性水疱和皮下瘀斑，由于血红蛋白的分解，可呈紫色、青色或黄色。骨折局部出现剧烈疼痛，特别是移动患肢时疼痛加剧。局部肿胀和疼痛使患肢活动受限，如为完全性骨折，可使患肢活动功能完全丧失。

3. 骨折的症状与体征

（1）疼痛：较明显，活动则加剧，可引起休克。

（2）畸形：与健侧比较有成角、变短等异态。

（3）活动失常：失去正常活动功能，而在关节以外的地方出现异常活动。

（4）肿胀：伤后不久便出现，也可成血肿。

（5）压痛：骨折处压痛最明显，轴线撞击时骨折处剧痛。

（6）骨擦音：轻微活动或推摸局部时，断端会出现骨擦音。

（二）脱臼

脱臼又称关节脱位，是因外力或其他原因造成关节各骨的关节面失去正常的对合关系。

1. 脱臼的表现

脱臼因外伤引起者为外伤性脱位；因关节病变引起者为病理性脱位；脱位后，关节面完全丧失对合关系者为完全脱位，部分丧失者为半脱位。

2. 脱臼的症状与体征

（1）关节畸形：失去正常关节外观，骨标志改变。

（2）活动失常：失去正常活动功能。

（3）患肢缩短。

（4）局部肿胀或积血。

（5）压痛。

（三）骨折与脱臼的诊断

根据受伤的情况、症状及体征可做如下诊断：

（1）闭合性骨折：骨虽已折，但无明显移位，周围软组织无严重损伤，也没穿破皮肤。

（2）开放性骨折：骨断端穿破皮肤外露，易感染，须注意保护伤口，勿受污染。

（3）复杂性骨折：骨断端刺伤神经、血管、内脏，影响关节，产生严重症状。这些情况也可由于救护或搬运不当而引起，必须注意防止。

（4）单纯性脱臼：仅关节各骨的关节面失去正常的对合关系。

（5）复杂性脱臼：合并有关节骨折等情况。

（四）骨折和脱臼的固定方法

1. 夹板固定

利用夹板固定之前，应先将骨折远端稍加牵引。固定松紧要适度。

2. 自体固定

没有夹板或其他可代用材料的情况下，可利用伤者自己的躯干及肢体用三角巾或绷带做临时固定，如上肢固定于躯干，下肢利用健侧来做固定。

3. 其他物体固定

利用其他有一定硬度、韧性、长度和宽度合适的物体，代替夹板做固定。对脊柱骨折或有此怀疑之伤者，勿急急忙忙地将其从地上 “救起” ，应以硬床板搬运，需几个人同时将其翻转到硬床板上，翻转要同步，勿使脊柱发生扭转，严禁徒手搬运或徒手将其抬到硬床板上。搬运时，最好采用俯卧位，若仰卧位则应在伤处加衬垫物，使脊柱成过伸姿势，勿使其发生扭转和前弯屈曲，以免损伤脊髓而造成截瘫。

体育思政园地

生命在于运动，运动需要安全的方式。大学生只有了解常见的运动损伤和急救措施，才能科学地进行运动，并保障身心健康发展，从而使自己以充沛的精力学习各方面知识和技能，为新时代中国特色社会主义建设贡献自己的力量。

第四节　健康营养膳食

一、膳食与健康的关系

膳食是指我们通常所吃的食物和所喝的饮料。人们通过膳食获得自身所需要的各种营养素和能量，维护自身健康。合理的饮食，充足的营养，能提高一代人的健康水平，预防多种疾病的发生发展，延长寿命。不合理的饮食，营养过剩或不足，都会给健康带来不同程度的危害。营养过剩会导致肥胖、糖尿病、胆石症、高脂血症、高血压等多种疾病，甚至诱发肿瘤，如乳腺癌、结肠癌等，不仅严重影响健康，还会缩短寿命。营养不足可导致贫血，多种元素、维生素缺乏，影响儿童智力生长发育，使人体抗病能力及劳动、工作、学习能力下降。怀孕期营养不良可引起流产、早产，甚至胎儿畸形。饮食的卫生状况与人体健康密切相关，食物上带有的细菌、霉菌及毒素和有毒化学物质，随食物进入人体，可引起急、慢性中毒，甚至可引起恶性肿瘤。总之，饮食得当与否，不仅对自身的健康和寿命影响很大，还影响后代的健康。因此，只有合理地饮食，才能从营养和卫生两方面把好“病从口入”关。

二、营养素

营养素是维持正常生命活动所需的物质。现代营养学对于营养素的研究，主要是针对人类和禽畜的营养素需要。营养素分蛋白质、脂肪、碳水化合物、矿物质、维生素、水和膳食纤维七大类。

（一）蛋白质

机体组织细胞成分主要为蛋白质，体液也含蛋白质。蛋白质的营养作用在于它的各种氨基酸。组成食物蛋白质的氨基酸有 20 余种，其中有数种不能在人体内合成，而必须获自食物，这些氨基酸称为“必需氨基酸”，即甲硫氨酸、赖氨酸、色氨酸、苏氨酸、缬氨酸、苯丙氨酸、亮氨酸和异亮氨酸。除这些必需氨基酸以外的其他氨基酸，因为都能在人体内合成，所以称为“非必需氨基酸”。各种蛋白质的氨基酸种类与含量是不相同的。有的蛋白质缺少某种必需氨基酸，如明胶蛋白不含色氨酸，玉米胶蛋白不含赖氨酸。因此，评价一种食物蛋白质的营养价值，应视其所含的各种必需氨基酸量是否能满足机体的需要。不足时，机体就不能有效地合成蛋白质，其他种氨基酸只能经脱氨代谢，生成糖（糖异生）和作为燃料供给热能。由此可知，食物蛋白质的氨基酸模式是决定其质量优或劣的关键。常见食物的蛋白质含量见表 2–4–1。

表 2–4–1 常见食物的蛋白质含量

单位：g/100g

食物名称	蛋白质	食物名称	蛋白质	食物名称	蛋白质	食物名称	蛋白质
牛奶	3.0	猪肝	22.7	猪后臀尖	14.6	豌豆（干）	20.0
酸奶	3.1	猪腰	15.2	猪后肘	16.1	油豆腐	18.4
鸡蛋	13.3	牛肚	12.1	猪前肘	15.1	素鸡	17.1
猪瘦肉	20.2	小麦粉	10.9	猪五花肉	14.4	油豆腐丝	24.2
牛瘦肉	19.8	大米	8.0	猪奶脯	7.7	白豆腐丝	22.6
羊瘦肉	17.1	玉米面	9.2	猪肘棒	16.5	熏豆腐干	15.8

续表

食物名称	蛋白质	食物名称	蛋白质	食物名称	蛋白质	食物名称	蛋白质
鸡肉	19.1	黄豆	35.6	牛后腿	19.8	白豆腐干	13.4
鸡腿	17.2	豆腐	11.1	牛后腱	18.0	西瓜子	32.3
鸭肉	17.3	红小豆	20.1	牛肝	19.8	葵花籽	22.6
带鱼	20.2	绿豆	20.6	牛蹄筋	38.4	核桃	30.5
黄鱼	20.2	花生	26.6	素什锦	14.0	栗子	4.1
鲤鱼	18.2	香菇	20.1	酱豆腐	9.7	松子	14.4
鲢鱼	17.4	木耳	12.4	羊后腿	15.5	莲子	19.5
对虾	16.5	海带	4.0	羊前腿	19.7	黑芝麻	17.4
海蟹	12.2	紫菜	28.2	鸡肝	17.4	猪肠	6.9
臭豆腐	14.1	毛豆	13.0	鸡心	15.3	兔肉	19.7
腐竹	44.6	豌豆	8.5	蚕豆	25.8		

（二）脂肪

脂肪包括中性脂肪和类脂。前者主要是供给能量，后者多具有重要的生理功能。脂肪的基本组成为脂肪酸，有必需脂肪酸和非必需脂肪酸之分。必需脂肪酸主要有两种，即亚油酸和亚麻酸。动物缺乏必需脂肪酸时，会出现生长迟缓、皮肤症状（脱毛、湿疹性皮炎、鳞皮）等。有人报道，幼儿缺乏必需脂肪酸时也有同样症状。但成年人很难产生缺乏症状，这是因为体内有较大量亚油酸储存。必需脂肪酸缺乏，可引起细胞膜磷脂的脂肪酸组成的改变，从而影响膜的功能；还可减少前列腺素的合成。人的必需脂肪酸需要量按其热量计为每日热能需要量的 1% ～ 2%。常见食品的脂肪含量见表 2–4–2。

表 2–4–2 常见食品的脂肪含量

单位：g/100g

动物性食品	脂肪含量	植物性食品	脂肪含量
猪油	99.5	食油	99.5
肥肉	72.8	人造黄油	80.0
猪瘦肉	35.0	黄豆	16.0
牛肉	13.4	绿豆	0.8
羊肉	14.1	花生	48
草鱼	5.2	核桃仁	62.7
鲢鱼	3.6	芝麻	39.6
带鱼	4.9	杏仁	54.0
大黄鱼	2.5	燕麦片	6.0
鸡肉	9.4	面包	0.5
鸡蛋	10.0	苹果	0.3
牛奶粉（全脂）	21.2	油菜	0.5

（三）碳水化合物

碳水化合物是供给生物热能的一种主要营养素。食物中的碳水化合物是多糖（淀粉）和纤维素。多糖的降解产物单糖，可为绝大多数生物所利用，而纤维素则仅在具有纤维素酶的生物体内才能被降解和利用。在膳食热量摄入不足时，机体的脂肪和蛋白质将被分解以补充热量的不足，表现为生长停滞、体重下降，严重时可致死亡。膳食碳水化合物供给的热能一般占总热能消耗的 45% ～ 80%，在经济不发达地区可高达 90% 以上，这是因为碳水化合物是非常廉价的热能来源。碳水化合物产生的热量过低，脂肪产生的热量过高将会发生酮症。减肥的人常过多地限制碳水化合物，以限制热量的摄入，并增强运动以消耗热量，在这种情况下也会出现酮症。因此，来源于碳水化合物的热能不宜少于总热能的 45%。

（四）矿物质

19 世纪中叶就有人发现仅用蛋白质、脂肪和碳水化合物饲喂动物不能维持其生命，因而人们认为食物燃烧后的灰分必具有生理作用，但补充饲以灰分后动物仍死亡。直到 20 世纪初有人发现了矿物质，并逐渐阐明了矿物质的重要作用，人们才对营养素有了较全面的了解。人体内有数十种矿物质，广泛分布于全身。目前尚未证明这些元素全部具有生理功能。其中少部分元素具有生理功能的，被称为必需元素。按其在体内的含量又分为常量元素和微量元素。前者有钙、磷、镁、钾、钠、氯、硫；后者有铁、铜、锌、锰、钼、铬、钴、镍、钒、锡、碘、硒、硅、氟等。钙、磷、镁是骨骼和牙齿的主要成分。镁又是植物叶绿素的重要成分。钙与镁在肌纤维收缩、神经传导、激活生化反应中，以及钙在凝血作用中都起着极其重要的作用。磷与能量代谢有关。三磷酸腺苷（ATP）是储存和释放能量的重要化合物。镁为产生三磷酸腺苷的激活物质。镁、钾、钠、氯都是维持体液酸碱平衡和适宜渗透压的重要电解质。硫为含硫必需氨基酸——甲硫氨酸和胱氨酸及几种维生素（如硫胺素、泛酸和生物素）的组分。硫与氢组成的巯基在生物反应中有重要作用。

在微量营养元素中，铁是血红蛋白的重要成分，而血红蛋白是携带氧的载体。铜与铁在血红蛋白合成中有协同作用。碘是甲状腺素的主要成分。铬是糖耐量因子的成分。钴是维生素 B12 的成分。锌是许多种酶的辅基，缺乏时将导致生长停滞和性发育不成熟。锰、钼、硒也都是酶的成分。氟由于具有防龋齿作用，因此也是必需元素。其余的元素如镍、钒、锡、硅在动物实验中发现有缺乏表现，但其机制尚未阐明。必需元素摄入过量时，对机体也可产生不利影响。

（五）维生素

维生素为机体所必需的微量有机化合物。每种维生素都有各自的生理功能，缺乏时引起特殊的疾病，严重缺乏可致死亡。它分为脂溶性和水溶性两类。现在已知的脂溶性维生素有维生素 A、维生素 D、维生素 E、维生素 K。水溶性维生素有抗坏血酸、硫胺素、核黄素、烟酸、维生素 B6、叶酸、钴胺素、生物素、泛酸、肌醇等。维生素的生理功能、来源和缺乏症见表 2–4–3。

表 2–4–3 维生素的生理功能、来源和缺乏症

名称	生理功能	来源	缺乏症
维生素 A	维持正常视力；防癌；促进骨骼、牙齿正常发育	动物肝，胡萝卜，菠菜等	夜盲症、眼干燥症
维生素 D	促进肠道钙、磷吸收；促进生长和骨骼钙化	动物肝，乳，蛋黄等；皮肤经日光照射能合成	儿童：佝偻病； 成年：家族性低磷酸盐血症
维生素 E（生育酚）	与生殖功能有关，抗氧化作用	食物油，奶，蛋等	不育症
维生素 K	控制血液凝结	肠内细菌能合成	出血
维生素 B1（硫胺素）	参与糖代谢；维持神经系统正常功能	谷类，杂粮，瘦肉，蛋类	食欲差、疲劳，严重的可导致脚气病
维生素 B2（核黄素）	参与氨基酸、脂肪酸和糖类的代谢；与肾上腺功能有关	动物肝、肾，青菜	口角炎、舌炎、唇炎等
维生素 B6	与蛋白质、脂肪代谢的关系非常密切	蛋黄，肉，鱼，乳，谷类；肠道细菌可合成	脂溢性皮炎、肌肉无力、体重下降
维生素 PP	作为重要辅助酶成分与细胞呼吸有关	动物肝、心、肾，蛋，奶，谷类	糙皮病
叶酸	促进正常血细胞的形成；与细胞分裂、繁殖有关	动物肝、肾，蛋，鱼，青菜等	恶性贫血
维生素 B12（钴胺素）	促进红细胞的发育和成熟；是生物合成核酸、蛋白质的必要因素之一	动物肝，瘦肉，鱼，蛋类	虚弱、贫血
维生素 C（抗坏血酸）	形成和维持骨胶原；促进伤口愈合；参与解毒；增强毛细血管壁和血管的健康；增强机体的免疫力、促进造血功能；抗癌	水果，叶菜类，谷类等	齿龈肿胀、疲劳、体重下降、抵抗力下降

（六）水

水是一切生命的源泉。它是人体易得的、廉价的，但却是几大营养素中最为必要的。水约占人体体重的 60%。水作为体内一切化学反应的媒介，是各种营养素和物质运输的介质。

（七）膳食纤维

膳食纤维包括纤维素、半纤维素、果胶、藻多糖和木质素。早年在测定纤维时，用酸、碱消化植物组织，其残渣为粗纤维，其余的纤维组分大部分在测定过程中遭受损失。现在的新方法可分别测定纤维的各种组分。膳食纤维经胃肠道中细菌的纤维素酶发酵，可有大部分被酶解为短链脂肪酸。草食动物即以此为能量来源。流行病学及实验室工作证明，膳食纤维可减少肿瘤的发生，如结肠癌。其原因在于它们的亲水性和形成凝胶的能力，增大粪便体积以便排出，从而加速致肿瘤活性的固醇代谢物的排泄，减少这些代谢物与结肠接触的时间。

体育思政园地

均衡饮食是指选择多种类和适当分量的食物，以便能提供各种营养素和恰当热量去维持身体组织的生长、增强抵抗力和维持适中的体重。大学生是祖国的未来、民族的希望，大学生要保持合理的膳食营养摄入，以健康的身体为中华民族的伟大复兴而奋斗。

第三章 田径运动

田径运动是在人们长期生活实践过程中逐步产生和发展起来的，历史悠久，开展广泛。各国对该项运动非常重视。田径运动发展很快，是奥运会中含金量高的项目之一。

田径运动是各项运动的基础，由走、跑、跳跃、投掷等组成，是人体运动能力的代表项目。通常把以时间计算成绩的走、跑项目叫“径赛”，把以高度或远度计算成绩的跳跃、投掷项目叫 “田赛”。由跑、跳跃、投掷的部分项目组成的比赛项目称为全能运动。

第一节 跑

跑在田径运动中有多个项目，分为短跑，中、长跑，超长距离跑（马拉松），跨栏跑和障碍跑等。

一、短跑

（一）短跑简介

短跑是田径运动的基础项目。正式比赛的项目有男、女 100 m 跑、200 m 跑、400 m 跑。

短跑是一种用最快速度跑完全程的赛跑。在全程跑中，人体运动器官和内脏器官在大量的缺氧状态下完成大强度的工作，因此短跑属于极限强度的运动，是发展快速奔跑能力的有效手段。短跑能培养学生顽强、果断、勇往直前的优良品质。

（二）短跑的基本技术

短跑由起跑和起跑后的加速跑、途中跑、终点跑三个紧密联系的技术部分组成。

1. 起跑和起跑后的加速跑

起跑和起跑后的加速跑，主要任务是使身体迅速摆脱静止状态，获得最大的起动初速度和向前的冲力，尽快地发挥速度并转入途中跑。蹲踞式起跑姿势见图 3–1–1。

图 3-1-1

2. 途中跑

途中跑是短跑全程跑中距离最长的一段，也是短跑技术的主要环节，其任务是继续发挥和保持高速度跑到终点。途中跑动作见图 3-1-2。

图 3-1-2

3. 终点跑

终点跑是短跑全程跑的最后一段，其任务是动员全部力量保持最快速度跑过终点。上体前倾，两臂用力加速摆动，大腿抬高向前迈步，频率加快；距终点线约一步时，上体急速前倾，用胸部或肩部触压终点线，跑过终点。

二、中、长跑

（一）中、长跑简介

中、长跑是耐力性运动项目。正式比赛的项目：中跑有男、女 800 m 跑、1500 m 跑；长跑有男子 5000 m 跑、10000 m 跑，女子 3000 m 跑、5000 m 跑、10000 m 跑。

中、长跑既要跑出一定的速度，又要跑得持久。其特点是内脏器官长时间的工作与连续的肌肉活动。中、长跑是发展持久奔跑能力、提高心血管系统和呼吸系统机能的有效手段，同时，它对培养人的顽强意志品质也有明显作用，还是一项简单易行的健身运动。

（二）中、长跑的基本技术

中、长跑的技术环节与短跑相同，只是在跑的全过程中要注意呼吸节奏与跑的步频相配合，一般可以：两步一呼，两步一吸（四步为一个呼吸周期）；一步半一呼，一步半一吸（三步为一个呼吸周期）；一步呼，一步吸（两步为一个呼吸周期）等。呼吸是利用鼻和半张口同时进行的（因剧烈运动时单靠鼻呼吸是不够的）。冬天练中、长跑顶风时，可以用鼻呼吸或用鼻吸口呼的方法，因鼻腔内有较多的血管，能把通过的空气的温度提高些，避免冷空气直接刺激咽喉。中、长跑技术中的途中跑技术占主要地位。

三、跨栏跑

（一）跨栏跑简介

跨栏跑是田径运动中技术性较强、难度较大的径赛项目。正式比赛的项目有男子110 m栏，女子100 m栏，男、女400 m栏。跨栏跑是途中设有固定数量、固定距离、固定高度栏架的短跑项目。跨栏跑可以培养勇敢、顽强、果断和不怕困难的意志品质，并能有效地发展速度、弹跳力、柔韧和灵敏等身体素质，锻炼价值较高。

（二）跨栏跑的基本技术

跨栏跑由起跑和第一栏前的加速跑、跨栏步、栏间跑和终点跑几个技术环节组成。

男、女各个项目所跨越的栏数都是10个，栏的高度不同，但其跨越技术大致相同，都是用跨栏步和栏间跑动作完成。

第二节 跳 跃

跳跃属田径运动中的田赛项目，包括跳高、跳远、三级跳远和撑竿跳高。下文仅介绍跳高与跳远项目。

一、跳高

（一）跳高简介

跳高是田赛项目之一，深受广大青少年的欢迎。随着技术的不断发展，跳高姿势已从跨越式、剪式、滚式、俯卧式，发展到现在采用的背越式。

跳高练习能够增强腿部力量，提高弹跳力，发展灵巧和协调性；能够培养勇敢、坚定、沉着、果断的意志品质和不怕艰难险阻、勇于攀登高峰的精神。

（二）跳高的基本技术

跳高由助跑、起跳、过杆和落地 4 个技术环节组成。起跳必须用单脚。跳高姿势现主要采用背越式。下文以背越式跳高为例进行介绍。

1. 助跑

背越式跳高的助跑分直线跑和弧线跑两个阶段，助跑路线如图 3–2–1 所示。

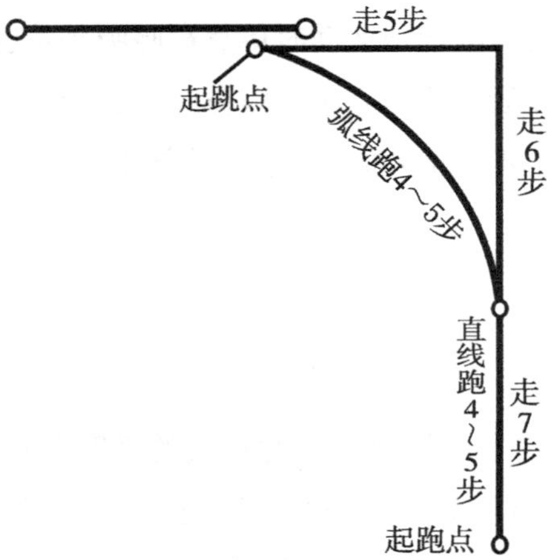

图 3–2–1

（1）直线助跑一般为 4 ～ 5 步加速跑，两腿后蹬和前摆的幅度较大，身体重心较高，动作轻松、自然、有弹性。

（2）弧线助跑一般为 4 ～ 5 步，助跑时身体略向圆心倾斜，脚落地时由脚跟着地过渡到前脚掌着地，摆臂与弯道途中跑相似。倒数第二步，步幅稍大，用全脚掌着地；最后一步稍小，速度较快，准备起跳。

2. 起跳

（1）背越式跳高以远离横杆的腿为起跳腿，向身体对侧迈出，踏上起跳点，以脚跟外侧着地，迅速过渡到全脚掌着地，屈膝缓冲，身体向起跳腿一侧倾斜。

（2）摆动腿大腿积极向前上方摆至水平位置，小腿自然下垂，身体转为正直。

（3）摆动腿屈膝内扣，向异侧肩上方摆动，并带动髋部向内转动，起跳腿迅速蹬伸髋、膝、踝关节，完成起跳动作。

3. 过杆和落地

（1）保持起跳腿蹬伸，躯干充分伸展；上体转动成背对横杆，起跳腿自然下垂。

（2）在头和肩越过横杆后，迅速沉肩，两臂置于体侧，髋关节向上挺起，形成“背弓”，两膝自然弯曲，小腿自然下垂。

（3）在髋关节过杆后，大腿向上摆动，小腿上踢，使整个身体过杆。

（4）两肩继续下潜，含胸收腹，自然下落，以肩部领先着垫。

二、跳远

跳远可分为助跑、起跳、腾空和落地 4 个阶段。

（一）助跑

助跑距离一般为男子 35 ～ 45 m、女子 30 ～ 35 m。

（1）原地站立或行进中起动开始助跑，上体前倾，大腿积极摆动，后蹬充分，摆臂有力。

（2）助跑途中上体逐渐抬起，腿和手臂加速用力摆动，加快助跑速度，重心较高，身体平稳，节奏性强。

（3）助跑最后几步步频加快，保持较高的身体重心和较快的助跑速度，准备起跳。

（二）起跳

起跳动作是从助跑最后一步摆动腿后蹬开始，至起跳腿蹬离地面结束。

（1）助跑最后一步，摆动腿用力蹬地，使身体尽快向起跳板方向运动。起跳腿快速前摆，大腿积极下压，踏上起跳板，由脚跟着地过渡到全脚掌着地。

（2）起跳腿着地瞬间，髋、膝、踝关节被迫弯曲缓冲；同时，身体重心前移，起跳腿快速用力蹬伸，摆动腿大腿积极向前上方摆至水平位置，小腿自然下垂。

（3）起跳腿同侧臂屈肘向身体前上方摆动，异侧臂屈肘向体侧摆动，提肩、拔腰，向上顶头。

（三）腾空

（1）起跳腿蹬离地面后，上体正直，摆动腿保持起跳时的水平姿势，小腿自然下垂，起跳腿自然弯曲留在体后，形成空中的跨步飞行。

（2）腾空的姿势分为蹲踞式、挺身式、走步式。

①蹲踞式：接近腾空最高点时，起跳腿屈膝上提，与摆动腿并拢；双腿屈膝，大腿靠近胸部，上体稍前倾；两臂由前向下、向后摆动；落地前，两小腿向前伸出，准备落地。（图 3–2–2）

图 3–2–2

②挺身式：腾空后，摆动腿自然放下，小腿向后下方做弧形摆动；两臂经体侧向后上方摆动；摆动腿与起跳腿并拢，髋部向前，胸、腰前挺，头、肩后展，成挺身展体姿势；落地前，两臂由后上方经体前向下、向后摆动；同时两大腿上抬，收腹举腿，上体前倾，小腿前伸，准备落地。（图 3–2–3）

图 3–2–3

③走步式：走步式有两步半和三步半两种动作。它是由运动员的腾空高度、滞空时间、动作速度和协调性来决定的。腾空步后摆动腿下落，继续向后运动，同时展髋，起跳腿屈膝前摆，在空中完成一个自然的换步动作，形成起跳腿在前、摆动腿在后的空中“跨步”动作（图 3–2–4）。换步时，要注意保持跑的自然动作。摆动腿由屈到直向后摆动，起跳腿由直变屈，以大腿带动小腿向前摆动。摆动的动作幅度要大。完成一个换步接着做落地动作的叫两步半走步式；完成两次换步再做落地动作的叫三步半走步式。

图 3–2–4

（四）落地

（1）小腿尽力前伸，脚跟首先触地，前脚掌下压，两腿迅速屈膝缓冲。

（2）两臂屈肘前摆，身体向前或向侧方倒。

第三节　投　掷

投掷也是田径运动中的田赛项目，有推铅球、掷铁饼、掷标枪和掷链球 4 个基本类型的运动项目。按照动作技术的结构特点，铅球、铁饼属于非周期性动作系结构，而标枪、链球则属于混合性动作系结构。

一、推铅球

推铅球这项运动，经历了3个大的历史演变阶段。最早推的是石块，然后是在14世纪时欧洲人推炮弹（当时炮弹是圆形大铁球），后来推的是铅球。最初推铅球比赛方法很简单，只需要画条直线，人们站在线后推球就行，无论采用什么姿势，助跑或不助跑，只要不过线将球推出就不犯规。后来规定在一个方块区域里推球，最后规定必须在直径2.135 m的圆圈里推球，并且铅球必须落在90° 的扇形区里方为有效。最后的这种方法一直沿用至今。男子铅球的重量为7.26 kg，女子铅球的重量为4 kg。

（一）背向滑步推铅球技术（以右手投掷为例）

1. 握球与持球

一是握球。正确的握球动作应该是五指自然分开，把铅球放在食指、中指和无名指的指根处，拇指和小指自然扶在铅球的两侧起稳固铅球的作用。5个手指基本上处在铅球的半圆，手腕自然背屈。手指和手掌力量比较弱的运动员可以把中间3个手指或5个手指适当并拢起来，这样可以使力量集中些，只要最后用力动作正确，在最后用力过程中是不会出现掉球或降肘抛球现象的。

图 3–3–1

二是持球。握好球后把铅球放在右侧锁骨外端，贴住颈右侧，掌心向内，掌心所指方向与身体平行，右臂屈肘，从正面看右上臂与躯干的夹角约成直角，也可以使右肘略低些，夹角也小些。从侧面看，右肘与身体处在同一平面，不宜过前或过后 。（图3–3–1）

2. 预备动作

持好球后做预备动作。预备动作做得好可以使运动员获得一个良好的开始姿势，也可使运动员精力集中，情绪稳定。预备动作简单地讲就是动作要端正。一般预备动作是右脚背对投掷方向站立，身体重心在右脚全脚掌上，右腿直立。左脚在右脚后方20～30 cm处，以脚尖点地，左腿微屈，帮助维持身体平衡。身体站立姿势端正，肩横轴和髋横轴与地面平行，与投掷方向垂直。颈部正直，头不要侧屈或扭转，眼睛看前下方几米处，左臂向身体前上方或正前方自然伸出。有人将预备动作概括为“横平竖直”，即肩横轴、髋横轴要平，脊柱（身体）要直（图3–3–2）。

图 3–3–2

“横平竖直”的概念非常重要，在完成技术的过程中，这个概念一直起重要作用。在具体训练中做这个动作时，要注意动作的准确性，严格要求，不能有丝毫的马虎。

3. 团身动作

预备动作完成之后做团身动作，它是滑步前的准备动作。保证正确身体姿势、维持身体平衡是做好团身动作的必要条件。一般情况下，完成动作的顺序如下：开始时上体前俯，左臂随上体前俯逐步下垂，同时左腿向后上方摆起，摆到左腿大致与身体朝向一致、到达合适高度后，顺势屈右膝、收左腿，身体重心平稳下降形成团身姿势。团身姿势：右脚背对投掷方向；身体重心在右脚前脚掌上（右脚跟提起或不提起）；根据个人腿部力量右膝弯曲到适当角度（约100°）；右膝前缘超过右脚尖；左腿在右腿之后，左膝靠近右小腿；左脚尖离地或轻轻触地；从身体侧面看，肩横轴和髋横轴的连线与地面平行（或构成一定的角度）；背部肌肉保持适当拉长和放松；左臂自然下垂或向投掷反方向伸出；右臂动作不变；目视前下方（图 3–3–3）。在这个动作的完成过程中，一般是先屈体后屈膝，这样比较容易维持身体平衡和完成动作。

图 3–3–3

4. 滑步动作

滑步的任务是使投掷者和器械获得一定的预先速度，为最后用力创造有利的身体条件，也为发挥运动员全身的能力形成发力前的最佳身体姿势。滑步开始时，运动员身体重心应尽量水平地向投掷方向快速运动，左腿以大腿带动小腿的形式向抵趾板方向踹出，左脚尽量沿地面滑动，左脚背朝下，当左脚经过投掷圈直径约 3/4 距离时有个外翻动作，左脚最后落在抵趾板中间略偏左处，左脚的纵轴与投掷方向成 90° ～ 100° 角。左腿踹出后，在侧面看整个身体从左脚到左肩成一直线。配合左腿的动作，右腿有个蹬伸动作身体重心由右侧前脚掌过渡到脚后跟，右脚的动作似一滚动动作（解释：用脚跟滑步是自然动作，人在后退走时脚尖先离地，脚跟后离地），滑步过程中右膝感觉不要伸直（技术录像或图片中有右膝伸直的瞬间图像，实际这是动作过程，如果做动作中有努力伸直过程将会出现身体重心过分向上的现象，这是不利的），双腿的夹角要大，髋部动作要伸展，然后右小腿迅速内收（很轻快地带过来），右脚稍内扣，落在圆心附近，右脚纵轴与投掷反方向夹角为 20° ～ 45° （或大于这个角度）。

滑步过程中身体重心的移动尽量平稳，努力做到与地面平行运动。对于具有一定水平的运动员，开始滑步时可以要求其臀部向抵趾板方向（后下方）运动，这样有利于提高滑步速度和减少身体重心起伏。

观察点：站在运动员正、侧面看，在滑步中左腿经摆、伸、踹、展、伸直动作后，从左脚到左肩成一条直线，这条直线一直维持到滑步结束。站在投掷的反方向也应该能够看到这条直线。如果没有形成一条直线，说明某个动作环节出问题了。出现的问题一般是髋关节或膝关节弯曲，这两个大关节弯曲过大将直接造成最后用力阶段下肢力量传递不合理。

5. 最后用力动作

最后用力动作是一个比较复杂的运动过程，身体许多部位同时进行运动，用文字描述比较困难，我们按最后用力动作中身体不同部位完成动作过程的典型动作（瞬间时相）逐个分析。

滑步结束后右脚脚跟力争不落地。右腿用力时右脚内侧用力形成侧蹬动作。右膝尽量沿水平方向运动。右腿侧蹬中伴有转动动作（但不要过分强调转动，这一点铅球与铁饼项目右腿的动作有明显的不同）。在右小腿与地面形成比较小的夹角之后，右腿尽量用力蹬伸推动身体向前。

滑步结束左脚落地后，左腿始终保持着紧张的蓄力状态（伸直状态）。随着身体重心向前运动，左膝有个微微弯曲再伸直的过程，这个过程是左腿在紧张用力状态下的退让动作。由于生理上的牵张反射，最后左腿形成强有力的支撑后的蹬伸用力动作。

在下肢积极动作和身体重心向前运动中，上体由向后伸展的背面转成侧面，从下至上整个身体形成一个侧弓形。这个动作过程造成了整个身体主要工作肌群拉长拉紧状态。

从滑步右脚落地到身体形成侧弓形。这一过程是推铅球技术中最重要的环节之一，我们也称这一过程为最后用力的准备阶段（或叫蓄力阶段）。这个阶段可分为两个小阶段：第一个小阶段是右脚落地—左脚落地；第二个小阶段是双脚落地形成双支撑侧弓。

身体形成侧弓形后继续向前运动，髋部位置逐步领先，身体迅速形成正弓形（有的称之为反弓形或满弓形），身体转到正面时铅球即将离开颈部。

从最后用力开始到身体成正弓形，左臂的运动路线是经过身体左侧上方止于左肩下侧这样一条弧线。左肩一直向前（伴有轻微转动）运动，直至铅球出手时左肩才停止运动。在这个过程中应避免左肩故意下压和后拉动作的出现。

最后铅球出手时的身体姿势是：左腿充分蹬直；右腿充分蹬伸；抬头、挺胸，面对投掷方向；右臂伸直；左臂在身体左侧，左手低于左肩；左侧的踝、膝、髋、腰、肋、胸、肩形成强有力的支撑。铅球的实际出手角度在37° 左右。通过技术分析可以看出铅球出手点约在左脚尖上方（或前上方）。

6. 结束动作——维持身体平衡

铅球出手之后，身体向前的惯性易使身体失去平衡，整个身体仍会继续向投掷方向跟进。维持身体平衡，避免出圈而犯规和出现跌倒现象，也是在最后用力和铅球出手动作时必须注意的。一般采用的方法是及时交换双腿位置改变运动方向、下降身体重心、左腿积极后退来维持身体平衡避免犯规，保证已取得的成绩。

（二）背向旋转推铅球技术（以右手投掷为例）

1. 持握铅球

运动员背对投掷方向，两脚左右开立比肩稍宽，持球臂的肘部向外展开与肩齐平，上体微前屈。背向旋转推铅球预备姿势的持握铅球方式与背向滑步推铅球技术的持握铅球方式略有不同。为了在后续的旋转和最后用力动作过程中对抗铅球的离心力和稳定地控制铅球，应保持右肘在体侧与肩轴成一直线的姿势。

2. 进入旋转

上体向左转前尽量大幅度地向右转动进行预摆。预摆结束后，以身体左侧为轴，左脚、左膝和左肩开始向左转动。在身体转向投掷方向之前，右脚尽可能晚一些离开支撑点。躯干向投掷方向微前倾，右腿微屈向投掷方向迈出，左脚顺势蹬离地面。

3. 腾空

身体重心从左腿转到右腿的过程中，只有很短暂的腾空，右脚落地要平稳且富有弹性。

4. 过渡

右脚顺势前摆而后积极落地，并用前脚掌不停顿地进行转动。之后，左脚要尽快落地，以便形成双脚支撑条件下躯干的最大扭紧状态，为最后转体用力提供有利的条件。此时，眼睛的视线微向下，移向投掷的反方向，头与肩部的转动放慢，右脚、右膝、右髋向投掷方向积极转动，形成髋轴、肩轴的最大交叉扭紧状态。旋转推铅球技术过程中双脚运动方向和着地点位置见图 3-3-4。

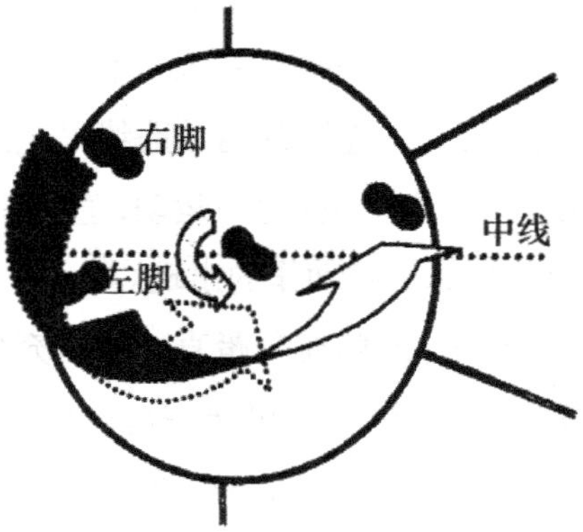

图 3-3-4

5. 最后用力

最后用力与滑步推铅球动作相似，存在的主要区别是：旋转推铅球能够更多地利用转体的动量，用力过程中双脚间距较短，造成了较大的向上动量。

6. 维持身体平衡

铅球出手后，运动员通常采用两腿交换位置、继续顺着惯性左转身体并降低重心来减少人体转动动量和向前冲力，以维持身体平衡，防止犯规。

二、掷标枪（以右手投掷为例）

掷标枪的技术比较复杂，但从基本理论、基本技术来看仍和其他投掷项目类似，分为握枪、持枪、助跑、最后用力、维持平衡几个技术阶段。

（一）握枪

将枪杆放在手心上，拇指和中指握在枪杆把手末端第一圈外沿。食指自然弯曲斜握在标枪上，无名指和小指握在把手上。也可将拇指和食指握在标枪把手末端第一圈上沿，其余手指按顺序握在把手上。

（二）持枪

正确的持枪技术应有利于助跑发挥速度，有利于引枪并控制标枪的位置和角度并保持肩部和持枪臂放松。

持枪有多种方式，如肩上持枪法、腰间持枪法等，其中有一种方式是持枪助跑前半段采用腰间持枪，后半段变换成肩上持枪，到投掷步时再引枪。这样做既便于在前半程发挥速度，又便于在后半程引枪，也便于控制好标枪。因此，许多运动员都喜欢采用这种综合方式持枪助跑。

（三）助跑

掷标枪的助跑的作用如同推铅球的滑步、掷铁饼的旋转，能使器械获得预先速度，并控制好标枪的位置，为引枪和超越器械创造良好的条件。

助跑由两个阶段组成。第一阶段是预跑，也就是持枪跑；第二阶段是掷标枪项目特殊的助跑——投掷步。（图 3–3–5）

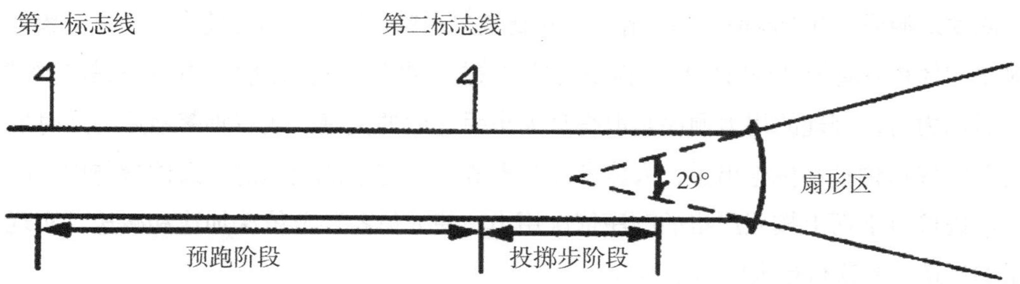

图 3–3–5

1. 预跑阶段

掷标枪的助跑一般要 25 ～ 35 m。从第一标志线到第二标志线 15 ～ 20 m 距离作为预跑阶段，通常跑 8 ～ 14 步 。

在预跑阶段时，投掷臂持枪，上体稍前倾，用前脚掌着地，高抬大腿，蹬伸动作应有力，动作应轻快而富有弹性，并且助跑的节奏性要强，持枪臂和另一臂要与两腿动作协调配合，两眼平视，头部自然抬起。

预跑阶段的助跑应是逐渐加速的，助跑的步长也要稳定，助跑阶段也要能控制，以便于完成投掷步和最后用力为前提。尤其对初学者来说，预跑阶段的助跑速度更要控制。随着技术熟练程度的提高，可逐步提高助跑速度。

2. 投掷步阶段

由于掷标枪的投掷步不同于普通跑步，在投掷步中还包含一个特殊的交叉步，因此，有人把掷标枪的投掷步阶段叫作交叉步阶段。投掷步是从第二标志线开始到投掷弧这一段距离内的助跑。实际上是从预跑加速过渡到最后用力直至标枪出手这一系列的动作阶段。投掷步的任务是通过特殊的助跑技术，使下肢动作加快，在快速向前运动中完成引枪，并且通过投掷步形成身体超越器械，为最后用力和出手创造良好条件。

投掷步有两种形式：一种是跳跃式的投掷步，另一种是跑步式的投掷步。投掷步通常跑 4 ～ 6 步，男子需要跑 9 ～ 15 m，女子需要跑 8 ～ 13 m。

（四）最后用力

投掷步的第三步右脚落地后，髋部顺着向前惯性继续运动，身体继续向前运动，在身体重心越过了右脚支撑点上方时（左脚还未着地），右腿积极蹬伸用力。左脚着地时，左腿做出有力的制动动作，可加快上体向前的运动速度。右腿继续蹬地，推动右髋加速向投掷方向运动，使髋轴超过肩轴，并带动肩轴向投掷方向转动。在肩轴向投掷方向转动的同时，投掷臂快速向上翻转，使上体转为面对投掷方向，形成“满弓”姿势。此时投掷臂处于身后，与肩同高，与躯干几乎成直角，标枪处在肩上后方，掌心向上，枪尖向前。形成“满弓”后，胸部继续向前，将投掷臂最大限度地留在身后，右肩部的肌肉最大限度地伸展。由于向前的惯性作用，左腿被迫屈膝，但随即做迅速有力的充分蹬伸，同时以胸部和右肩带动投掷臂向前做爆发性“鞭打”动作，并使用力的方向通过标枪纵轴。在最后用力时，合理的用力顺序是取得最大出手速度的关键。从右脚落地后的及时发力至右臂的快速鞭打和标枪出手，人体各环节形成一个完整的运动链，人体参与用力的各环节肌肉群自下而上按照严格的顺序依次用力，使人体各环节依次加速和减速，实现了动量的传递，并获得最大的出手速度。

标枪的出手速度是助跑速度和投枪速度的合速度，为了提高助跑速度的利用率，现代掷标枪技术越来越重视助跑与最后用力的衔接动作。为了做好衔接动作，运动员在交叉步时身体不应腾空过高，在右脚着地后，应及时发力，左脚应主动快落，并做好制动和支撑用力动作。

（五）维持平衡

标枪出手后，保持身体平衡是全过程的结束动作。为了防止人体越过投掷弧而造成犯规，标枪出手后，右腿应及时向前跨出一大步，降低身体重心，以保持平衡。为了保证最后用力时运动员可以大胆向前做动作而又不犯规，最后一步左脚落地点至投掷弧的距离应为 1.5 ～ 2 m。

第四节 发展跑能力的练习

一、发展跑能力的意义

发展跑能力是为了掌握和提高跑的各个项目技术和成绩，并打下良好的身体素质基础。跑能力的练习，能增强如速度、速度耐力、一般耐力、专项耐力等素质，提高人体心肺功能，增进身心健康，同时还能培养克服困难、战胜困难的坚强意志品质。

二、跑的专门性练习

在短跑练习中常采用下列跑的专门性练习，目的是体会跑的技术动作要领，纠正错误动作,发展腿部力量和加快动作频率。练习时,要求动作正确放松,并与途中跑结合起来。

（一）小步跑和小步跑转入加速跑

1. 目的

体会前摆及前脚掌积极落地动作和上、下肢放松协调配合，发展跑的步频，培养全身协调能力和增强踝关节支撑力量。

2. 动作要求

上体稍前倾，膝、踝关节放松，大腿抬起后积极下压，小腿顺着下压的惯性前摆，并迅速以前脚掌积极着地完成“扒地”动作，两臂配合两腿动作，屈肘前后摆动，整个动作要高重心，自然、协调、放松。

3. 练习方法

① 支撑做两脚交替提踵下压动作。

② 支撑做小步跑。

③ 原地做两脚交替提踵动作（髋、膝、踝三关节充分蹬直，动作应放松自然），逐渐由两脚离地过渡到原地小步跑。

④ 由小步跑过渡到加速跑 15 ～ 20 m。

（二）高抬腿跑和高抬腿跑转入加速跑

1. 目的

体会跑时大腿高抬的动作，增强抬腿肌群的力量，提高大腿高抬幅度，发展膝关节的灵活性和跑的频率。

2. 动作要求

上体正直或稍前倾，提起重心，以髋带腿，并向上高抬大腿至接近水平，然后积极下压以前脚掌着地，支撑腿髋、膝、踝三关节蹬直，两臂屈肘前后摆动。

3. 练习方法

① 支撑做高抬腿练习。

② 原地用较慢节奏做高抬腿练习。

③ 行进间高抬腿，大腿抬的高度逐渐增高，逐渐加快频率。

④ 行进间高抬腿，上体稍前倾，大腿抬的高度逐渐降低，加快频率过渡到加速跑。

（三）后蹬跑和后蹬跑转入加速跑

1. 目的

体会后蹬时髋、膝、踝三关节的用力顺序和蹬摆动作的配合，发展腿部力量，纠正后蹬用力不充分和“坐着跑”等缺点。

2. 动作要求

上体稍前倾，后蹬腿充分蹬直，最后通过脚趾 “扒地”离地，摆动腿以膝关节领先向前摆出，两臂屈肘做前后的摆动。

3. 练习方法

① 支撑做单腿交换向前蹬摆练习。

② 支撑做后蹬跑，身体形成一个斜面。

③ 练习跑跳步，体会后蹬腿的髋、膝、踝关节的充分蹬直和摆动腿向前摆出的动作。

④ 快速后蹬跑过渡到加速跑，并逐渐加长其距离。

（四）前蹬跑和前蹬跑转入加速跑

1. 目的

体会以髋带腿，大腿摆动和着地时的积极下压前脚掌着地，为支撑腿快速转入后蹬阶段做准备，发展膝、踝关节的灵活性。

2. 动作要求

上体正直或稍前倾，高重心，以髋带动大腿前摆抬起，积极下压，膝关节放松，小腿顺惯性前摆并用前脚掌着地，两臂前后摆动。

3. 练习方法

① 原地抬起一侧大腿，小腿自然下垂，上体正直，双手抬起大腿的膝关节再用力下按，这时小腿顺势前伸，下压后扒，用前脚掌撑地。两腿交换做。

② 原地用较慢节奏做前蹬跑动作。

③ 行进间做前蹬跑，在动作掌握较好的基础上加快频率。

④ 快速前蹬跑过渡到加速跑，并逐渐加长其距离。

三、发展跑的专项素质的练习

（一）速度练习

1. 目的

速度对于短跑来说最关键，起着主要作用。要提高短跑成绩，就要把发展跑的绝对速度放在首位，只有在提高速度的基础上进而提高耐力，方能有效地提高跑的成绩。在发展速度的过程中，除了提高肌肉力量，改进柔韧性、协调性外，还要加大强度和注意密度，最好在运动员精力充沛的时候练习速度方能收到良好的效果。

2. 速度练习方法

① 原地快速摆臂。

② 原地快速跑。

③ 30 ～ 60 m 加速跑。

④ 专门性练习过渡到 30 ～ 50 m 快速跑。

（二）速度耐力练习

1. 目的

速度耐力是连续快跑的能力。从短跑项目成绩提高幅度看，在绝对速度达到一定水平之后，取得进展大的多在后程。要从 100 m 的前 50 ～ 60 m 中提高 0.1 s（提高加速能力）是不容易的，而提高或保持已获得的速度能力就较前者容易。同时，强度、密度大的专门练习和短跑距离的速度练习不仅可以提高速度，还能发展速度耐力。

2. 速度耐力练习方法

① 100 ～ 300 m 反复跑。

② 150 ～ 250 m 变速跑。

③ 400 ～ 800 m 各种距离和各种形式的变速跑（如 100 m 快 + 100 m 慢……，直弯道交替，上下弯道交替）。

④ 100 m、200 m、300 m、400 m 反复跑。

（三）力量练习

1. 目的

短跑是快速的周期性运动，要有很好的力量基础，特别是腿部力量。经验证明，没有快速力量就无法将人体迅速向前推进，就不会有好的短跑成绩，因此提高速度和力量综合能力是提高短跑成绩的重要手段。

2. 力量练习方法

① 各种跳跃：双脚纵跳、单脚交替纵跳、立定跳远、立定三级跳、多级跳、短程跳远、蛙跳、栏间跳、摸高跳、跳上跳下、单足跳（在沙坑或跑道练习均可）、原地弓步换腿跳等。

② 实心球练习：向前抛，向前掷，向后抛，双脚夹球向前、向上、向后抛等。

③ 持轻杠铃练习：快速连续挺举、抓举、纵跳、弓步跳、弓箭步走（可徒手做）、深（半）蹲起跳、提踵、原地高抬腿跑、卧推等。

④ 仰卧起坐、仰卧举腿、仰卧两头起等。

（四）柔韧练习

1. 目的

具有良好的柔韧性，有助于掌握正确的短跑技术，增大跑幅，动作协调、轻松、省力和不易受伤。

2. 柔韧练习方法

① 踢腿、摆腿、压腿。

② 拉韧带。

③ 腰腹屈伸，如做弓腰搭“桥”。

④ 肋木的各种练习。

（五）一般耐力练习

1. 目的

一般耐力是发展和提高专项耐力的重要基础。一般耐力是坚持中等强度、较长时间跑步的能力，发展一般耐力对提高心肺功能，增进健康有直接作用。

2. 一般耐力练习方法

① 走跑交替 1200 ～ 1500 m。即先跑 200 m，走 100 m，再跑 200 m，再走 100 m……

逐渐加长跑的距离，缩短走的距离，最后完全过渡到匀速跑。经过一段练习适应后，再增加距离。跑时呼吸要有节奏，动作轻松自然。

② 健身跑。健身跑是指脉搏维持在 130 ～ 160 次 / 分，在野外和户外自然环境中进行的一种练习，没有固定的距离，没有高速的冲刺，完全按照跑步者的意愿选择线路、决定距离，可一跑到底，也可跑走结合，但呼吸要均匀有力。健身跑一般安排在早晨或者下午课外活动时间，基础好的人每天一次，基础差的人可隔日进行，每次持续时间为 5 ～ 20 min，并可逐步增加。

③ 越野跑 2 ～ 3 km。一般用中等速度做匀速跑，但在耐力有提高的基础上可适当采用一些变换速度的越野跑。

（六）放松练习

1. 目的

技术动作的放松对跑的节奏与幅度起重要的作用。因此，要强调跑的放松，以完成好跑的技术动作，提高实效性。

2. 放松练习方法

① 学习正确摆臂动作，原地多做慢而放松的摆臂练习来体会动作的放松，然后逐步加快摆臂速度。

② 开始练习阶段多用中速跑来体会动作的放松。

③ 用 70% ～ 80% 的力量跑超专项的距离。

④ 跑的过程中，多想着放松，即从心理放松到动作放松。

第五节　发展跳跃能力的练习

一、发展跳跃能力的意义

跳跃能力是掌握跳高、跳远、三级跳远等技术性较强的跳跃项目的素质基础。跳跃练习可以增强下肢力量，提高弹跳力，发展身体的协调性，培养勇敢、顽强等优良品质和克服困难的精神。

二、发展跳跃能力的练习方法

（一）立定跳

1. 立定跳远

两脚平行开立站在起跳线后，屈膝半蹲，两臂自然摆动，身体上下屈伸；待重心平稳后，两脚用力蹬地，同时两臂由后向前摆，身体尽量前送，腾空时收腿，落地时屈膝缓冲。

2. 纵跳摸高

由原地向上用力跃起，用手摸高处（设在高处的标记、实物）。

3. 蹲跳起

由半蹲或全蹲姿势开始向上跳起，腾起时伸直腿。

4. 弓箭步交换跳

由弓箭步姿势开始，跳起后两腿交换。

（二）连续跳

1. 单足跳

用前脚掌快速蹬地跳起，上体正直。两腿交换练习。

2. 跨步跳或多级跳

摆动腿用力前摆或大腿抬平小腿下垂，当下压时有扒地动作。另一腿充分蹬伸，脚用力向后蹬地。上体正直，两臂协调配合摆动。两脚交换向前跨进，腾空明显。

3. 蛙跳

连续做立定跳远。

4. 跳跃台阶

面对台阶，做跨步跳或单脚跳、双脚蹬跳动作。跳时上体正直，两臂协调配合摆动。

（三）跳绳

1. 单人跳

单跳、双跳。

2. 双人跳

一人跳绳带另一人跳。

3. 集体跳

多人“8”字跳绳。

第六节　发展投掷能力的练习

一、发展投掷能力的意义

投掷能力是掌握投掷项目的身体素质基础。投掷练习能增强上、下肢和腰腹肌肉的力量，特别是增强肩带力量，以提高投掷能力，培养学生顽强的意志品质。

二、发展投掷能力的练习方法

（一）上肢力量

1. 俯卧撑

从直臂俯撑开始，屈臂，使肘部高于背（两肘不外张），然后快速用力推起，再还原成直臂俯撑。全过程保持身体挺直、不塌腰。

2. 引体向上

跳起双手正握单杠，两手同肩宽成直臂悬垂。两臂同时用力引体（身体不能有附加动作）上拉到下颌超过横杠上缘为完成一次。

3. 双杠臂屈伸

两手握双杠一端，跳上成支撑，然后两臂尽量弯曲，使端面达到胸部位置，然后双臂用力迅速伸直成支撑。臂屈伸时身体不能做大摆动。

4. 哑铃练习

手持哑铃，两臂向各方向做屈、伸、举、振等动作。

（二）腰腹力量

1. 仰卧起坐

仰卧于垫上，两腿屈膝稍分开，大小腿成直角，两手手指交叉贴于脑后。另一人压住练习者两踝关节处。起坐时，以双肘触及两膝，仰卧时两肩必须触垫。

2. 仰卧两头起

仰卧，两臂上举，收腹，上体前屈，同时举腿，两手拍击脚面后还原成仰卧姿势。

3. 俯卧两头起

俯卧，两臂上举，上体后屈抬头，同时后举腿。达到最大幅度后还原成俯卧姿式。

（三）下肢力量

负重蹲起，肩负杠铃做蹲起、半蹲起。

（四）实心球

1. 两手头上掷球

两脚前后或左右开立，身体面对投掷方向，双手举球至头上方稍后仰，原地用力把球投向前方。在球出手的同时，后脚可向前迈出一步。

2. 两手前、后抛球

面对或背对投掷方向，屈膝站立，双手持实心球在体前摆动，屈体蹬地，全身用力向前上方或后上方抛球。

体育思政园地

苏炳添，1989 年 8 月 29 日出生于广东省中山市，中国男子田径队短跑运动员。2006 年 12 月，苏炳添第一次参加成人组比赛并在全国城市运动会上获得了 100 米第五名。2011 年 9 月 8 日，苏炳添夺得全国田径锦标赛男子 100 米冠军，并以 10 秒 16 打破了 13 年前周伟创造的全国纪录。2012 年 8 月 4 日，在伦敦奥运会上，苏炳添成为中国第一位晋级奥运会男子百米半决赛的短跑选手。2014 年 3 月 8 日，波兰索波特室内世锦赛，苏炳添成为第一个闯入世界级大赛短跑决赛圈的中国选手，并打破自己保持的全国纪录。2018 年 2 月 6 日，杜塞尔多夫室内 60 米比赛，苏炳添以 6 秒 43 夺冠再破亚洲纪录；3 月 3 日，伯明翰世界室内田径锦标赛男子 60 米决赛，以 6 秒 42 打破亚洲纪录的成绩摘得银牌。2019 年 2 月 16 日，苏炳添获得国际田联室内巡回赛伯明翰站男子 60 米决赛冠军。2019 年 2 月 21 日，国际田联室内巡回赛德国杜塞尔多夫站男子 60 米决赛，苏炳添以 6 秒 49 的成绩夺冠。2021 年 8 月 1 日，在东京奥运会男子 100 米半决赛中，苏炳添跑出 9 秒 83，成功闯入决赛并创造亚洲纪录，成为中国首位闯入奥运男子百米决赛的运动员。作为一个黄皮肤的亚洲人，苏炳添用不懈的努力和拼搏，为中国赢得了荣誉，激发着大学生“敢为人先、不断超越、奋勇拼搏、为国争光”的精神。

第四章 游泳运动

第一节 游泳运动概述

一、游泳运动简介

游泳运动与人类社会的生产劳动、生活娱乐以及战争等活动紧密联系。它是人类在征服自然、改造自然的生产劳动中产生的，是在满足人们的娱乐、竞争的需要中发展起来的。游泳运动有广义和狭义之分。广义的游泳运动是指一种凭借自身肢体动作和水的相互作用力，在水上漂浮前进或在水中潜游的有意识的技能活动。狭义的游泳运动专指游泳竞技。

二、游泳卫生安全常识

（一）确立安全第一观念

游泳是深受欢迎的一项体育运动，到游泳池游泳或上课都必须注意安全，自觉遵守游泳安全和卫生守则，防止发生意外事故和传染疾病。

（二）饮酒、饱食后和饥饿时不能游泳

饮酒能刺激中枢神经系统使之处于过度兴奋或抑制状态，酒后游泳容易发生溺水事故。饱食后游泳会减少消化器官的血液供应，使消化器官功能降低，影响食物的消化和吸收。因此，饭后不宜立即游泳，应在饭后一小时进行。饱腹参加游泳，受到冷水刺激，容易胃痉挛、打嗝、腹痛或呕吐。空腹时人体血糖降低，而游泳会消耗能量，饥饿时游泳会头昏、四肢绵软无力，甚至昏厥，所以空腹者游泳前半小时应适当补充些食物。

（三）游泳前要做好准备活动

做好准备活动能提高神经系统的兴奋性，增强心血管系统和呼吸系统的功能，促进血液循环和新陈代谢，增强肌肉的力量和弹性，加大关节的活动范围，有利于身体适应游泳活动的需要，防止肌肉痉挛和拉伤。一般准备活动包括慢跑、徒手操、模仿练习等。

（四）自救和呼救

游泳时常会发生肌肉痉挛（俗称抽筋），其部位常见于小腿。遇到肌肉痉挛千万不要惊慌，一定要有自控力。马上放弃腿部动作，将腿尽量放松，可仰卧于水面，加大手划力量，加快臂部动作，用仰泳游向岸边。或者在水中，用力捏一捏、搓一搓肌肉痉挛的部位，使其伸展放松拉开。与此同时，也可呼救，以便周围的人来帮助、救护。如发现他人肌肉痉挛或溺水，应迅速过去救护，并同时大声呼救，让周围的人和你一起救护。

（五）遵守公共卫生，文明游泳

遵守游泳场馆卫生制度，注意公共卫生要求，淋浴后再下水，不在水中吐痰或便溺。不要穿内衣内裤下水，不宜穿白色、黄色等浅色泳装。出水后，应立即擦干身体或热水淋浴，穿好衣服。为保证池水的清洁与卫生，游泳者下水前，必须裸体冲净全身，方可穿上洁净的泳衣泳裤，进入泳池。

（六）预防疾病

游泳的时间长短要因人而异。如天气寒冷，水温较低，身体感到不适，肌肉酸痛，水中的活动时间就可以短一些。如寒颤、嘴唇发紫，皮肤上出现鸡皮疙瘩，应立即出水保暖。为防止眼病感染，出水后应点些眼药水。游泳后要用浴皂洗净全身。尤其是在冬天，游泳后洗个热水澡，还可增加热量。同时注意擦干头发。冬季室内外温度差异较大，湿发容易受冷引起感冒，所以要备好帽子，及时戴上。条件好的游泳馆，备有吹风机，可将头发吹干后离开。

如有水进入耳内，切勿用手指挖耳，可把头偏向进水耳朵的一侧，并用同侧的脚连续震跳，使水流出。

三、游泳运动装备

（一）泳装

泳装要紧身、舒适，使用后用冷水清洗，阴干。

（二）泳镜

游泳池的水中都含有消毒的氯，如不戴泳镜，对眼睛的刺激较大，会让人感觉不舒服。

（三）泳帽

泳帽在游泳过程中保护头发，防止头发挡住视线。为了保持清洁卫生，游泳池规定游泳者必须戴泳帽。

第二节 游泳运动技术

游泳运动技术有很多种，竞技游泳运动技术主要有爬泳、仰泳、蛙泳、蝶泳 4 种。它们都是通过臂、腿、躯干的协调配合，在水中游进的。本节主要介绍这 4 种竞技游泳运动技术。

一、爬泳

游进时，人在水中呈俯卧姿势，两腿交替上下打水，两臂轮流划水，动作很像爬行，所以叫"爬泳"。爬泳是 4 种竞技游泳运动技术中最快的一种姿势，在游泳比赛的自由泳项目中（不规定泳姿的比赛），运动员都采用这种姿势来完成比赛，所以人们也称这种姿势为"自由泳"。爬泳历史悠久，从我国和世界其他国家的古代遗物中，都可以发现类似于今天的爬泳技术的游泳姿势。

（一）身体姿势

在用任何一种游泳运动技术时，理想的身体姿势都应该能使运动员最大限度地减少阻力。为了达到这个目的，爬泳的基本姿势是身体尽量保持水平。游进时应保持好身体的流线型，尽量减少游进方向的迎面阻力。身体要尽量保持俯卧的水平姿势。头部保持自然姿势，两眼注视前下方，头的 1/3 露出水面，水平面接近发际，腿的打水幅度不宜过大，应转头吸气而避免抬头吸气，转头时头的一侧不应离开水面，身体纵轴与水平面成 3°～5° 的仰角。在游进中，身体可以围绕身体纵轴做有节奏的转动，保持良好的正直姿势。

（二）腿部动作

在爬泳技术中，打水动作除了产生推动力外，主要起着维持身体平衡的作用。它能使下肢抬高，以及协调配合双臂有力地划水。

爬泳腿打水由向下打水和向上打水两部分交替构成，其中向下打水动作较为有力，向上打水动作相对放松一些。事实上由于身体围绕纵轴的转动，打水动作并不在绝对的垂直面内上下往复，也包含着向侧方的动作。正确的打水动作是脚稍向内旋，踝关节自然放松，向上和向下的打水动作应该从髋关节开始，大腿用力，通过整个腿部，最后到脚，形成一个鞭状打水动作。

（三）臂部动作

爬泳的臂部动作是推动身体前进的主要动力。它分为入水、抱水、划水、出水和空中移臂等阶段，这几个阶段在划水动作中是紧密相连的一个完整动作。

1. 入水

臂入水时，肘关节略屈，并高于手臂，手指自然伸直并拢，向前斜下方切入水。注意手掌向外，动作自然放松。（图 4–2–1）

图 4–2–1

2. 抱水

臂入水后，应积极插向前下方，在形成抱水的动作中，手臂开始是直的，然后弯曲，似用臂抱一个大圆球。抱水时，手的运动由向后、向下、向外 3 个分动作组成。抱水动作主要是为划水做准备，因此是相对放松和缓慢的。（图 4–2–2）

图 4–2–2

3. 划水

划水分为两个阶段：从抱水结束到划至与水面垂直之前称为拉水，过垂直面后称为推水。拉水时，应保持高肘姿势，手向内、向上、向后运动。当拉水结束时，手在体下接近中线，这时，肘关节弯曲的角度为 90° ～ 120° ，前臂由外旋转为内旋，掌心由向内变为向外后方。向后推水是通过屈臂到伸臂来完成的。在推水过程中，手是向外、向上、向后运动的。肘关节要向上、向体侧靠近，并且手掌始终要与水平面保持垂直。在整个划水过程中，肩部应配合手臂进行向前、向下、向后的合理转动，这样有利于使划水路线变长和加大划水力量。（图 4–2–3）

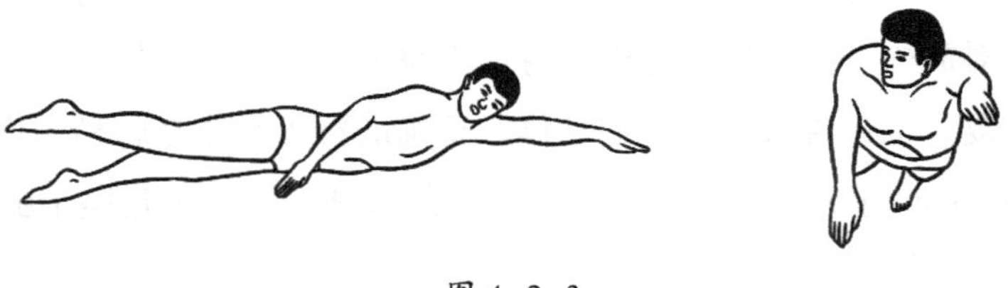

图 4–2–3

4. 出水

在划水结束后，臂由于惯性的作用而很快地靠近水面，这时，由上臂带动肘关节做向外上方的提拉动作，将前臂和手提出水面。前臂出水动作要比上臂稍慢一些，掌心向后上方。（图 4-2-4）

图 4-2-4

5. 空中移臂

臂在空中前移的动作是手臂出水的继续，不能停顿。空中移臂的动作应该放松自如，尽量不要破坏身体的流线型，要和另一臂的划水动作协调一致，并且要注意节奏。在整个空中移臂过程中，肘部应始终保持比手部高的位置。（图 4-2-5）

图 4-2-5

（四）配合技术

1. 两臂配合技术

爬泳两臂的正确配合是保障前进速度均匀性的重要条件，并且还有利于发挥肩带力量积极参与划水。爬泳两臂的配合有 3 种基本形式，即前交叉、中交叉和后交叉。此外，还有介于这三者中间的中前交叉和中后交叉。

前交叉：当一臂入水时，另一臂处于肩前方，与水平面约成锐角。这种配合的弱点是动作不连贯，在一手空中移臂时，另一手处于前伸或抓水阶段，几乎没有划水的推进力产生，因而速度均匀性差，比较适合初学者。

中交叉：当一臂入水时，另一臂处于肩下垂直部位，与水平面约成 90° 角。

后交叉：当一臂入水时，另一臂划水至腹部下，与水平面约成 150° 角。由于手入水后要前伸，为抓水做准备，因此，当一手入水时，另一手内划或上划的配合较好。入水的手经过前伸、抓水，开始产生较大的推进力后，另一手刚好出水，进入空中移臂。这样有利于发挥力量，提高频率，保持连续的推进力，并保持平稳的身体位置。

爬泳是两臂轮流划水产生推进力，两臂配合的关键之处在于尽量使身体前进的速度均匀。根据这一原则，中交叉和中后交叉是较有利的方式。

2. 呼吸与臂配合技术

爬泳的呼吸是一个难点，原因是它采用人们所不习惯的侧向转头吸气的方法。呼吸动作与身体绕纵轴的转动同时进行，动作就比较协调。转头应该在身体的转动幅度达到最大时进行，这样可以尽量减少转头时造成的侧向身体摆动，使转头吸气搭上身体转动的“便车”。吸气的时机要掌握好，如果向右侧转头，适宜的吸气时机是在右手出水时，即右手入水后开始用口和鼻缓缓呼气，并随着划水阶段的推移逐渐增大呼气的幅度，同时增大身体向右侧转动的幅度。当左手入水、右手开始内划时，随身体的转动开始向右转头，右臂出水时嘴露出水面，张口用嘴吸气。待右手移至体侧时，身体开始向左转动，此时吸气也已经结束，头随着身体的转动而向左转动，复原到水中。右手入水时，头部应已复原并保持稳定。

吸气时肩和头应向同侧转动，使口在低于水平面的波谷中吸气。不能抬头，否则会使腿部下沉，身体摆动或起伏过度。转动吸气动作可以形象地描述为“咬肩”动作，目视侧方。

爬泳呼吸的常见错误主要有抬头吸气、转头幅度太大、吸气过早或过晚等。

3. 完整配合技术

完整配合技术即呼吸、手臂和腿的配合。因为手臂是产生推进力的主要来源，所以在配合中，呼吸和腿的动作都应该服从于手臂动作的需要。呼吸、手臂和腿的配合比例主要有 3 种：1:2:2（即一次呼吸，两次手臂动作，两次打水动作）；1:2:4；1:2:6。也有极少数优秀运动员采用 1:2:8。

二、仰泳

仰泳是人体仰卧于水面游进的一种游泳运动技术。仰泳技术由身体姿势、腿部动作、臂部动作和呼吸等几部分动作协调配合组成。

（一）身体姿势

仰泳时，身体应该自然伸展，平直地仰卧于水面，头和肩部略高于腰和腿部，身体纵轴与水平面构成一个很小的仰角。头部和髋部的位置关系非常重要。头部位置在很大程度上决定了整个身体的位置，起着“舵”的作用。头部应与身体在一条直线上，水面约位于头顶中部。头部过于后仰，容易使髋部抬高，腿和脚露出水面，影响打水效果，并容易挺胸弓背，使躯干过于紧张僵硬；反之，如果刻意收下颌，抬高头部的位置，髋和腿就会下沉，身体容易“坐”在水中，增大身体前进的阻力。

（二）腿部动作

仰泳腿打水的作用主要是保持身体位置，此外，可产生一定的推进力。仰泳的打水很重要，除了保持身体的平衡外，还能给身体一个稳定的支撑力。快速有力的仰泳腿打水对有效发挥上臂和躯干的力量也起着重要作用。

仰泳腿打水由上踢和下压两部分组成。仰泳腿的技术与爬泳腿相似，同样是鞭状打水动作。但是因为是仰卧，所以产生推进力的动作是上踢。此外，仰泳腿上踢开始时膝关节弯曲的程度大于爬泳向下打水时，打水的幅度也比爬泳深。

事实上，由于身体的转动，仰泳腿打水动作并不是垂直向上和向下的。伴随着上踢和下压的还有髋关节的转动，上踢的方向是内上方，下压是外下方。为保持身体的流线型，两脚分开不要过大，应处于身体截面内（以肩宽为标准）。

1. 上踢

上踢是产生推进力的动作，需要用较大的力量和较快的速度来完成。上踢开始时，足内收，大腿屈膝带动小腿和脚向上踢水，在踢水的过程中逐渐伸膝。上踢时，踝关节跖屈。踝关节的灵活性对踢水效果起着重要的作用。当大腿移到接近水面时转为下压。由于伸膝肌群的带动，小腿和脚在惯性作用下加速向上用力踢水，形成鞭状踢水动作。当膝关节完全伸直时，上踢动作结束，此时脚趾应该恰好位于水面或略低于水面。上踢动作要把握好尺度，即在任何情况下，膝关节、小腿和脚不能踢出水面。踢水的浪涌应该像圆屋顶，或开锅的水，虽沸腾但不四溅。

2. 下压

因为腿下面的水对腿产生向上的压力，所以下压动作的前半段是直腿完成的。膝关节和踝关节应自然放松。伸髋，大腿带动小腿下压，到一定深度后，大腿停止下压，在腰腹肌肉群的控制和协同作用下，转入上踢过程。此时小腿和脚在惯性作用下仍继续下压，使膝关节弯曲。之后，小腿和脚在大腿的带动下依次结束下压动作。

当脚的位置低于臀部时，下压动作应适时停止，转入上踢。过度下压会破坏身体的流线型，造成增大的形状阻力。脚适宜的打水幅度为 40 ～ 50 cm。

（三）臂部动作

仰泳手臂的动作是产生推进力的主要因素，划水技术的优劣直接影响游进速度的快慢。仰泳的臂部动作可以分为入水、抱水、划水、出水和空中移臂 5 个主要部分。

1. 入水

仰泳臂的入水动作与身体的转动协调配合而成，一臂入水时，身体向同侧转动，可以加大手臂入水的深度。手入水点应在头前，在同侧肩的延长线上。手臂应伸直，肘关节不能弯曲，以小指领先，手掌朝外，干净利落地切入水中。手入水时，手掌与前臂形成一个 150° ～160° 的角，使手指先于手掌外侧和前臂入水，以减小入水时的阻力。

在手臂完全进入水中后，手继续向前、向后、向外 3 个方向运动，使手臂伸展到适宜的长度。这个阶段几乎不产生推进力，主要作用是为后面的划水做好准备。入水结束后手位于水面下 10 ～ 15 cm。（图 4–2–6）

图 4–2–6

2. 抱水

手臂入水后应积极下划抓水，转入抱水阶段。因为如果手臂一入水就马上划水，就会产生气泡而划空。配合身体围绕纵轴的转动和积极伸肩，手臂向外旋转，屈腕，使手臂对准水并有压水的感觉，并使划水的主要肌肉群如肩带肌肉群、胸大肌和背阔肌得到适当的拉长，以便划水时能充分发挥力量。（图 4–2–7）

图 4–2–7

3. 划水

仰泳的划水动作是推动身体前进的主要动力。这个阶段也可分为两部分，前面为拉水，后面为推水。拉水是在抱水的基础上进行的。随着身体绕纵轴继续转动，肘关节下降，手在向后拉水的同时向上移动，使屈肘的程度逐渐加大，当手臂划到肩下与水平面垂直时，拉水结束转入推水，此时身体转动幅度达到最大，约 45° ，肘关节弯曲也达到了较大程度，为 90° ～100° ，与爬泳的高肘划水相似，称其为 “倒高肘” 划水。拉水结束时手掌距离水面约 15 cm。推水开始后，手的移动领先于前臂和肘关节，手、前臂和上臂用力向后方推水，肘关节和前臂逐渐靠近身体。推水开始时手有向上的移动，当手上移至最高点时（距离水面约 10 cm），前臂向内旋转，手掌朝后下方快速做鞭状推水动作。推水结束时，手掌朝下，手臂伸直，手掌距离水面 40 ～ 50 cm；身体也开始向另一侧转动，为出水做好准备。（图 4–2–8）

图 4-2-8

4. 出水

划水完成以后，手臂外旋，掌心指向大腿，借助手向下压水的反作用力和肩部肌肉的收缩，以及身体的自然转动，手臂迅速提拉出水面。出水时臂应伸直，压水提肩，使肩部首先出水，然后再带动上臂、前臂和手依次出水。出水前手臂应先外旋，使手掌转向于大腿外侧，使拇指领先出水，这样阻力小，且手臂较自然放松，与爬泳出水时小指领先的道理是一样的。（图 4-2-9）

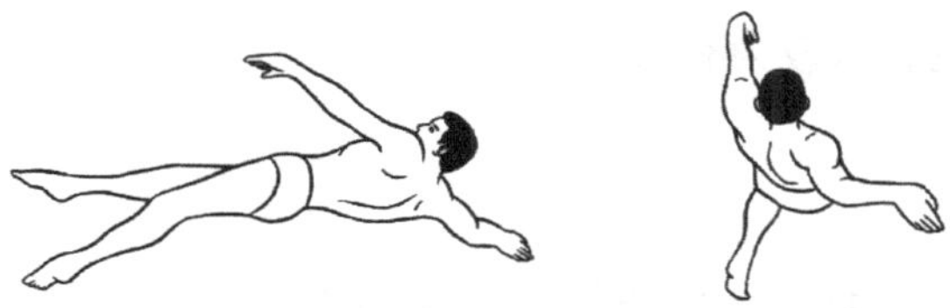

图 4-2-9

5. 空中移臂

手出水后，手臂应迅速以直臂方式向前移动，上臂应贴耳。空中移臂的前半段，手掌向内，使手臂肌肉尽量得到放松；当手臂移到头上，即与水平面垂直时内旋，使手掌心向外，为入水做好准备。（图 4-2-10）

图 4-2-10

（四）配合技术

1. 两臂配合技术

仰泳两臂的配合与爬泳一样，应该保证身体得到连贯而均匀的推进力，使身体匀速前进。现代优秀运动员采用后交叉配合的较多，即一臂入水时，另一臂划水结束，两臂基本处于相反的位置，使一臂结束划水动作后，另一臂能立即产生新的推进力。当一臂入水后前伸下划时，身体的转动使对侧手臂的空中移臂动作更自然轻松。

2. 呼吸与臂配合技术

仰泳时口、鼻始终露出水面，呼吸不受水的限制，但为了避免吸气不充分造成的动作紊乱，运动员一般保持一定的呼吸节奏，正如跑步和竞走运动员用一定的节奏进行呼吸一样。

3. 完整配合技术

同爬泳的完整配合一样，仰泳的完整配合中任何一个动作也都要协调配合。当左手入水时，左肩前耸，身体绕纵轴向左侧转动，头保持稳定，既可使身体保持良好的流线型，又可使手臂充分前伸。右手此时鞭状下划结束，右肩提起，准备出水。左腿向上踢水，右腿处于下压状态。

现代仰泳较常见的是 6 次打水、2 次划臂、1 次呼吸的配合技术 ，目前很少见到 4 次或 2 次打水、2 次划臂的配合方式。

仰泳 6 次打水、 2 次划臂的配合：右手入水和抓水时，右腿上踢；右手下划时，左腿上踢；右手鞭状下划时，右腿第二次上踢；左手划水时，重复相应的动作。

为协助完成身体的转动动作，每个划水周期中每次打水的动作力度并不完全一样。当身体开始转动时腿的打水较为有力。

三、蛙泳

蛙泳是比较古老的一种游泳运动技术，在民间广为流传，由于模仿青蛙的游泳动作而得名。蛙泳是 4 种竞技游泳运动技术中速度最慢的一种。虽然蛙泳在划水和蹬腿阶段产生的推进力甚至可能超过其他游泳运动技术，但在收腿时速度的下降实在是太大了，以致前进的速度大幅度下降，因而落后于其他姿势。蛙泳的呼吸比较容易掌握，而且每个动作周期结束后都有一定的滑行放松时间，所以较容易学会。蛙泳由身体姿势、腿部动作、臂部动作与呼吸等部分协调配合组成。此外，蛙泳出发和每次转身后的水下长划臂动作也是蛙泳的重要组成部分。

（一）身体姿势

在腿部完成有效动作后，为减少起伏和波浪的阻力，身体应力求保持流线型，以便充分利用臂划水和腿蹬夹水产生的推进力。吸气时下颌前伸并稍升肩，使嘴露出水面，身体压浪前进，吸足气后头随手的前伸和肩膀下降而没入水中。

（二）腿部动作

蛙泳的腿部动作是推动身体前进的主要动力，腿部动作可分为收腿、翻脚、蹬夹和滑行 4 个阶段，它们是紧密相连的完整动作。

1. 收腿

开始收腿时，大腿稍放松屈膝屈髋，小腿和脚跟在大腿和臀部的后面，减少投影面。收腿结束后，大腿与躯干成 130° ～140° 角，大腿与小腿成 40° ～45° 角。

2. 翻脚

当脚跟接近臀部时，两脚迅速翻转勾脚尖，脚尖向外，对准蹬水的方向，以加大蹬水的效果，此时两脚之间的距离大于两膝之间的距离。

3. 蹬夹

蹬腿时，由大腿发力先伸展髋关节，再伸展膝关节，小腿内侧和脚掌做向下和向后的鞭状蹬夹动作，直至两腿并拢，两脚自然伸直。蹬夹要用较大的力量和较快的速度来完成。

4. 滑行

腿蹬夹结束后，由于蹬腿的惯性作用有一段时间的滑行，这时两腿应尽量伸直并拢，腿部肌肉和踝关节自然放松，为下一个周期做好准备。

（三）臂部动作

蛙泳的臂划水可产生较大的推进力。现代蛙泳技术更强调臂的作用。臂部的划水路线类似画一个 “桃子” 。（图 4–2–11）

1. 开始姿势

蹬腿结束时，两臂前伸与水面平行，掌心向下，身体保持流线型。（图 4–2–12）

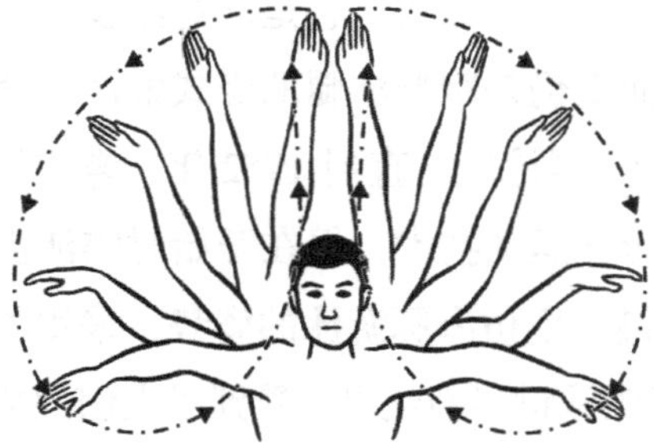

图 4–2–11

图 4–2–12

2. 滑下

滑下也叫抓水，两手掌转向斜下方勾手，两臂分开向斜下方压水，感觉到水对手掌和前臂有压力时，抓水结束，两臂分开约成 45° 角。

3. 划水

划水开始时，手臂向外旋转，同时屈肘、屈腕，随后两臂同时向内、向下和向后屈臂划水。在划水过程中，应逐渐加速，肘关节保持较高位置以形成有利的划水面。当肘

关节屈至约 90° 时，手位于肩的前下方。（图 4–2–13 ）

4. 收手

划水结束后，手臂向外旋转，两手同时向内、向上和向前快速转动。收手结束时，两手掌心相对，肘关节低于手，形成较小的锐角。（图 4–2–14）

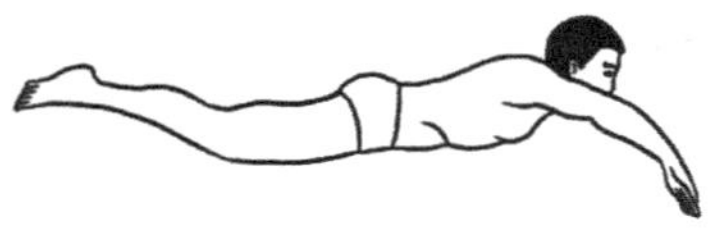

图 4–2–13

图 4–2–14

（四）配合技术

蛙泳的配合技术比较复杂，一般在一个动作周期中呼吸一次，呼吸方法分为早呼吸和晚呼吸两种。早呼吸是两腿开始划水时吸气，呼气时间较长，收手和伸臂时开始低头呼气，早呼吸方法适合初学者，易于掌握。晚呼吸是划水结束收手时才吸气，随伸臂掉头呼气，呼气时间较短，一般被高水平运动员采用。

蛙泳的臂、腿配合，一般在臂划水时，腿保持放松或伸直的姿势；收手时腿自然屈膝；开始伸臂时收腿，并快速蹬腿。在配合中，应避免配合动作不协调或出现中间停滞现象。

四、蝶泳

蝶泳在 4 种竞技游泳运动技术中是最“年轻”的一种泳式。它是从蛙泳技术中派生出来的。开始时的蝶泳实际上是手臂做蝶泳划水而腿仍是蹬蛙泳腿的蝶式蛙泳。蝶式蛙泳由于手臂动作的外形好像蝴蝶飞舞，所以被称为“蝶泳”。直到 1952 年，蝶式蛙泳与传统蛙泳分开比赛，蝶泳才作为一种正式的竞技游泳运动技术，但在开始时蝶泳仍沿用蛙泳蹬夹水技术。1953 年，匈牙利运动员董贝克最早模仿海豚游泳的姿势，采用了海豚式打水技术，并获得了巨大成功，连续 5 次创造了蝶泳世界新纪录，受到了人们的关注。这种蝶泳技术，因为躯干的动作似海豚在水中游泳，所以被人们称为 “海豚泳”。

从动作的外形来看，蝶泳手臂、腿的动作与爬泳相似，区别在于爬泳轮流打水和划水，而蝶泳是同时用力。尽管蝶泳划水时的力量很大，但由于推进力不连贯，身体前进速度不均匀，因此蝶泳速度慢于爬泳。

（一）身体姿势

蝶泳时，运动员身体各部分由于波浪动作而上下起伏，没有固定的身体位置。两臂和两腿的动作在同一水平面内同时进行。蝶泳时身体的上下起伏是受臂腿动作影响的，如向下打水就会使臀部上升；空中移臂时重心位置改变，身体失去平衡，就会使腿部下沉。

躯干的波浪动作有利于保持较高的身体位置和较好的流线型，也有利于臂、腿、呼吸的协调配合。

（二）躯干和腿部动作

蝶泳腿和爬泳腿有相似之处，但蝶泳腿对蝶泳的配合所起的作用大于爬泳腿。此外，蝶泳腿是从躯干发力，通过力的传递进行的鞭状打水，打水时屈膝的程度大于爬泳腿。

蝶泳的鞭状打水动作，是由躯干发力，经过髋、膝、踝关节的动量传递，并且与躯干动作协调配合完成的。由于躯干的质量大，大腿、小腿和脚的质量依次减小（脚的质量最小），根据物理学的动量定理，脚就可获得最大的线速度，再加上腿部肌肉的协同用力，脚的速度最大。

蝶泳腿打水时，两腿应自然并拢，两脚稍内扣，两腿的动作应同时进行，否则即为犯规。蝶泳腿打水动作由向上打水和向下打水两部分组成，其中向下打水是主要产生推进力的阶段，应用较快的速度完成。

1. 向上打水

腿在向上打水开始时，因为上一次的打水在水下成完全伸直的状态，在小腿仍继续伸展的条件下伸髋，使大腿上移。大腿的上移动作类似鞭打动作，使腿继续向下运动的惯性得到克服。向上打水时，腿应该自然伸直，踝关节放松，当大腿上升到与躯干成一直线时，腰腹和臀部开始下沉，大腿也随着下压，但小腿和脚继续上移，使髋关节弯曲，弯曲的角度随着大腿继续下移和脚继续上移而逐渐增大，直到脚上升到最高点，即水面下 4 ～ 5 cm 处时，小腿开始在髋关节和大腿的带动下快速向下打水。此时膝关节弯曲的程度最大，为 100° ～ 130° 。

2. 向下打水

与爬泳和仰泳一样，蝶泳腿打水时，大腿和小腿的方向并不是在任何时候都一致的。当脚上移到与身体平行、小腿和脚还在继续上移时，腰腹部已经开始用力收缩，屈髋带动大腿下压。当屈髋程度达到最大时，躯干与大腿成 150° ～ 160° 角，脚基本上升到了最高点。此时开始伸膝，小腿和脚加速下打。在小腿和脚向下打水还没有结束时，大腿已经开始向上打水，这样才能保证脚的鞭状打水动作。当小腿和脚继续向下打水到膝关节完全伸直、脚处于最低点时，小腿和脚在大腿的带动下开始向上打水，又进入下一个周期的打水动作。

向下打水时，踝关节跖屈，并略内旋。踝关节的灵活性对打水的效果起着至关重要的作用。由于膝关节的弯曲和踝关节的跖屈，向下打水开始时小腿打水的方向是向下和向后的，而踝关节的动作更像向后推水。

（三）臂部动作

蝶泳手臂的划水动作所产生的推进力是推动身体前进的主要因素。蝶泳的臂部动作与爬泳类似，不同的是蝶泳两臂同时对称地划水，而爬泳则两臂交替划水。蝶泳的臂部动作由入水、抱水、划水、推水、出水和空中移臂几个部分组成。

1. 入水

手臂入水是划水的准备阶段，动作本身几乎不产生推进力。正确的入水位置应该是在两肩的延长线上。太宽容易使划水路线缩短，太窄不利于入水后迅速划下和抱水。入水应以拇指领先，斜插入水，然后前臂和上臂一次入水。入水时掌心朝向外下方，手掌与水平面约成 45° 角。（图 4–2–15）

图 4–2–15

2. 抱水

臂入水后，手和前臂向外旋转，随后手臂同时向外、向后使手掌对水和向下运动，并保持高肘姿势。（图 4–2–16）

图 4–2–16

3. 划水

划水时，手臂继续向外旋转，手同时向内、向上和向后划水，当手臂划至肩下时，结束划水并进入推水阶段。（ 图 4–2–17）

图 4–2–17

4. 推水

推水时，手臂同时向外、向后和向上运动。当手臂划至大腿两侧时，推水结束。（图4-2-18）

图 4-2-18

5. 出水

手推水到大腿两侧时应从旋内转为旋外，掌心向内，朝向大腿外侧，以便减小出水的阻力。在手推水尚未结束时，肘已经开始离开水面。手推水结束时，利用推水的惯性，肘和肩带动手臂提拉出水。出水时应小指领先。（图 4-2-19）

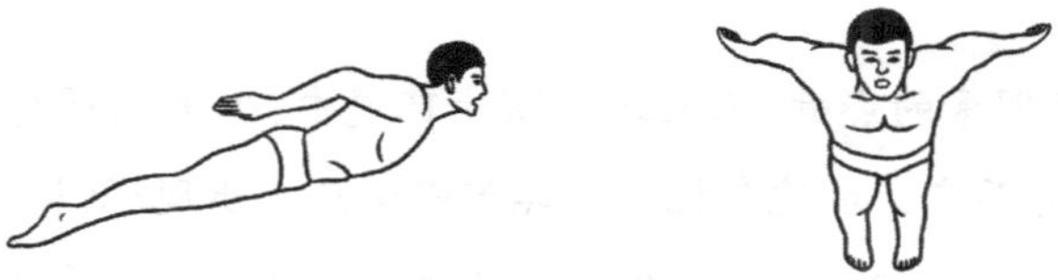

图 4-2-19

6. 空中移臂

手臂在出水后，在肩的带动下迅速从空中前移到头前，准备入水和做下一个周期的动作。空中移臂过程中手臂要放松，拇指朝下，手前伸到接近入水时肘微屈，以便于入水后及时抓水。空中移臂的时间约是划水周期的 1/3。（图 4-2-20）

图 4-2-20

（四）配合技术

1. 呼吸与臂配合技术

目前，优势运动员蝶泳吸气时同蛙泳一样，不可以抬头，而是随着第二次向下打水的升力以及臂腿协调配合使躯干和肩升高，头自然地露出水面，眼睛和嘴都朝向水面，此时吸气。吸气结束低头时，头随肩部的前伸向前下方伸展，下颌向前方冲顶，使手入水时肩能够充分前伸（也可称为头的“跟进”动作）。如果抬头太高，易使背部肌肉紧张，并导致腿部下沉。

头入水后，应在水面下较浅的位置。不应依靠头深深地潜入水中来提高臀部，否则会使身体重心起伏过大，增大阻力。在抓水时头就应该逐渐上升，直到内划结束时头离开水面，进行下一次吸气动作。

2. 完整配合技术

由于躯干波浪动作的介入，蝶泳的完整配合要求精细、准确，而且其动作特征要求运动员有较强肩背部、腰腹部力量和良好的柔韧性。

臂、腿的配合方式是每划水一次，打水两次。手入水时开始第一次向下打水，抓水过程中结束向下打水。在继续抓水和内划时向上打水，上划时第二次向下打水。空中移臂时腿再次向上打水。臂、腿的配合一定要准确协调，否则就会破坏动作内在的节奏，使推进力减弱。臂、腿的配合有不同的方式，有的运动员第一次打水轻，第二次打水重；有的正好相反；还有的采用两次均匀打水。

体育思政园地

受浮力、压力等因素的影响，人在水下陌生环境中，容易出现行为、意识错乱情况。尤其是对游泳初学者而言，环境变化导致其难以适应，出现恐惧、不安等情况。在进入水中后，因身体失去支撑，也无可攀附的物体，出现身体不受控制、失衡等情况，且人在水中受水压影响，其胸腔受到压迫后可造成呼吸困难，导致初学者害怕出现溺水、窒息等。学习游泳的过程是一个克服畏惧心理、战胜自我的过程。游泳运动可以提升大学生的自信心，增强大学生的耐心，有助于大学生更好地学习和生活。

第五章 大球运动

第一节 足 球

一、足球运动简介

足球运动是一项激烈且富有魅力的运动。足球运动具有参加人数多、技术复杂、战术丰富、对抗性强等特点，是世界上开展广泛、国际交往频繁、影响力较大的运动项目。

足球运动的发展已有几千年的历史，古代足球起源于中国。我国是足球运动开展最早的国家，在春秋战国时期就有了“蹴鞠”的脚球游戏。经过唐宋时期，这种游戏有了新的发展，出现了气球，球门场地有了改进和完善，比赛位置有了明显分工，设立了奖罚制度。

现代足球起源于英国。公元 16 世纪以后，足球游戏在欧洲一些国家盛行起来。19 世纪下半叶足球有了新的发展。1857 年英国成立了第一个足球俱乐部。1863 年 10 月 26 日，在英国伦敦成立了世界上第一个足球运动组织——英格兰足球协会，并制定和通过了第一部较为统一的足球竞赛规则，促进了现代足球运动的发展。

国际足球联合会，简称国际足联，是 1904 年 5 月 21 日在法国巴黎由法国、瑞士、比利时、西班牙、荷兰、丹麦、瑞典等七国联合发起成立的。至今国际足联已拥有 200 多个会员，是目前较大的国际单项体育联合会，总部设在瑞士的苏黎世。

目前，国际足坛重大的比赛有世界杯、奥运会足球比赛、世界青年足球锦标赛、国际足联女子世界杯等。

二、足球运动基本技术

踢球

（一）踢球

1. 脚内侧踢球

直线助跑，最后一步要大，支撑脚向前跨步支撑时，脚掌要稍离地面快速积极落地支撑。落地时，以脚跟先落地，滚动式向前过渡到全脚掌支撑。支撑腿膝关节要适当弯曲以保持身体重心的稳定。支撑脚与球的前后距离以支撑脚的脚尖与球的前沿保持平齐为宜，左右距离以支撑脚的内侧沿与球的外侧沿保持 10 ～ 15 cm 为宜。在支撑脚落地支撑的同时，踢球腿大小腿折叠靠拢（在大腿后伸状态下），然后以大腿带动小腿由后向前摆动。在前摆过程中，大腿向外旋转带动膝关节向外侧移动，使踢球脚的脚内侧正对出球方向，小腿加速前摆，踝关节保持适当的紧张，使脚掌与地面保持平行并保持住这种脚形，用脚内侧（即内侧纵弓上方）部位触球的正中后部，将球踢出。踢球后身体重心随踢球腿的前摆向前移动。（图 5–1–1）

图 5–1–1

2. 脚背内侧踢球

斜线助跑，助跑方向与出球方向约成 45° 角。助跑最后一步要大，一般应保持在本人跨一大步的距离较好。支撑脚落地时以脚跟及脚掌的外侧沿先着地，然后过渡到全脚掌着地。支撑脚脚尖指向出球方向，膝关节微屈支撑身体重心，上体略向支撑脚一侧倾斜并稍侧转体（支撑脚一侧的肩部稍向前，踢球脚一侧肩稍向后）。支撑脚与球的前后距离以支撑脚脚尖与球的前沿保持平齐为宜，左右距离以支撑脚的内侧沿与球的外侧沿保持 15 ～ 20 cm 为宜（不同骨盆宽度的人可以适当调整支撑脚与球的左右距离，但一般不要超过 25 cm）。在支撑脚着地的同时踢球腿以髋关节为轴，大腿带动小腿由后向前摆动（大小腿折叠要紧），当膝关节摆至球的内侧垂直上方时，小腿做爆发式前摆（大小腿突然打开），脚尖稍向外侧转，脚尖指向斜下方，脚背绷紧固定，以脚背内侧部位踢球的正中后部（踢高球时，可踢球的中下部）。踢球后身体重心随踢球腿的前摆向前移动。（图 5–1–2）

图 5–1–2

3. 脚背正面踢球

直线助跑，最后一步要大，成跨步，支撑脚要积极跨步落地，以脚跟先着地形成滚动式着地支撑。支撑脚与球的前后距离以支撑脚的脚尖与球的前沿保持平齐为宜，过前或过后都会影响踢球的效果，左右距离以支撑脚的内侧沿与球的外侧沿保持 10 ～ 15 cm 为宜，一般不应超过 20 cm。在支撑脚落地支撑的同时，踢球腿大腿带动小腿（大小腿折叠要紧）由后向前摆，在膝关节摆到球的垂直上方时，大腿制动减速而小腿爆发式突然加速前摆，以脚背正面部位触踢球的正中后部位。踢球后身体重心随踢球腿的前摆向前移动。（图 5–1–3）

图 5–1–3

4. 脚背外侧踢球

踢平直球时，助跑、支撑位置与姿势、踢球腿的摆动基本与脚背正面踢球动作相同，只是用脚背外侧触踢球。在踢球腿的膝关节摆到球的垂直上方时，小腿做爆发式前摆，小腿前摆时，脚尖向内转并向下指，踝关节内收并旋内，脚背绷紧，脚趾扣紧，以脚背外侧部位触击球的正中后部。踢球后身体重心随踢球腿的前摆向前移动。（图 5–1–4）

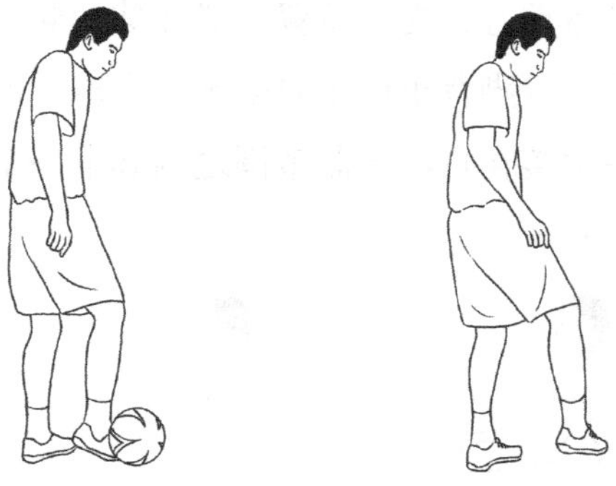

图 5–1–4

（二）接球

1. 脚内侧接地滚球、反弹球、空中球

脚内侧接地滚球：支撑脚正对来球，膝关节微屈稳固支撑身体重心，保证身体重心的平衡。接球腿屈膝外转并前迎，接球脚以脚内侧部位触

接球

球，在球与脚接触前的瞬间，开始向后回撤缓冲来球力量，在后撤过程中将球接在自己控制范围之内和下一个动作需要的位置上。（图 5–1–5）

图 5–1–5

脚内侧接反弹球：支撑脚在球的落点的侧前方（根据接球的方向不同，可以调整支撑脚的位置），膝关节屈曲稳固支撑身体重心，保证身体重心的平衡。上体稍向接球方向倾斜并稍前倾。接球脚提起，踝关节适当紧张（脚尖适当勾起，用脚内侧部位对准球的反弹路线）。当球落地反弹刚离地面时，用接球脚的脚内侧触压球的外侧中上部，将球接在支撑脚的附近位置以便连接下一个动作。

脚内侧接空中球：支撑脚的位置一般在球的侧方适当距离，支撑腿屈膝稳固支撑身体重心，两臂自然张开以维持身体平衡。根据来球高度和位置，接球脚举起以脚内侧部位对准来球，接球脚踝关节保持适当紧张以控制脚形并适当前迎，在球与脚接触前的瞬间，接球脚向回后撤，缓冲来球力量，在后撤过程中将球接在自己控制范围之内和下一个动作需要的位置上。

2. 脚背正面接空中球

支撑腿屈膝稳固支撑身体重心，支撑位置一般在球的侧后方适当位置。接球腿屈膝抬脚，踝关节保持适当紧张，以脚背正面正对来球，在球下落触到脚背前的瞬间接球，脚向下回撤将球在下撤过程中接在自己控制范围之内和下一个动作需要的位置上，并快速连接下一个动作。（图 5–1–6）

图 5–1–6

另一种方法是接球脚基本不向上抬起，而是脚背向上勾起，踝关节保持中度紧张，在接近地面高度 5 ～ 10 cm 处触球，通过球下落的冲击力将勾起的接球脚背砸下去从而缓冲球的力量，将球接在自己控制范围之内和下一个动作需要的位置上，并快速连接下一个动作。

3. 脚背外侧接地滚球、反弹球技

脚背外侧接地滚球：面对来球，支撑腿屈膝稳固支撑身体重心，支撑位置常常在球的侧面。接球脚稍提起，膝关节和脚尖稍内转（向支撑脚一侧靠近），以脚背外侧正对来球，在支撑脚的前侧方触球外侧部位（球体靠近支撑脚一侧的部位）。在脚触球时踝关节要适当紧张，并伴有一个向接球方向推送的拨球动作，将球控制在下一个动作需要的位置上，并快速连接下一个动作。（图 5–1–7）

图 5–1–7

脚背外侧接反弹球：面对来球，支撑腿屈膝稳固支撑身体重心，支撑位置常常在球的侧面。接球脚稍提起，膝关节和脚尖稍向支撑脚一侧靠近，脚尖稍向内上方勾起（脚内翻状态），以脚背外侧正对来球，并使接球腿小腿、接球脚与地面形成一个夹角，在球刚反弹离地时接球脚脚背外侧于支撑脚的前侧方触球外侧上部位（球体靠近支撑脚一侧的部位）。在脚触球时踝关节要适当紧张，并伴有身体重心向接球方向倾斜移动的动作，将球控制在下一个动作需要的位置上，并快速连接下一个动作。

4. 大腿接高球、平球

大腿接高球：面对来球，支撑腿屈膝稳固支撑身体重心，接球腿向前上方屈膝抬起，以大腿中部正对下落来球，肌肉适当紧张，在大腿与球接触前的瞬间大腿向下撤引，在撤引过程中接控球，将球控制在下一个动作需要的位置上。（图 5–1–8）

大腿接平球：面对来球，支撑腿屈膝稳固支撑身体重心，接球腿屈膝前迎，以大腿中部正对来球，肌肉适当紧张，在大腿与球接触前的瞬间小腿迅速向后下方撤引（接球腿成伸直状态），在撤引过程中接控球，将球控制在下一个动作需要的位置上。

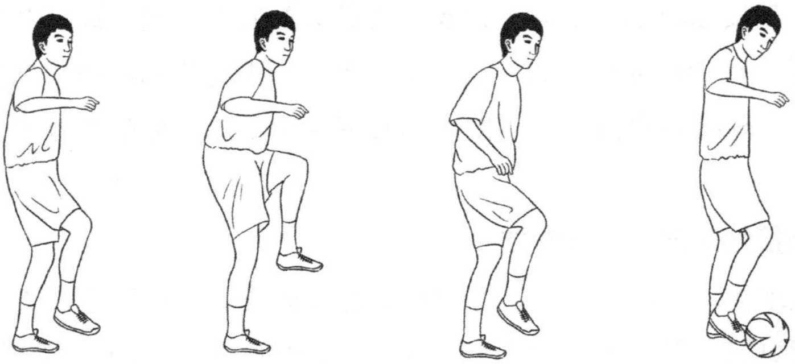

图 5-1-8

（三）运球

运球

运球技术动作包括脚背正面运球、脚背外侧运球、脚背内侧运球和脚内侧运球等。

1. 脚背正面运球

脚背正面运球多在越过对手之后，前方纵向距离较长，仍需要快速运球前进情况下使用。跑动时身体自然放松，上体稍前倾，两臂自然摆动，步幅要适当。运球脚提起时，膝关节弯曲，脚跟提起，脚尖下指，在迈步伸脚着地前，用脚背正面向前推拨球前进。（图 5-1-9）

图 5-1-9

2. 脚背外侧运球

跑动时身体自然放松，上体稍前倾，两臂自然摆动，步幅不宜过大。运球脚提起时，膝关节弯曲，脚跟提起，脚尖稍内转，在迈步伸脚着地前，用脚背外侧向前推拨球前进。（图 5-1-10）

图 5-1-10

3. 脚背内侧运球

跑动时身体自然放松，上体稍前倾，并稍向运球方向转动，两臂自然摆动，步幅要小些。运球脚提起时，膝关节弯曲，脚跟提起，脚尖稍外转，在迈步伸脚着地前，用脚背内侧向前推拨球前进。（图 5–1–11）

图 5-1-11

4. 脚内侧运球

运球时，支撑脚稍向前跨，踏在球的前侧方，膝关节稍弯曲，上体前倾并向里转。随着身体的向前移动，运球脚蹬地提起，用脚内侧推球的后中部。（图 5–1–12）

图 5-1-12

三、足球运动基本战术

足球运动基本战术是指足球比赛中，为了战胜对方，根据主客观情况所采取的个人行动和集体配合的方法。随着足球运动的发展，人们对足球战术有了更深入的认识，新的战术层出不穷且随时变化。战术的运用是以体能为前提、技术为基础、心理智能为保证，因此，现代足球对运动员的综合能力提出了更高的要求。

（一）集体进攻战术

集体进攻战术在比赛中注重进攻效率，在没有良好的突破机会时会耐心地寻找时机，不盲目地将球传到对方防守腹地以让前锋队员在乱中寻找机会。集体进攻战术突出简练，控球队员多通过传球突破对方防守，较少采用个人运球突破等复杂战术。由于控球队员多采用传球，因此，集体进攻战术注重对球的安全控制，不轻易将控球权丢失，不轻易冒险，进攻中常常有组织、有计划地利用多名无球队员的统一行动。一部分无球队员利用跑位在对方防守阵线中制造空当，另一部分无球队员则抓住时机去利用这些空当从而在进攻中形成整体打法。

1. 边路进攻

利用球场两侧区域发起进攻的方法叫边路进攻。边路进攻是集体进攻战术的主要形式之一。边路进攻的发起、推进通常有 2 种渠道：一是进攻过程始终沿边路而行；二是通过中路转移至边路。

2. 中路进攻

中路进攻是利用球场中间区域组织的进攻，这种进攻虽能直接射门，但难度极大，因中路防守极为严密，前攻击手必须是反应极其敏锐、意识强、技术高、敢于冒险、速度快和善于跑位策应的队员。

3. 快速反击

比赛中当攻方进攻时，后卫线往往压至中场附近，防守人数也由于插上进攻和助攻而相对减少，此时如能抓住对方防区空隙较大和回防较慢的机会，乘其失球发动快速反击，往往能取得良好的效果。快速反击是极有威胁的进攻手段，有效的进攻在于突然快速地反击，但其难度较大，既要冒险，又要有准确、快速的传切配合技能。快速反击要有组织，配合应极为默契，必须进行专门性的训练，否则很难在比赛中实施。

（二）常用阵型

1. “四三三”阵型

“四三三”阵型，后防稳固，攻防机动灵活，是世界足坛运用较广泛的阵型之一。很多球队根据不同的情况，将其改进为“四二一三”、“四一二三”等阵型。（图 5-1-13）

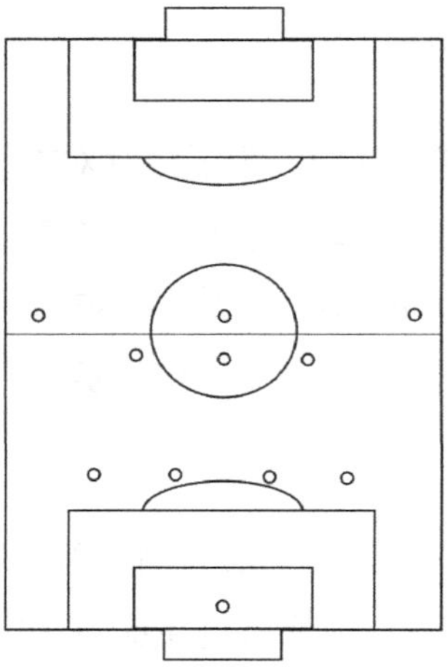

图 5-1-13

2.“四四二”阵型

“四四二”阵型也是常用的阵型之一，有平行站位和菱形站位 2 种。（图 5–1–14）

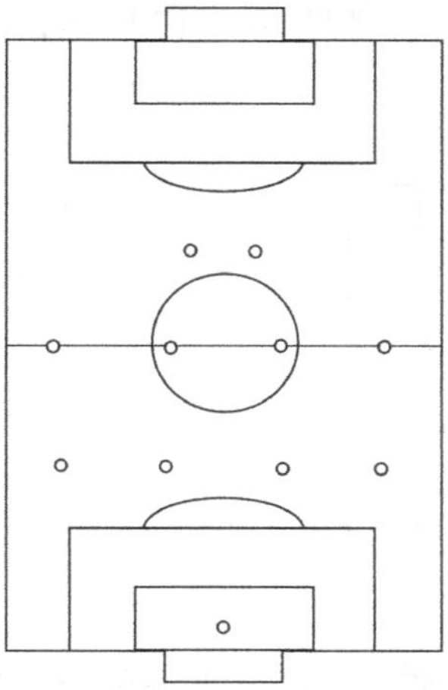

图 5–1–14

3.“三五二”阵型

在 20 世纪 80 年代的欧洲足球锦标赛和第 13 届世界杯足球赛上就出现的“三五二”阵型（图 5–1–15）也是现代足球常用的阵型。防守时，边后卫后撤防守，“三五二”阵型变成“五三二”阵型；进攻时，边后卫向中场推进并伺机插上进攻，此时“五三二”阵型变为“三五二”阵型。

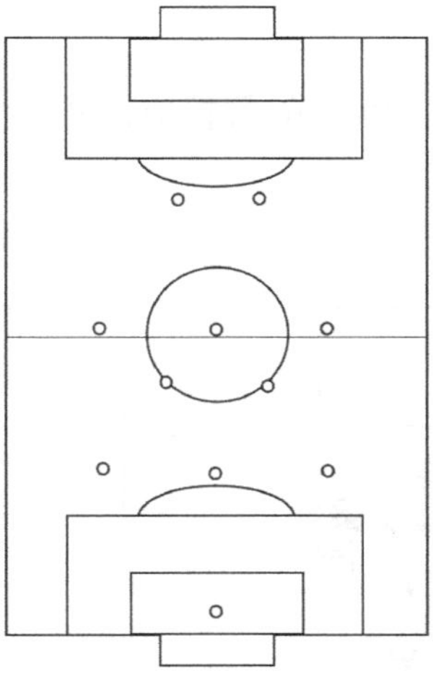

图 5–1–15

（三）局部进攻战术

1.“二过一”配合

“二过一”配合是在比赛中局部区域的 2 名进攻队员通过传球与跑位的配合突破防守队员的方法。

（1）斜传、直插“二过一”。如图 5–1–16 所示，⑥运球前进并吸引对手上前逼防，⑥斜线将球传给⑨，⑥直线插入接⑨斜传球。

（2）直传、斜插“二过一”。如图 5–1–17 所示，⑤将球斜传给⑦，⑦再直传球给斜线插入的⑤。

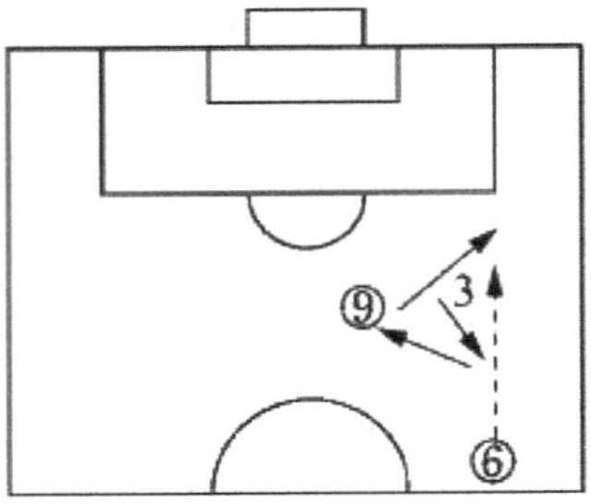

图 5–1–16

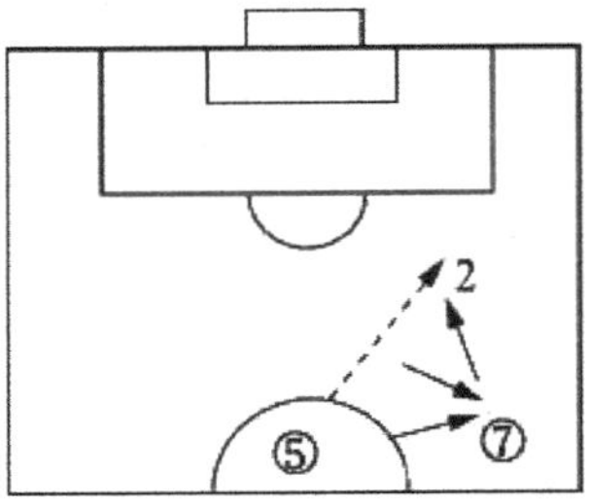

图 5–1–17

“二过一”配合注意要点：运用时必须准确抓住战机，不可迟缓；插入队员突然快速起动，才能摆脱防守队员，完成“二过一”配合，但要防止越位，跑位与传球动作时间应准确，配合默契。

2.“三过二”配合

“三过二”配合是在比赛中局部区域的 3 名进攻队员通过连续配合突破 2 名防守队员的方法。下面介绍 2 种“三过二”配合。

（1）如图 5–1–18 所示，⑨向后跑动接球，再将球传给⑥，⑦做假动作并伺机从内线切入接⑥的传球，突破防守。

（2）如图 5–1–19 所示，⑦持球，⑥假接应，⑨斜插把防守支开，⑥插上至⑨制造的空当接⑦的传球，突破防守。

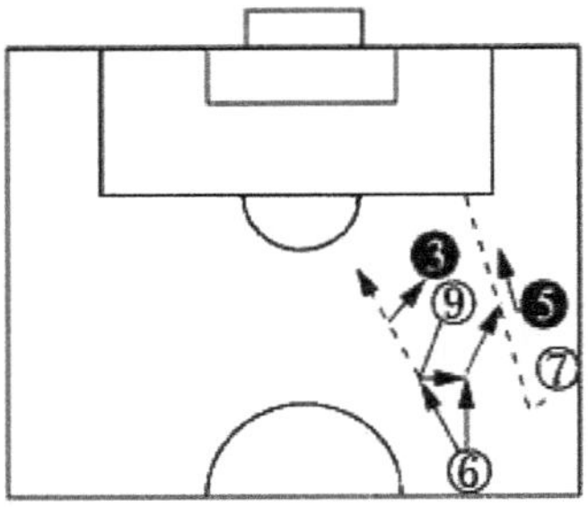

图 5–1–18

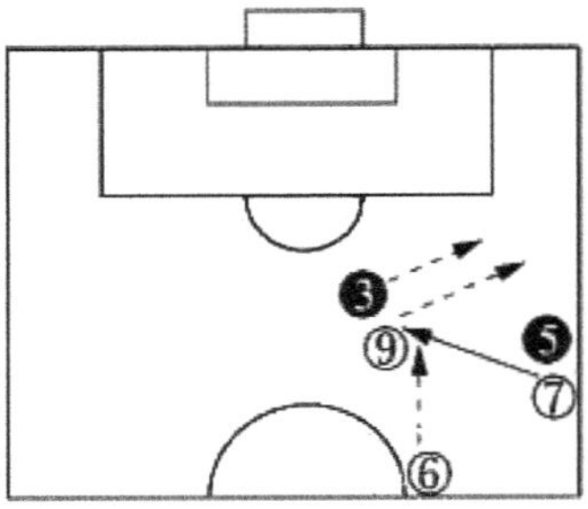

图 5–1–19

“三过二”配合注意要点：3 名进攻队员应成三角形，1 名队员持球，另 2 名队员应一接一插或一拉一插，不要两人同时接或插，在接、插的时间上应稍有先后；持球队员视野要广，要选择有威胁的进攻配合；配合要简练、默契、协作和紧凑。

体育思政园地

与其他运动项目相比，足球运动难度较大，且需要经过系统的训练。大学生在进行足球运动时不仅要加强体能，还要学习相关的足球技术及战术。在这个过程中，大学生的身体及心理都面临着较大的压力。足球训练任务重、难度大、持续时间长，因此经常会给大学生带来一些困难与挑战。这些困难与挑战在一定程度上能磨炼大学生的意志力，让大学生敢于面对这些问题，并最终能够顺利完成训练任务。足球运动可以培养大学生努力拼搏以及自强不息的品质，而这些品质对大学生今后的发展至关重要，能够帮助大学生解决学习及生活中遇到的问题，并顺利完成学习任务。

足球竞赛规则

第二节 篮 球

一、篮球运动简介

现代篮球运动是1891年由美国教师詹姆斯·奈史密斯博士发明的。篮球运动是一项集体性、综合性，围绕高空展开的立体型攻守对抗的项目。现代篮球运动已经逐步发展完善成为一项融科技、教育和技艺于一体的受大众欢迎的国际性竞技体育运动项目。它可以通过电视观赏达到愉悦人们心灵的目的，也可以通过实践使人们锻炼身体、增强体能，还可以培养一些使青少年终身受益的品质。现代篮球运动是在统一的国际篮球组织指导下，以严格、规范的比赛规则和特定的竞赛方式展开的强者间的对抗、竞争与拼搏，其竞赛活动过程充分显示出人类生命所具有的活力，突出了自强不息的奋斗精神。

二、篮球运动基本技术

篮球运动基本技术主要有移动、传球、接球、运球、投篮和抢篮板球等。各类技术又有若干不同的方法和不同的完成方式。各种方法和方式的组合运用构成了进攻技术和防守技术两大部分。

（一）移动

移动是篮球技术的基础。篮球比赛中队员几乎全部时间都在动态中运用技术动作去完成攻守任务。

1. 起动

起动是队员在球场上由静止状态变为运动状态的一种起始的动作，是获得位移初速度的方法。从基本站立姿势开始，起动时，身体重心向跑动方向移动，以后侧脚（向前起动）或异侧脚（向侧起动）的前脚掌内侧突然有力地蹬地，同时上体迅速前倾或侧转，手臂协调地摆动，充分利用蹬地的反作用力，迅速向跑动方向迈出。起动后的两三步要短促而迅速地连续蹬地，并配合快速摆臂，使之能在最短的距离内把速度有效地发挥出来。

2. 跑

跑是队员在球场上改变位置、发挥速度的重要方法，也是比赛中运用很多的一种移动动作。篮球比赛中经常运用的跑主要有变速跑、变向跑、侧身跑。变速跑是队员跑动中利用速度的变换来争取主动的一种方法。

3. 跳

跳是队员在球场上争取高度及远度的一种动作方法。篮球比赛中很多技术动作需要队员在空中完成。因此，队员要会单、双脚起跳，能在原地、跑动中和对抗条件下向不同方向跳、连续跳等，并要求跳得快、跳得高，滞空时间长，以便更好地在空中完成各种攻守动作。

4. 急停

急停是队员在跑动中突然制动的一种动作方法，也是各种脚步动作衔接和变化的过渡动作。比赛中急停更多的是与其他技术结合在一起运用的。急停的动作有以下两种。

（1）跨步急停（两步急停）。队员在快速跑动中急停时，先向前跨出一大步，用脚跟先着地过渡到全脚掌抵住地面，并迅速屈膝，同时身体微向后仰，后移重心。然后再跨出第二步，脚着地时，脚尖稍向内转，用前脚掌内侧蹬住地面，两膝弯曲，身体稍有侧转（右脚跨出第一步，身体后移），微向前倾，重心移至两脚之间，两臂屈肘时自然张开，保持身体平衡。

（2）跳步急停（一步急停）。队员在中、慢速移动中急停时，用单脚或双脚起跳（一般离地面不高），上体稍后仰，两脚同时平行落地。落地时全脚掌着地，用前脚掌内侧蹬住地面，两膝弯曲，两臂屈肘微张，保持身体平衡。

5. 转身

转身是队员以一脚蹬地向前或向后跨出的同时，另一脚做中枢脚进行旋转而改变身体方向的一种动作方法。转身在比赛中运用比较广泛，经常与其他技术动作组合运用。

转身时，重心移向中枢脚，另一只脚的前脚掌蹬地，同时中枢脚以前脚掌为轴用力蹍地，上体随着移动脚转动，以肩带动向前、向后改变身体方向。在身体移动过程中，要保持身体重心平稳。转身后，重心应转移到两脚之间。转身可分为前转身和后转身。

（1）前转身。移动脚蹬地，在中枢脚前方（身前）进行弧形移动的叫前转身。

（2）后转身。移动脚蹬地，在中枢脚后方（身后）进行弧形移动的叫后转身。

6. 跨步

跨步是一种起步的动作方法。跨步的动作方法是以一脚为中枢脚，另一脚向前或向侧方跨出，以便衔接其他动作。

（二）传球

传球技术是篮球运动中重要的进攻基本技术之一。一次成功的进攻往往要经过多次准确、及时的传球，从而创造出攻击时机。

传球

1. 双手胸前传球

双手胸前传球是比赛中非常基本、常用的传球方法，用这种方法传出的球迅速有力，可在不同方向、不同距离中使用，而且便于和投篮、突破等动作结合运用。

双手持球的方法是两手手指自然分开，拇指相对成“八”字形，用指根以上部位持球，手心空出。两肘自然弯曲于体侧，将球置于胸腹之间的部位，身体成基本站立姿势。传球时，前臂在后脚蹬地、身体重心前移的同时迅速向传球方向伸出，拇指用力下压，手腕前屈，食指、中指用力拨球将球传出。球出手后身体迅速调整成基本站立姿势。传球距离近，则前臂前伸的幅度小。远距离的传球，则应加大蹬地、伸臂和腰腹的全身协调用力；传球距离越远，蹬地、伸臂的动作幅度越大。（图 5–2–1）

图 5–2–1

2. 单手肩上传球

单手肩上传球是单手传球中一种基本的方法。这种传球的力量大，球飞行速度快，常用于中、远距离传球。

传球时（以右手传球为例），左脚向传球方向迈出半步，右手托球，同时将球引到右肩上方，肘部外展，上臂与地面近似平行，手腕后仰。左肩对着传球方向，重心落在右脚上，右脚蹬地，转体，前臂迅速向前挥摆，手腕前屈，通过食指、中指拨球将球传出。球出手后，右脚随着身体重心前移而向前迈出半步，保持基本站立姿势。（图 5–2–2）

图 5-2-2

（三）接球

接球是篮球运动中的主要技术之一，是获得球的动作，是抢篮板球和抢断球的基础。在激烈对抗的比赛中，采用正确的动作牢稳地接球，对减少传球失误、弥补传球不足，以及截获对方传球等都有非常重要的作用。接球有双手接球和单手接球两种。

接球

1. 双手接球

双手接球是基本的接球方法，也是在比赛中运用较多的动作之一。其优点是握球牢稳，易于转换其他动作。双手接球时，两眼注视来球，两臂伸出迎球，手指自然分开，两拇指成“八”字形，手指向前上方，两手成一个半圆形。在手指触球后，两臂后引，缓冲来球的力量，两手握球于胸腹之间。保持身体的平衡，做好传球、投篮或突破的准备。来球的高度不同时，两臂伸出迎球的高低也有所不同。

2. 单手接球

单手接球控制的范围大，能接不同方向的来球。但是单手接球不如双手接球牢稳，因此，在一般情况下应尽量用双手接球。如用右手接球，则右脚向来球方向迈出，两眼注视来球。接球时，手掌成勺形，手指自然分开，右臂向来球的方向伸去。当手指触球时，手臂顺势将球向后引，左手立即握球，双手将球握于胸腹之间，保持基本持球姿势。

（四）运球

运球是进攻技术中重要的基本技术。

运球

1. 低运球

低运球时，两腿应迅速弯曲，重心下降，上体前倾，球的落点在体侧，用上体和腿保护球。同时，用手腕和手指短促地按拍球的后上方，将球控制在膝关节的高度。（图 5-2-3）

2. 高运球

高运球时，两腿微屈，上体稍前倾，两眼平视，以肘关节为轴，前臂自然伸屈，用手腕、手指柔和而有力地按拍球的后上方。球的落点控制在运球手臂同侧脚的外侧前方，使球的反弹高度在胸腹之间。

3. 体前变向换手运球（以右手运球为例）

运球队员从对手右侧突破时，先向对手左侧做变向运球假动作。当对手向其左侧移动堵截运球时，运球队员突然按拍球的右后上方，使球经自己体前右侧反弹至左侧前方，同时，右脚向左前方跨出，上体向左转，侧肩挡住对手，同时换左手按拍球的后上部，左脚跨出并用力蹬地加速，从对手的右侧突破。

图 5-2-3

4. 运球急停急起

在快速运球中突然急停时，采用两步急停，使身体重心降低，手按拍球的前上部，使球停止向前运行。运球急起时，两脚用力后蹬，上体急剧前倾，迅速起动，同时，按拍球的后上部，人、球同步快速前进。

（五）投篮

投篮是队员将球投入篮圈的一种专门动作，是篮球比赛中唯一的得分手段，是一切进攻技战术的最终目的和全部攻守矛盾的焦点。因此，加强投篮技术的教学与训练，正确掌握并熟练运用投篮技术，不断提高投篮命中率，是对教练员和运动员的最基本要求。投篮的基本方法如下。

投篮

1. 原地单手肩上投篮

原地单手肩上投篮是基本的单手投篮方法，其他各种单手投篮方法大都由此演变而来。

动作方法（以右手投篮为例）：双脚原地开立，右脚稍前，身体重心落在两脚中间，右手屈肘，手腕后仰，掌心向上，五指自然张开，持球于右眼前上方，左手扶球侧，两膝微屈，上体放松并稍前倾，目视篮圈。投篮时下肢蹬伸，同时依势伸腰展腹，抬肘上伸前臂，手腕前屈，以指端拨球，最后通过食指、中指用力地将球投出，球离手后右臂应有自然跟进动作。（图 5-2-4）

图 5-2-4

2. 行进间单手肩上投篮

行进间单手肩上投篮是在比赛中切入篮下的一种投篮方法。

动作方法（以右手投篮为例）：跑动接球时，跨右脚然后接着跨出第二步，这一步稍小并用力起跳，右腿屈膝抬高，在左脚蹬地起跳的同时，双手迅速将球举至右上方，右手五指自然分开，掌心空出，手腕后屈托球，左手扶球作保护，肘下垂；眼睛注视球篮，接着右手托球向上伸展，手指柔和地拨动，手腕下压，将球投出。（图 5-2-5）

图 5-2-5

3. 行进间单手低手投篮

行进间单手低手投篮是比赛中广泛应用的一种投篮方法，一般多在快攻或切入篮下时运用，俗称跑动中投篮。

动作方法 （以右手投篮为例）：当球在空中运行时，右脚向来球方向或投篮方向跨出一大步，同时接球，左脚向前跨出一小步，脚跟先着地，上体稍后仰，然后迅速过渡到前脚掌着地，并用力蹬地起跳，右腿屈膝上提，左脚蹬离地面。同时双手向前上方举球，腾空后，右臂向前上方伸展。投篮出手后，两脚同时落地，两腿弯曲，以缓冲落地的冲击。

4. 跳起单手投篮

跳起投篮简称跳投，这里主要指跳起单手投篮，其出手动作与原地单手投篮基本相同，只是在动作结构上增加了起跳部分，投篮动作要在空中完成。目前，跳起单手投篮已成为篮球运动员普遍采用的得分手段，它可以在不同距离、各种角度下运用，方法多样，随机应变。可以高跳高出手，快跳快出手；可以利用侧跨步、后撤步或转身远离对手起跳；也可以贴身跳投和跳起后在空中利用后仰、闪、躲、换手或变高手为低手投篮等技术，实战价值极高。

原地跳起单手肩上投篮的动作方法（以右手投篮为例）：双手持球于胸腹之间，两脚左右（或前后）开立，两膝微屈，身体重心落在两脚之间，上体放松，眼睛注视篮圈。起跳时两膝适当弯曲（两脚前后开立时也可后脚上前走一步再做此动作），接着脚掌蹬地发力，提腹伸腰，向上迅速摆臂举球并起跳，双手举球于肩上或头上，左手扶球左侧。当身体升至最高点或接近最高点时，左手离球，右臂向前上方伸直，同时用爆发力屈腕、压指，使球通过指端投出。球离手后身体自然落地，屈膝缓冲，准备冲抢篮板球或回防。（图 5–2–6）

图 5–2–6

（六）抢篮板球

篮板球是攻守双方争夺的焦点、攻守转换的关键，抢篮板球是获得球权的主要手段。在所有的比赛中，往往抢得篮板球的次数比投篮命中率对比赛胜负的影响更大，所以现代篮球把争夺篮板球作为获得球权、争夺主动的基本依据，将其作为个人和全队实力的主要标志之一。抢进攻篮板球，可以增加进攻次数和篮下得分，并增加队员的信心；抢防守篮板球，不仅能控制球权，创造更多的快攻反击机会，还会对进攻队员的投篮产生巨大的心理压力。教练员一般都很重视抢篮板球能力的训练和提高。

1. 抢防守篮板球

（1）先挡后抢：近篮区用后转身挡人。要强调挡人的质量，不要过早地松开，给对方留下移动的空间。

（2）配合抢防守篮板球：始终保持 2 至 3 名队员抢占罚球线前和两侧的三角区域，形成控制权，或要求每名队员分别盯人，挡住对手的冲抢路线。

2. 抢进攻篮板球

（1）每当出手时，要善于利用对手转身观察的瞬间，趁其不备运用上步或助跑起跳，突然冲向球反弹的方向。遇到对手阻截，要运用假动作摆脱和快速移动脚步，抢占有利位置。

（2）配合抢进攻篮板球：锋线队员主要积极抢占篮下三角区域，外围队员要有组织地跟进冲抢，但必须保持攻守平衡。

（七）防守

防守对手是防守队员合理地运用脚步移动和手臂动作积极地抢占有利位置，阻挠和破坏对手的进攻动作，并以争夺控球权为目的的行动。要达到上述目的，防守时必须积极主动、认真负责，把防守姿势、位置站法、脚步移动、手臂动作，以及抢断、打断球技术结合起来，加以合理运用，才能更好地完成防守任务。防守对手有两种：防守无球队员和防守有球队员。

1. 防守无球队员

在比赛中防守无球队员时，往往由于注意球的推进、转移和威胁而放松了自己防守的对手，导致对手摆脱空切和轻易接球，使自己处于被动。应该知道比赛的绝大部分时间是防守无球队员，对此，必须给予充分的重视。

（1）位置的选择。防守时，位置的选择非常重要，正确、合理地占据有利位置，会使防守主动。就一般情况来说，防守队员应站在对手与球篮之间的内侧位置上，保持与对手有适当的距离和角度，以便能按要求来行动。与对手的距离要根据对手与持球队员的距离而定，一般来讲，离球近则近，离球远则远，以能控制对手为原则。

（2）手臂的配合。在积极移动的同时，必须借助手臂的动作，扩大防守面积。手臂要随着移动配合做伸出、挥摆、上举等动作，以便更有效地阻挠对手接球并争取断球。

（3）积极地移动。防守时，要随时保持有利的防守位置，就必须有正确的准备姿势，以保证及时地移动。因为对手不断地向不同的方向移动，所以防守队员的准备姿势的站法也要随着变换。在离球较近防守时，经常采用面向人侧向球的站法，不让对手摆脱接球；在离球较远防守时，经常采用侧向人面向球的站法，以便断球或进行协防配合。不论哪种站法，都要积极运用撤步、滑步、交叉步、碎步和快跑等脚步移动跟住对手，堵截其移动路线。为了及时起动，防守队员应以短小的步幅，不停地滑动，以便更快地移动阻挠对手，使他向不利的位置上转移。

2. 防守有球队员

进攻队员有球时对防守队员来说是有威胁的，因此，必须尽可能地去阻挠和影响他的各种进攻技术的运用。

（1）位置、距离的选择。在对手接球后，必须迅速调整位置和距离，在占据对手与球篮之间的有利位置基础上，还要与对手保持适当的距离。一般来讲，离篮远则远，离篮近则近，并根据对手的特点（善投、善突等）、战术的需要而有所调整。

（2）防守的动作。因为有球队员的特点、意图以及与球篮的距离不同，所以防守有球队员时的动作也有所不同，一般防守有球队员有两种方法。

①平步防守：两脚取平行站立的防守姿势，两臂侧伸和挥摆。这种方法防守的面积大，便于左右滑动，对防突破比较有利。

②斜步防守：两脚取前后站立的防守姿势，一臂上伸，另一臂侧伸进行阻挠。这种防守方法便于前后移动，对防投篮比较有利。

不论采用哪种防守方法，都要积极移动。当对手运球或突破时，应阻截他的移动路线，迫使他运向边角；当对手做假动作时，不要受其引诱而失去身体平衡。

（3）合理地运用抢球、打球技术。在防守有球队员的过程中，始终要伺机抢、打对手的球，但要判断准确，动作突然快速，注意保持身体平衡，避免犯规。

三、篮球运动基本战术

（一）基本进攻战术配合

基本进攻战术配合是指 2 ～ 3 名队员有目的、有组织地协同作战的方法，是运动员在场上制造、捕捉不同战机，相互协同、相互配合制造机会以达到进攻目的的方法。

1. 传切配合

传切配合是指进攻队员间利用传球和切入技术所组成的配合方法，主要包括一传一切和空切两种方式。

练习方法：学生分两组。A 组④传球给 B 组⑤后做向左切入的假动作，然后变向从右侧切入，⑤接球后回传给⑥，并做向底线切入的假动作，然后变向从内侧横切。④切入后至 B 组的队尾，⑤至 A 组的队尾。依次进行练习。（图 5–2–7）

要求：变向切入动作要快，切入过程中要侧身看球。

2. 突分配合

进攻队员持球突破或运球突破对手后，遇到对方补防或“关门”时，及时将球传给空隙地带的同伴，这种在突破中区别情况及时传球给无人防守同伴的配合叫突分配合。突分配合的要点是同伴之间要有良好的配合默契，突破者在突破过程中要注意观察攻守队员的位置变化，既要做好投篮准备，又要在遇到对方补防时巧妙地分球给同伴投篮。

练习方法：学生分两组。开始时 A 组④持球突破，在突破中跳起分球给向两侧移动的B组⑦，⑦在接球后示意投篮动作，然后传球给⑤，⑤接球后切入底线或内侧突破，跳起传球给接应的⑧。位置交换，④⑤到B组的队尾，⑦⑧到A组的队尾。练习一定次数后，改换从左边突破分球练习。（图 5-2-8）

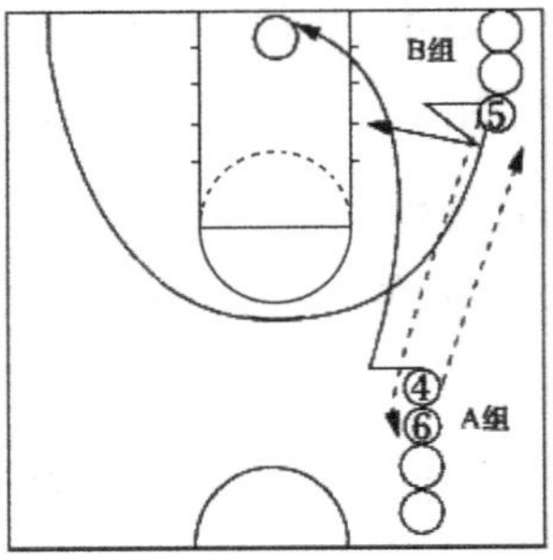

图 5-2-7

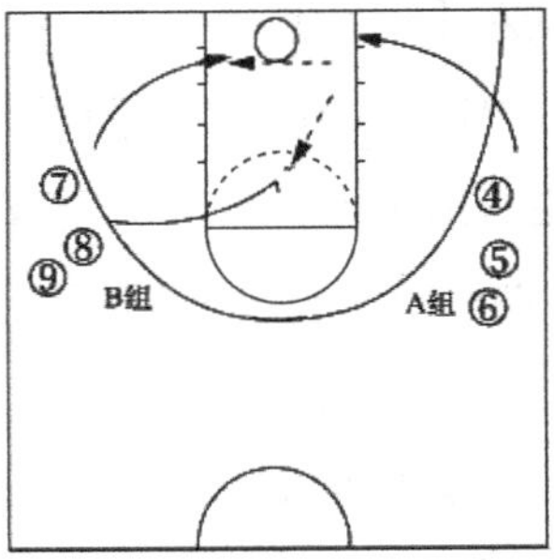

图 5-2-8

3. 掩护配合

掩护配合是指进攻队员以合理的行动，用身体挡住防守队员的通路，帮同伴摆脱防守，创造接球和投篮机会的一种配合方法。

练习方法：学生分两组，教师站在④身前做防守，⑥跑到侧后方给④做掩护，④先做向左跨步切入假动作，待⑥做好掩护后，及时向另一侧切入，⑥适时地后转身跟进。然后两人互换位置，轮流进行练习。（图 5-2-9）

（二）基本防守战术配合

基本防守战术配合是指防守队员之间为了破坏对手的进攻配合，或当同伴出现防守困难时及时相互协作和帮助的方法，主要有关门配合、穿过配合、挤过配合、交换配合等。

1. 关门配合

“关门”是邻近的两个防守队员协同防守持球突破的配合方法。当进攻队员持球突破时，防守突破队员应向侧后方滑步，这时邻近突破一侧的防守队员也应及时向进攻队员突破方向滑动，与防守突破队员靠拢，像两扇门一样“关闭”起来，迫使进攻队员失误或造成撞人犯规。

练习方法：学生三攻三防。①、②、③在外围相互传球，寻找机会从❶与❷或❷与❸之间突破。❶、❷、❸除了要防住自己的对手外，还要协助邻近同伴进行“关门”，不让对方突破到篮下。当进攻队员突破不成把球传出时，“关门”的队员还应快速分开去防自己的对手 。（图 5-2-10）

2. 穿过配合

当进攻队员进行掩护时，防守掩护者要及时提醒同伴，当两个掩护配合的进攻队员交错时，防守掩护者的队员要主动后撤一步，让同伴能及时从中间穿过去，以便继续防守自己的对手，这种配合一般在对方无投篮威胁时采用。

3. 挤过配合

对方采用掩护进攻时，防守队员为了破坏对方的掩护配合，在掩护者临近的一刹那，被掩护的防守队员主动靠近自己的对手，并从两个进攻队员之间侧身挤过去，继续防住自己的对手。

4. 交换配合

交换配合是指破坏对手掩护时，防守队员之间及时地互换所防守进攻队员的一种方法。

练习方法：学生三对三徒手练习，根据教师要求练习穿过、挤过、交换配合。①去给②做掩护，当①接近❷时，❷要及时向前跨一步靠近②，并在②与①之间侧身挤过继续防守②。②去给③做掩护，③按②同样动作挤过。依次进行循环练习，然后攻、守互换。（图 5–2–11）

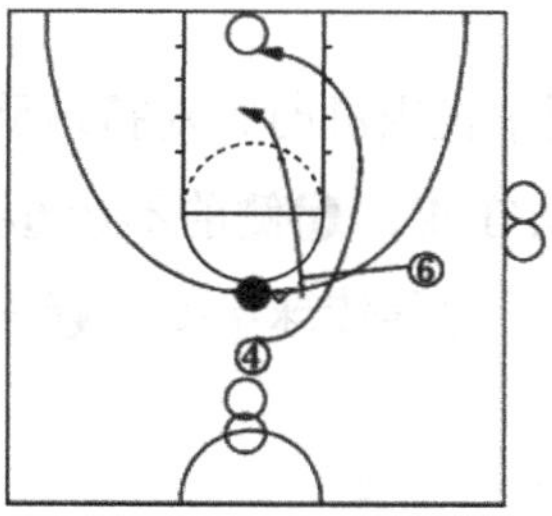

图 5–2–9

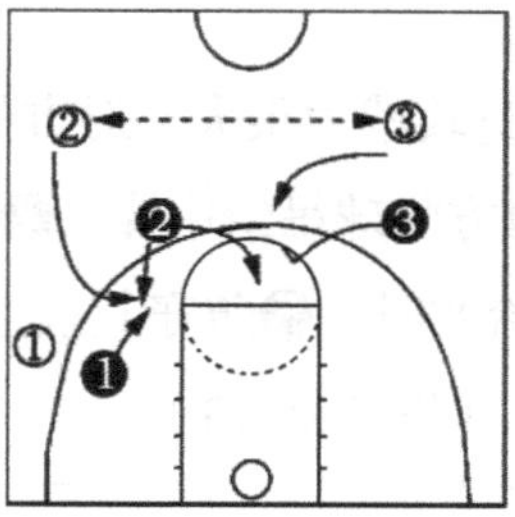

图 5–2–10

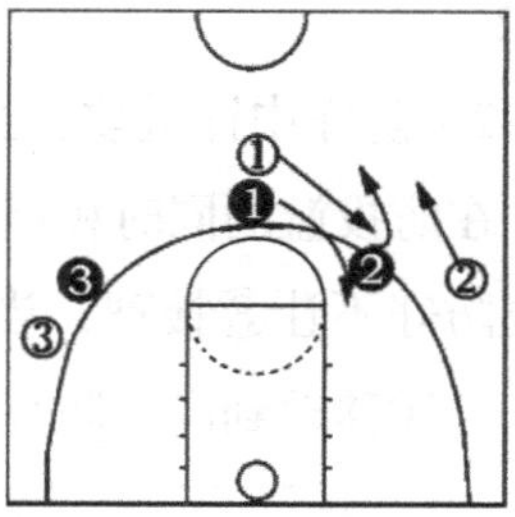

图 5–2–11

（三）半场人盯人防守

半场人盯人防守是现代篮球运动中较常见的一种防守方法，并且具有责任到人、分工明确的特点，队员可根据场上的情况灵活地进行补防、协防等配合，因此是现今世界高水平球队使用频率较高的一种防守方法。

1. 半场人盯人防守的要求

（1）防守队员应根据进攻队员的身高、位置和技术水平合理地进行防守分工，尽量与对手的力量相当。

（2）由攻转守时，每名队员都要迅速退回后场，找到对手，组成集体防守。

（3）对持球队员的防守要紧，持球队员距球篮越近防守越紧，以便控制其投篮、传球和突破。

（4）对不持球队员的防守，应根据对手、球、球篮的情况选择有利位置：近球紧，远球松；近篮紧，远篮松。对手空切时，按“向球或向篮封堵其前，背球或背篮封堵其后”的原则进行堵截、跟防，积极移动，控制对手。

（5）在个人控制住对手的基础上，要随时观察场上其他队员的攻防情况，做到球、人、区兼顾，与同伴协防、补防，夹击和抢断球，破坏对手进攻配合，加强防守的集体性、攻击性、伸缩性和针对性。

2. 半场人盯人防守的方法

防守时，根据球的转移和以盯人为主的原则，要球、人、区兼顾，强侧与弱侧进行不同的防守。强侧防守要求：球在正面时，要错位防守，防守队员站在能够控制对手接球的路线上，阻止接球。球在 45° 一带时，防守强侧的防守队员要绕前防守对手接球，并且防守罚球线位置的队员要缩回罚球线以上协防。弱侧防守要求：球在正面罚球线时，罚球线位置的球员要回缩，注意“关门”配合，同时弱侧的防守队员要向强侧移动或注意协防篮下。

（1）防守以掩护为主的进攻：④利用⑥的后掩护运球突破，❻跟随防守⑥的同时提醒同伴❹，并迅速向突破方向移动，准备堵截④的运球，使其停球，如并未停球，则❹从身前挤过继续防守④，如果⑥转身且向篮下准备接④的球，那么❼和❺协防（图 5–2–12）。

（2）防守中锋进攻：当中锋进攻威力很大、对方的外围中投很准时，对持球队员应紧逼，在防投篮的同时积极干扰对方将球吊给中锋。❼上前防守④，❻侧前不让⑥接球，❺错位防守不让⑧接球，当球传给⑧时，❺防守其投篮，并干扰其传球给⑥，❼缩回来防守⑥，④移动到高位防高吊球。（图 5–2–13）

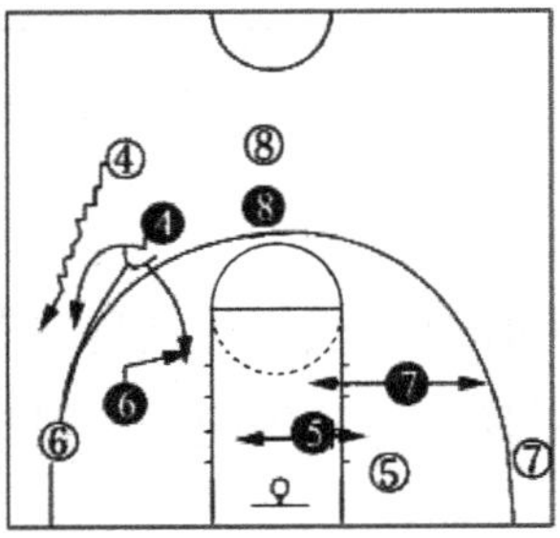

图 5–2–12

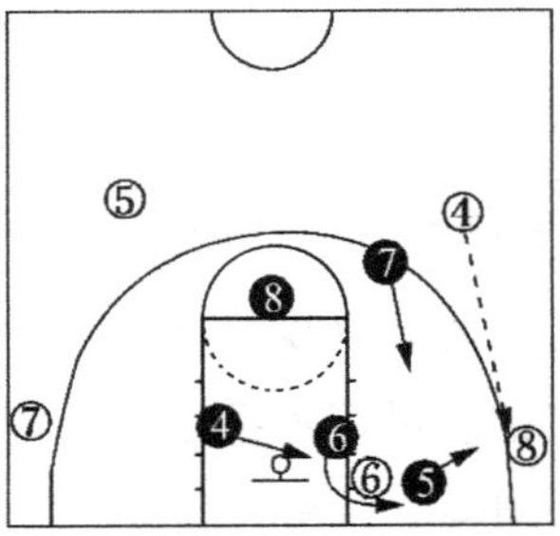

图 5–2–13

（四）进攻半场人盯人

进攻半场人盯人战术是根据半场人盯人防守战术的特点，从每名队员的具体实际出发，综合运用传切、突分、掩护和策应等配合所组成的全队进攻战术。

1. 进攻半场人盯人的要求

（1）从本队实际出发，合理组织进攻队形，迅速落位，有目的地组织战术进攻。

（2）人，球都动，连续穿插掩护，调动防守，制造防守漏洞。扩大攻击面，增加攻击点，使战术具有连续性。

（3）主攻明确，内外结合，集体配合与个人进攻相结合，提高战术的灵活性和机动性。

（4）掌握好进攻节奏，快慢、动静相结合，控制进攻的主动权。同时注意保持攻守平衡，提高攻守转换速度。

(5)组织冲抢前场篮板球，把冲抢前场篮板球作为战术的组成部分，并明确个人职责。

2. 进攻半场人盯人的方法

(1)单中锋进攻法：在进攻队员获得球后迅速进场，中锋站在罚球线后，背向球篮准备接球，队员按“2–1–2”站位。战术发动时传球给中锋，然后中锋在有利的位置上接到球果断投篮。示例：⑤传球给⑧，⑧运球突破，若遇到阻截传球给⑦投篮（图 5–2–14）。

(2)双中锋进攻法：这种方法主要是由掩护、策应组成，通过中锋掩护和外围队员的穿插跑动创造内线的得分机会。内线给对方的压力大，迫使对手缩小防区，为外围队员中远投创造了机会。示例：④持球，⑦摆脱防守接球，⑤摆脱防守向篮下接⑦的传球投篮，如果⑤在篮下未得到球，则立即为⑥掩护，⑥利用掩护接⑦的球投篮（图 5–2–15）。

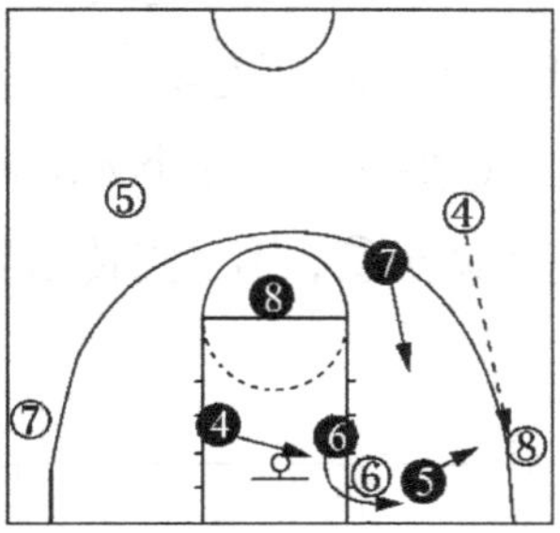

图 5–2–14

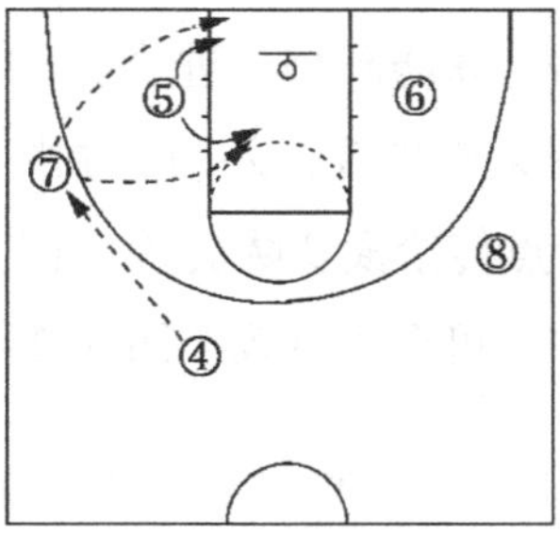

图 5–2–15

(3)无中锋进攻法：这种进攻方法把传切、策应、掩护等配合组合在一起，特点是机动灵活，连续性强，能保持攻守平衡，但这种战术要求队员战术素养和意识较高。示例：④传球给⑥后，切入接⑥的回传球进攻，如果机会不好，④跑去为⑧掩护，⑧横切接球投篮（图 5–2–16）。

（五）区域联防

区域联防是指进攻转入防守时，全队队员迅速后退，按区分工，各自负责防守一定区域的进攻队员，把每个防守区域有机地联系起来，并随球进行协同防守的全队防守战术。这也是篮球两大防守战术系统之一。区域联防根据防守队员所在的防守区域，组成不同的防守阵型，目前主要有“2–3”“5–2”“1–5–1”“1–2–2”等阵型。这些阵型各有优缺点，在运用中必须加以重视。

区域联防的要求：按区分工，各自负责，积极阻止对手进入自己所防区域，并与同伴协同联合防守。防守的重点如下。随球的转移经常调整位置，做到人球兼顾，保持基本的防守姿势，挥臂进行阻挠；彼此呼应，及时换位、护送，相互帮助、协同防守。对有球的队员要靠近防守，阻挠其传球、运球和投篮，对无球队员应阻截移动，防范其在管区内接球。全队队员必须快速地退防组阵，严防进攻队员在篮下的活动，积极防止进攻队员向内线穿插渗透。对中锋要采取绕前和封堵传球路线的方法进行防守；当队员投篮时，一定要跳起封盖，并组织拼抢篮板球，力争获得球，由守转攻。

（六）进攻区域联防

进攻区域联防是针对区域联防的阵型和变化特点，结合本队的实际情况，组织相应的站位阵型，有目的地通过传球及队员的穿插，破坏对方整体防御部署，创造良好的内外线进攻机会的进攻战术，应针对区域联防的阵型而采用相应的进攻阵型。确定阵型的原则是根据进攻的点、面，合理部署队员占据联防的薄弱地区，避免与防守队员形成一对一的站位，从而在局部区域形成以多打少的优势，并始终保持攻守平衡。常用的落位阵型有“1–2–2”“1–5–1”“2–1–2”“2–3”等阵型。

进攻区域联防行之有效的方法是组织快速反击，在对方立足未稳之前实施攻击。如果对方已部署好联防阵型，进攻要及时采取相应阵型，组织阵型进攻。

组织中锋策应进攻：外围队员将球传给中锋⑥，⑥接球后，除个人攻击外还有三个攻击点，第一点传给横切队员⑧，第二点传给空切篮下队员⑦，第三点传给后卫队员④，在策应过程中也可个人进攻（图 5–2–17）。

图 5–2–16

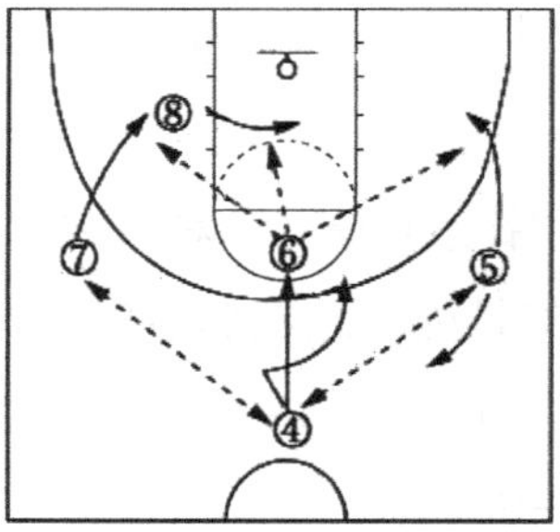

图 5–2–17

体育思政园地

篮球运动1896年传入我国，经过不同时期的传播，逐渐成为我国人民群众喜闻乐见的体育运动项目之一。中华人民共和国成立后，我国的篮球运动蓬勃发展，随着国际交往的日益增多及我国篮球竞赛制度的建立，我国篮球运动水平日益提高，取得了可喜的成绩。中国篮球运动的发展成就包括竞技篮球代表队逐渐成为亚洲霸主并走向世界；群众篮球运动广泛开展，校园篮球运动深度普及；著名篮球运动员及裁判员走向世界，展现出良好的职业风貌；等等。了解中国篮球运动的快速发展及取得的成就，能提升大学生的爱国意识，坚定中国特色社会主义道路自信、理论自信、制度自信、文化自信，培养大学生国家主人翁的责任感、自豪感和归属感。

篮球竞赛规则

第三节 排 球

一、排球运动概述

排球运动是一项由两支人数相等的球队，在被球网隔开的两个均等的场地内进行集体性攻防对抗的体育项目。随着现代排球运动的内涵和外延不断拓展，排球比赛的技术性与观赏性不断提高，排球赛事不断向社会化、职业化和商业化的方向发展。

排球运动始于1895年，由美国人威廉·G.摩根发明。排球最初作为一种消遣游戏，称为“空中飞球”，后来由美国传到了世界各地。1905年排球传入中国，先后经历了16人制、12人制和9人制，中华人民共和国成立后，为了适应国际交往的需要，才改为6人制，一直沿用至今。1964年，第18届东京奥运会把排球列为正式比赛项目。

二、排球运动基本技术

（一）准备姿势和移动

准备姿势和移动是排球运动基本技术之一，属于无球技术，是完成发球、垫球、传球、扣球和拦网等各项有球技术的前提和基础，并在各项有球技术中起串联和纽带作用。准备姿势和移动是相辅相成的。准备姿势主要是为了移动，而要快速移动，又必须先做好准备姿势。准备姿势按身体重心高低可分为稍蹲、半蹲和低蹲3种，其中半蹲运用得最多。

1. 半蹲准备姿势

半蹲准备姿势是准备姿势中最基本的一种。

动作要领：两脚左右开立，比肩宽，一脚在前，两膝弯曲。脚尖朝前并稍内收，脚跟稍提起，身体重心放在脚掌上，膝关节保持一定的弯曲程度。上体前倾，重心靠前，以利于向前及斜前方移动和接起较低的来球。两臂放松，两肘自然弯曲并下垂，双手置于腹前。全身适当放松，处于灵活状态，并根据球场变化随时调整身体的位置、方向和重心。

2. 移动

移动的目的是及时接好球，保持好人与球的位置关系，以便于击球。移动的常用步法有以下几种。

（1）交叉步。当来球在体侧3 m左右时，可采用交叉步移动。交叉步的特点是动作快，步子大。采用向右侧交叉步时，上体稍右倾，左脚从右脚前面交叉迈出一步，然后右脚向右跨出一大步，同时身体转向来球方向，保持击球前的姿势。

（2）并步与滑步。当球距身体一步左右时采用并步移动。移动时，如向前移动，前脚向来球方向跨出一大步，后脚蹬地跟上。当来球稍远，并步不能接近球时，可用快速的连续并步。连续并步也称为滑步。

另外，移动还有跑步、跨步、跨跳步等步法。

（二）发球

发球指的是队员在发球区用一只手将自己抛起的球直接击入对方场区的技术动作。发球是排球运动基本技术之一，也是排球比赛一项重要的进攻技术。发球可分为正面下手发球、侧面下手发球、正面上手发球、勾手大力发球等。随着排球运动的发展，发球技术也在不断地提高与创新。

发球

1. 正面下手发球

动作要领：面对球网两脚前后开立，左脚在前，两膝微屈，上体稍前倾，重心偏于右脚，左手持球于腹前。发球时将球抛起在体前右侧，离手约 20 cm 高。抛球前，右臂伸直，以肩为轴向后摆动。击球时，右脚蹬地，身体重心随着右手向前摆动击球移至前脚上，在腹前以手掌击球的后下方。手触球时，手指手腕紧张，手成勺形。击球后，迅速进入场地。（图 5–3–1）

图 5–3–1

2. 侧面下手发球

动作要领：左肩朝向球网，两脚左右开立与肩同宽，两膝微屈，上体前倾，重心落在两脚之间，左手持球于腹前。发球时，左手把球平稳地抛送于胸前。此时球距身体约一臂远，离手约 30 cm 高。抛球的同时，右臂摆至右侧后下方，接着利用右脚蹬地向左转体的力量带动右臂向前上方摆动，在腹前用全掌击球的右下方。（图 5–3–2 ）

3. 正面上手发球

动作要领：面向球网两脚自然开立，左脚在前，左手托球于身前，用抬臂和手掌平托上送，将球平稳地垂直抛于右肩的前上方，高度适中。在抛球的同时，右臂抬起，屈肘后弓，肘与肩平，抬头、挺胸、收腹，上体稍向右侧转动，身体重心移至右脚上。击球时，利用蹬地，上体向左转动，同时收腹带动右臂挥动，在右肩上方手臂伸到最高点，用全掌击球中下部。击球时，手腕主动做推压动作，使击出的球上旋飞行。

图 5-3-2

4. 勾手大力发球

动作要领：发球前，左肩对网，两腿稍屈并自然开立，双手持球于腹前。抛球时，将球垂直、平稳地抛至头的左前上方 1 m左右，同时身体重心下降，挺胸抬头看球。击球时，右脚用力蹬地，利用向左移重心和转体动作，带动手臂协调、自然地向上做弧形摆动，用手掌击球的后下部。

（三）垫球

垫球是通过手臂或身体其他部位的迎击动作，使球从垫击面反弹出去的击球动作。垫球技术有正面双手垫球、体侧垫球、背垫球、跨步垫球、让垫、挡球、单手垫球、前扑垫球、滚翻垫球和鱼跃垫球等。

垫球

正面双手垫球基本动作：采用半蹲准备姿势，当球飞来时，双手成垫球手形，手腕下压，两臂外翻形成一个平面，当球飞到腹前一臂距离时，两臂夹紧前伸，插到球下，向前上方蹬地抬臂，迎击来球，利用腕关节以上 10 cm 左右处的桡骨内侧平面击球的后下部，身体重心随击球动作前移。击球点保持在腹前一臂距离。（图 5-3-3）

图 5-3-3

（四）传球

传球是排球技术中重要的技术之一。传球技术分为正面双手传球、背传、侧传、跳传。排球比赛中传球主要运用于二传。二传是较高级的传球技术。二传的任务在于对一传进行调整，以便组织多种进攻战术，是防守转入进攻的枢纽。怎样才能成为优秀的二传手呢？第一，预判准确，取位迅速；第二，传球技术精细而熟练，分配球能力强；第三，视野开阔，有大局观和奉献精神。

传球

正面双手传球基本动作：双手相对成半球形置于脸前，一般在额前上方 20 cm 处。触球瞬间，手指和手腕保持一定的紧张度，以增加弹性和产生适当缓冲。同时向前上方伸臂，配合两脚蹬地和身体伸展的协调动作将球传出。（图 5–3–4）

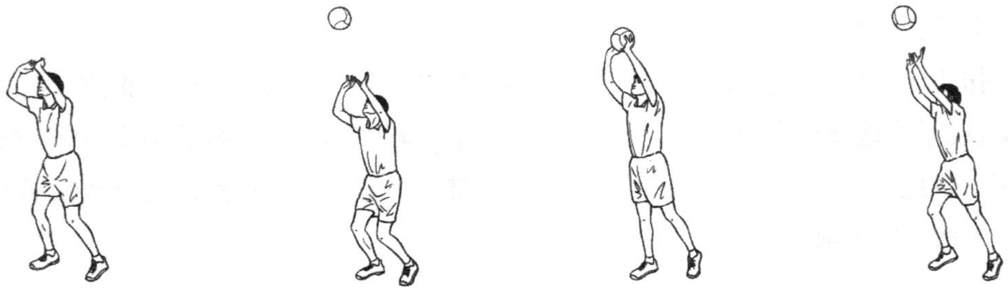

图 5–3–4

（五）扣球

扣球是队员起跳后，在空中将高于球网上沿的球有力击入对方场区的击球动作。扣球技术分为正面扣球、单脚起跳扣球、双脚冲跳扣球、小抡臂扣球、勾手扣球、扣各种战术球。正面扣球是基本的扣球技术（图 5–3–5）。

扣球

图 5–3–5

正面扣球基本动作有以下几个环节。

（1）准备姿势：采用稍蹲准备姿势，双臂自然下垂，随时做好助跑起跳扣球的准备。

（2）助跑起跳：左脚在前，右脚向前跨出一大步，同时重心落在右腿上，左脚迅速并在右脚前，脚尖内扣，同时两臂绕体侧后引，在左脚制动踏跳过程中，两臂积极向前摆动。伴随双脚蹬地的力量，两臂挥至肩上方。

（3）空中击球：在空中挺胸展腹，转体，右臂向后上抬起，身体成“反弓”形。通过收腹、转体的力量，带动肩关节、上臂、前臂和手依次鞭打击球。击球时五指张开成勺形，并保持适度紧张，用全手掌击球的后中部，同时主动甩腕用力向前推压。

（4）落地：击球后，双脚落地，前脚掌先落地，依次过渡到全脚掌着地，顺势屈膝缓冲下落的力量。

三、排球运动基本战术

排球运动基本战术是场上队员在比赛中根据排球规则、排球运动的规律及敌我双方的具体情况和临场的发展变化，有意识地运用技术配合，所采用的有目的、有预见性的行动。

（一）阵容配备

1. 三三配备

三三配备即安排 3 名进攻队员和 3 名二传队员，站位时，1 名进攻队员隔 1 名二传队员。在任何轮次上，前后排都保持 1 ～ 2 名二传队员和进攻队员，便于采用中、边一二进攻战术，同时也便于传、扣队员相互间的默契配合（图 5-3-6）。

2. 四二配备

四二配备是安排 4 名进攻队员和 2 名二传队员的配备方法，适合有一定训练水平的排球队使用。4 名进攻队员又分成 2 名主攻队员和 2 名副攻队员，他们和 2 名二传队员分别站在对角位置上（图 5-3-7）。场上二传、主攻和副攻队员的站位方法有 2 种，视采用何种攻防战术而定。

四二配备的特点是每一轮次前排都有 1 名二传队员和 2 名进攻队员，容易组织本队的攻击力量，便于组织中、边一二进攻战术，故适合基层使用。如 2 名二传队员都有进攻力量，每一轮都可以采用插上进攻战术，前排可保持三点进攻，使进攻战术丰富多彩。

3. 五一配备

五一配备可加强拦网和进攻力量，在全队队员技术较全面时可采用。其阵型如图 5-3-8 所示。二传队员在前排时，可采用中、边一二进攻战术或者两次球进攻战术；二传队员在后排时，可采用插上进攻战术。

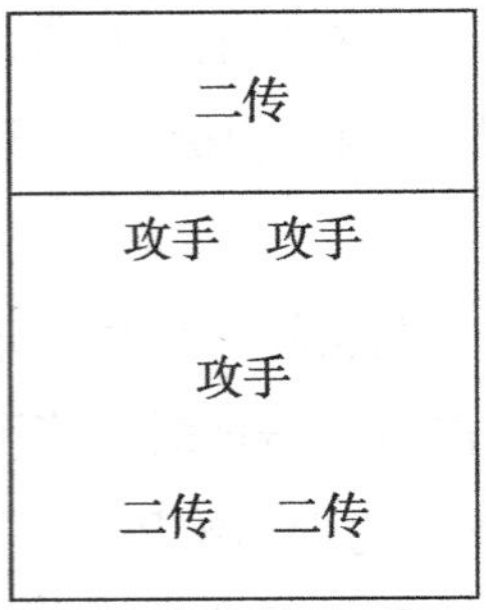

图 5-3-6

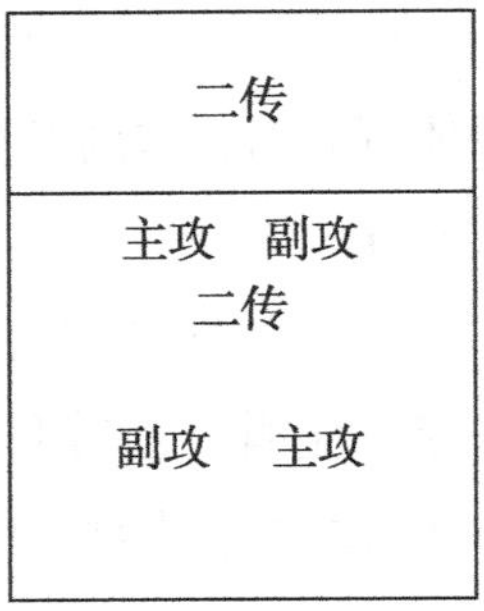

图 5-3-7

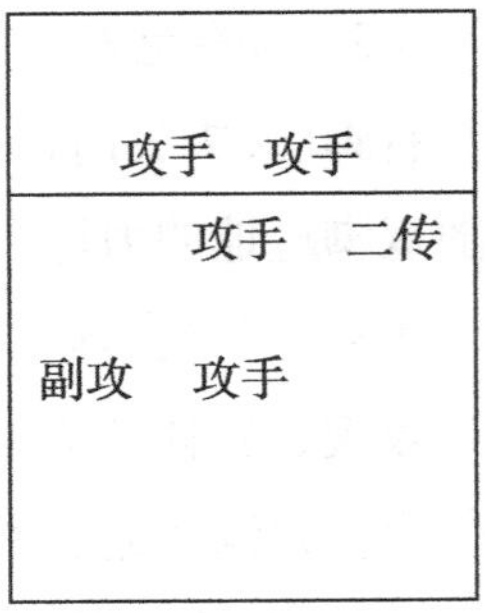

图 5-3-8

（二）进攻战术

1. 边一二进攻战术

边一二进攻战术是一种比较简单的进攻战术。它与中一二进攻战术相同，都是前排只有2个进攻队员。其不同点是二传队员不是站在③号位，而是站在②号位和③号位之间，将球传给③号位或④号位队员进攻。这种进攻战术称为边一二进攻战术（图 5–3–9）。

2. 中一二进攻战术

中一二进攻战术的基本配合方法：由前排③号位队员负责二传，其他 5 名队员都将来球垫（传）给二传队员，再由二传队员将球传给④号位或②号位队员进攻。这种进攻战术称为中一二进攻战术（图 5–3–10）。它是进攻战术中较基础、简单的一种。

3. 后排插上进攻战术

后排插上进攻战术的基本配合方法：由站在后排的二传队员，在对方发球击球后，或在本队队员将对方进攻的球防起之后，或在对方的第三次击球、不可能进行强有力的进攻时，迅速插到网前负责二传，将球传给前排 3 名进攻队员中任何 1 名队员扣球进攻，其他 2 名队员做佯攻掩护，这种进攻战术称为后排插上进攻战术。根据后排队员插上时起动的位置不同，可以分为①号位插上、⑥号位插上和⑤号位插上；根据场上战术的时机不同，又分为接发球时的插上和接扣球的行进插上（图 5–3–11）。

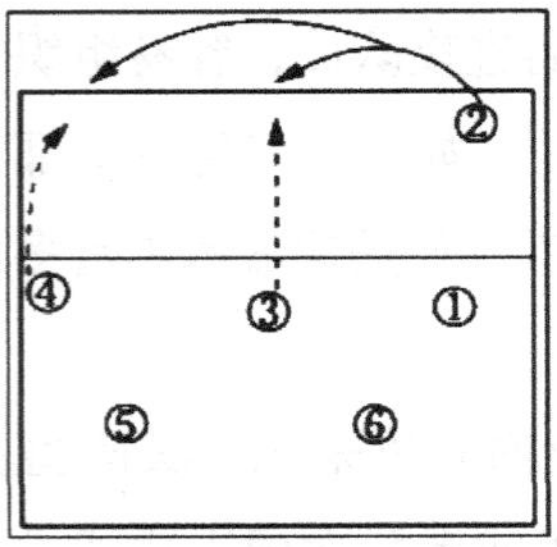

图 5-3-9

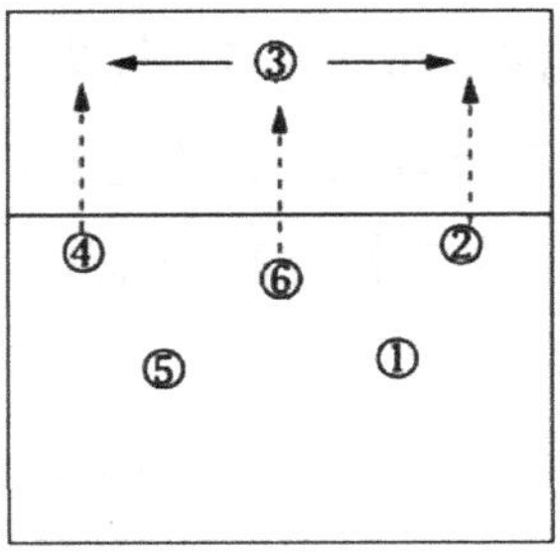

图 5-3-10

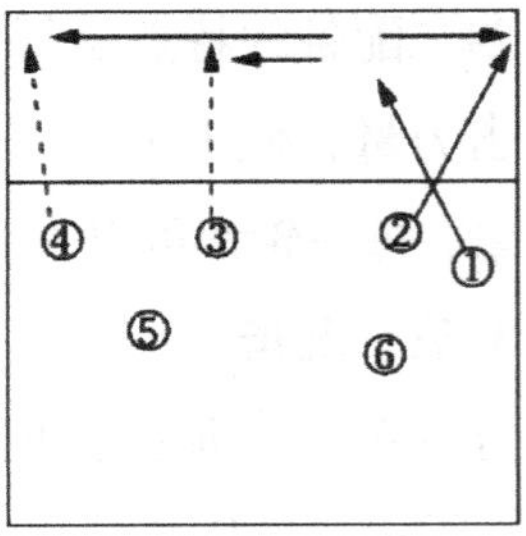

图 5-3-11

（三）单人拦网防守战术

在对方进攻威力不大，路线变化不多时，一般采用单人拦网防守战术。另外，受对方战术变化的迷惑，来不及组织集体拦网时，被迫采用单人拦网防守战术，这种情况在比赛中也不少见（图 5–3–12）。

（四）双人拦网防守战术

1. 双人拦网“心跟进”防守战术

该战术是固定由⑥号位队员跟进保护、防吊球的防守形式，又称为“心跟进”防守。跟进队员应根据对方进攻点的不同，来选择跟进的最佳位置和时机；不参加拦网的队员，要及时后撤到进攻线后准备防守；后排①号位和⑤号位队员应随着对方进攻点的不同，适时、正确地取位（图 5–3–13）。

2. 双人拦网“边跟进”防守战术

该战术是由①号位或⑤号位队员跟进保护的防守形式。前排不拦网的队员后撤参加防守，与后排 3 名队员要形成面对进攻点的弧形防守区，明确各自的防守区域和范围。其具体站位方法是：如对方向④号位进攻，则由本方②号位和③号位队员组成双人拦网；④号位队员撤至进攻线以后防守斜线进攻；①号位队员跟进到进攻线附近准备保护（图 5–3–14）。

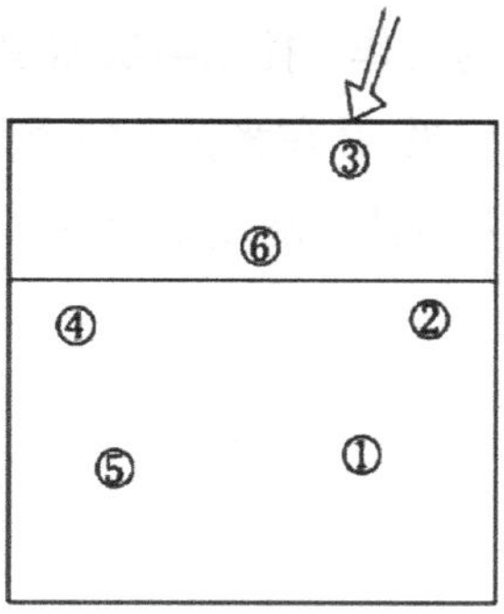

图 5–3–12

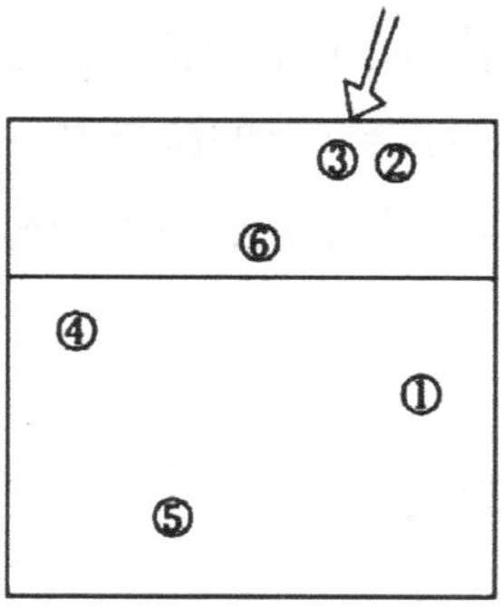

图 5–3–13

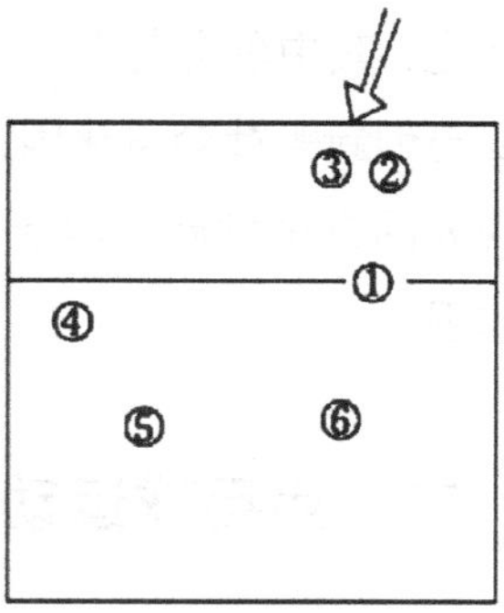

图 5–3–14

体育思政园地

2019 年 9 月 29 日，在中华人民共和国成立 70 周年国庆阅兵前夕，中国女排在日本举行的女排世界杯赛场上以 11 战全胜且只丢 3 局的成绩成功卫冕，为祖国母亲献上了一份厚礼。习近平总书记不仅电贺女排夺冠，还于次日会见了女排代表。在会见中，习总书记特别指出，女排精神代表着一个时代的精神，喊出了为中华崛起而拼搏的时代最强音。女排精神——祖国至上、团结协作、顽强拼搏、永不言败。其早已超出体育范畴，不仅是中华民族精神和时代精神的生动体现，更是新时期鼓舞大学生团结起来实现中华民族伟大复兴的强大精神动力。

排球竞赛规则

第六章 小球运动

第一节 乒乓球

一、乒乓球运动概述

乒乓球运动属于隔网对抗的技能类体育项目，起源于 19 世纪末的英国，是由网球运动派生而来的，所以英文名称叫作 “Table Tennis”。1988 年第 24 届汉城奥运会，乒乓球正式成为奥运会比赛项目。

乒乓球作为我国的“国球”，具有丰富的文化底蕴，有着雄厚的群众基础和物质基础。当前，乒乓球运动的意义已不再局限于体育和游戏的范畴，而被越来越多地融入社会文化，其中蕴含着人与工具、群体与个体、交往与沟通、竞争与协作、控制与反控制、应变与创新等社会文化因素，突显了社会文化的深层内涵和真实写照，并在张扬人的个性、实现人的自由发展、塑造人格精神、展现社会人的人格魅力和内在精神品质上得到了充分体现。

二、乒乓球运动基本技术

（一）握拍

1. 直式握拍法

球拍正面：食指第一关节右侧和拇指第一关节指尖正面像钳子一样锁紧球拍两边；球拍背面：中指半屈，第一关节左侧压紧球拍，无名指、小指半屈紧靠中指，给它做力量支撑。握好球拍后伸直手臂，如球拍拍柄的虚拟延长线与手臂接近平行，则握拍正确。（图 6–1–1）

握拍

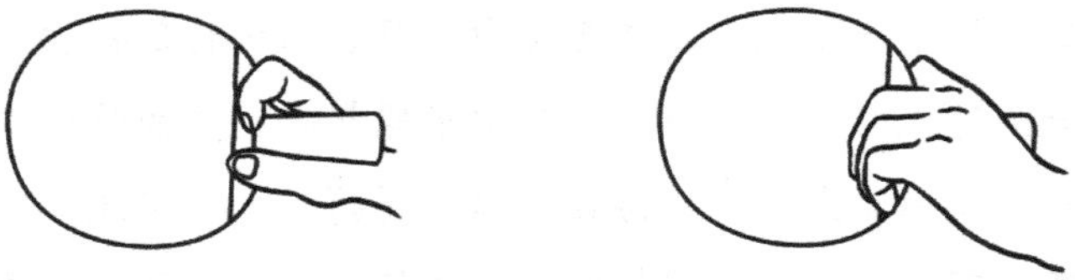

图 6–1–1

2. 横式握拍法

球拍正面：拇指右侧压紧球拍拍面底部与拍柄的结合部；球拍背面：食指伸直压紧拍面底部 1 ～ 2 cm 处，中指、无名指和小指并拢握住拍柄。握好球拍后伸直手臂，如球拍拍柄的虚拟延长线与手臂接近形成一条直线，则握拍正确。（图 6–1–2）

图 6–1–2

（二）移动步法

1. 单步

（1）技术要点：移动时一脚蹬地，以蹬地脚为轴，另一脚可向目标方向跨步，身体重心随之落在移动脚上。

（2）使用范围：常用于接台内短球或离身体较近的来球。

2. 跨步

（1）技术要点：移动时一脚蹬地，另一脚向目标方向跨出一大步，蹬地脚随后跟上半步或一小步，身体重心随即转移到跨步脚上。

（2）使用范围：常用于接近台进攻时离身体较远的来球。

3. 并步

（1）技术要点：移动时一脚先向另一只脚移（或叫并）半步或一小步，另一只脚在并步脚落地后即向同方向移动。

（2）使用范围：常用于中近台进攻时的中小范围的移动。

4. 跳步

（1）技术要点：以移动方向的反方向脚向移动方向蹬地发力为主，两脚同时离地向来球方向跳动。

（2）使用范围：常用于中台进攻时的左右移动。

5. 交叉步

（1）技术要点：移动时以靠近来球方向的脚作为支撑脚，该脚的脚尖调整指向移动方向，远离来球方向的脚在体前交叉，向来球方向跨出一大步，身体随之向来球方向转动，支撑脚跟着向来球方向再迈一步。

（2）使用范围：常用于大范围的移动进攻或救球。

6. 小碎步

（1）技术要点：重心在两脚之间快速多次地进行小范围的转换移动。

（2）使用范围：在各种步伐的移动过程中均可使用小碎步对身体的击球位置进行精确调节，以找到最佳的击球点。

（三）准备姿势和站位

1. 准备姿势

特点：动作自然、协调、放松，重心较低且稳定。

动作方法：两脚开立稍宽于肩，前脚掌着地，脚跟稍提起，两膝微屈，上体略前倾，重心在两脚中间。下颌略内收，两眼注视来球。两臂自然弯曲置于身体略前两侧，执拍手手腕适当放松。

2. 站位

特点：不同技术打法有不同站位方法，但总体动作要协调，位置要合理。

动作方法：

①用快攻打法和弧圈球打法，基本站在近台中间偏左处。

②用两面攻打法，基本站在近台中间。

③用攻削结合打法，基本站在中远台中间。

（四）发球技术

发球动作由两部分组成。一部分是一只手的上抛动作。上抛的高度大于等于 16 cm，上抛动作要在球台端线外，高于台面，且须垂直上抛。另一部分是另一只手的挥拍动作。按照新规则，该动作要高于台面，并且要使两侧居中的裁判员和对方运动员都能看清动作。

1. 正手平击发球（图 6–1–3）

（1）击球部位：击球时球拍前倾下压，击球面与球台台面形成 70° ～ 80° 的夹角，击球的中上部。

（2）击球方式：以撞击击球为主。

（3）动作结构：肩关节放松，上臂自然靠近身体，左手握球放在球拍正前方，左手垂直抛球的同时，右臂以肘关节为中心，向身体后方摆臂引拍。击球时以肘关节为中心，手臂带动球拍向目标方向摆臂挥拍击球。

图 6–1–3

2. 正手下旋发球（图 6–1–4）

（1）击球部位：击球时球拍拍面后仰，击球面与球台台面形成 135° ～145° 的夹角，击球的中下部。

（2）击球方式：以摩擦击球为主。

（3）动作结构：肩关节放松，上臂自然靠近身体，左手握球放在球拍正前方，左手垂直抛球的同时，右臂以肘关节为中心，向身体后方摆臂引拍。击球时以肘关节为中心，手臂带动球拍向前下方摆臂挥拍摩擦击球。

图 6–1–4

3. 正手侧上旋发球（图 6–1–5）

（1）击球部位：击球时球拍正面对准右侧对方球台台角，球拍拍面与球台台面形成 90° ～100° 的夹角，击球中间偏左侧部位。

（2）击球方式：以摩擦击球为主。

（3）动作结构：肩关节放松，上臂自然靠近身体，左手握球放在球拍正前方，左手垂直抛球的同时，右臂以肘关节为中心，向身体后方摆臂引拍。击球时以肘关节为中心，手臂带动球拍向左侧上方肩关节方向摆臂挥拍摩擦击球。

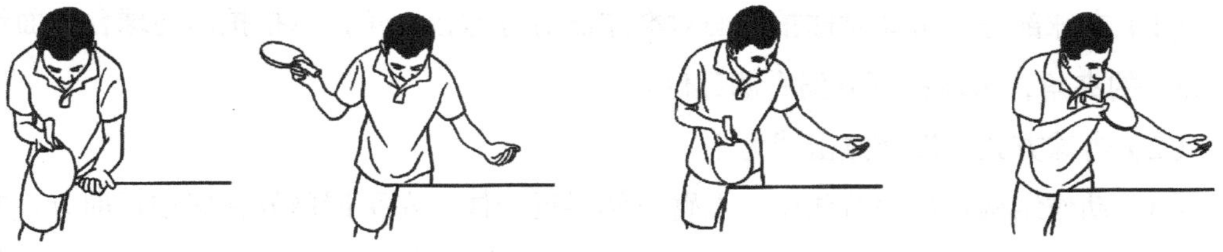

图 6–1–5

4. 正手侧下旋发球（图 6–1–6）

（1）击球部位：击球时球拍拍面后仰并对准右侧对方球台台角，球拍拍面与球台台面形成约 135° 的夹角，击球中下方偏左侧部位。

（2）击球方式：以摩擦击球为主。

（3）动作结构：肩关节放松，上臂自然靠近身体，左手握球放在球拍正前方，左手垂直抛球的同时，右臂以肘关节为中心，向身体后方摆臂引拍。击球时以肘关节为中心，手臂带动球拍向左侧前下方髋关节方向摆臂挥拍摩擦击球。

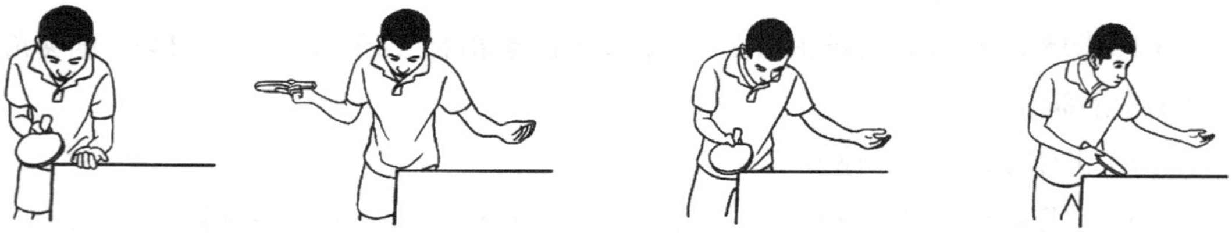

图 6-1-6

5. 反手侧上旋发球（图 6-1-7）

（1）击球部位：击球时球拍拍面对准左侧对方球台台角，球拍拍面与球台台面形成 90° ～ 100° 的夹角，击球中间偏右侧部位。

（2）击球方式：以摩擦击球为主。

（3）动作结构：肩关节放松，上臂自然靠近身体，左手握球放在球拍正前方，左手垂直抛球的同时，右臂以肘关节为中心，向身体左侧后方摆臂引拍。击球时以肘关节为中心，手臂带动球拍向身体右侧前上方齐肩高方向摆臂挥拍摩擦击球。

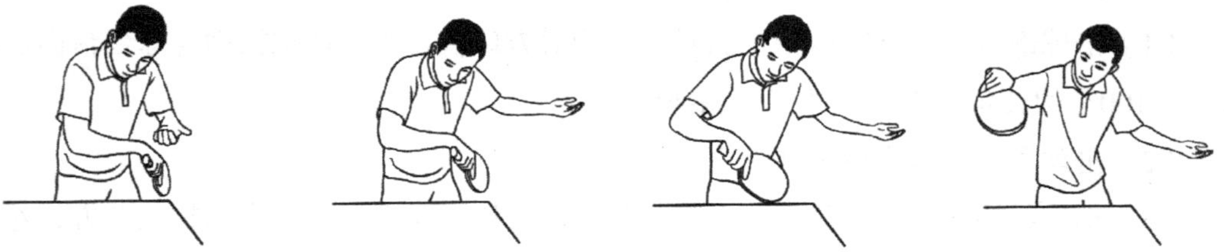

图 6-1-7

6. 反手侧下旋发球（图 6-1-8）

（1）击球部位：击球时球拍拍面对准左侧对方球台台角，球拍拍面与球台台面形成约 135° 的夹角，击球中下方偏右侧部位。

（2）击球方式：以摩擦击球为主。

（3）动作结构：肩关节放松，上臂自然靠近身体，左手握球放在球拍正前方，左手垂直抛球的同时，右臂以肘关节为中心，向身体左侧后方摆臂引拍。击球时以肘关节为中心，手臂带动球拍向右侧前下方球网柱方向摆臂挥拍摩擦击球。

图 6-1-8

（五）接发球技术

接发球是一个回合中的第二板球，同时也是接发球方的第一板球。接发球技术的作用首先是破除发球的威胁，使回球不易被对方进攻，然后在可能的情况下采取战术打乱对方的比赛节奏或直接得分。接发球的难度很大，接发球方要在极短的时间内准确判断对方发球的旋转、落点等情况，从而选择合适的接发球技术。如果接发球技术不好，不仅会直接失分，还会影响自己的发挥，造成心理上的紧张和畏惧，最终导致满盘皆输。因此，不断提高接发球能力，把所掌握的技术合理地运用到接发球中是运动员提高比赛能力的关键。

各种旋转发球的接发球方法如下。

（1）接平击发球，可在球刚刚弹起时用反手推挡、反手攻或正手攻技术回接，借来球之力将球击回；也可以借力为主，多做向前的动作。

（2）接侧下旋长球，可采用拉球和搓球回接。用拉球回接时，将拍前倾，摩擦球的中上部；用搓球回接时，将拍后仰，摩擦球的中下部。

（3）接侧下旋短球，可采用摆短、摆长、挑打等技术回接，运用挑打技术可以增加球的威胁性。

（4）接侧上旋球。侧上旋球有左、右两个方向，一般可使用推挡和攻球等技术回接。在推挡时要将拍面稍前倾，击球的中上部，发力向前以抵消球的旋转与力量。采用反手攻或正手攻技术时，要注意加大力量来抵消球的旋转。

（六）攻球技术

攻球力量大、速度快、攻击性强，是争取主动、克敌制胜的重要手段。

1. 正手攻球

预备动作，左脚在右脚前约半个脚掌的位置，双脚打开比肩略宽，左右脚尖分别对准左右两侧球网柱方向，成外“八”字形。身体离球台一个拍长的距离，屈膝、收腹、弯腰，身体重心前倾，肩关节放松，上臂自然靠近身体，球拍放在身体正前方位置。引拍时以肘关节为中心，前臂带动球拍向身体右侧下方球台台面上方引拍。击球时以肘关节为中心，前臂带动球拍向眉毛正前方 15～20 cm 处摆臂挥拍击球。击球后动作还原。（图 6–1–9）

2. 反手推挡

预备动作，右脚在左脚前约半个脚掌的位置，双脚打开比肩略宽，左右脚尖分别对准左右两侧球网柱方向，成外“八”字形。身体离球台一个拍长的距离，屈膝、收腹、弯腰，身体重心前倾，肩关节放松，上臂自然靠近身体，球拍横向放在身体正前方。击球时球拍拍面与球台台面形成 70°～80° 夹角，以肘关节为中心，前臂带动球拍向目标摆臂挥拍发力击球。击球后动作还原。（图 6–1–10）

图 6–1–9

图 6–1–10

3. 搓球

（1）正手搓球。

预备动作，左脚在右脚前约一个脚掌的位置，双脚打开比肩略宽，左右脚尖分别对准左右两侧球网柱方向，成外“八”字形。身体离球台 10 ～ 20 cm 距离，屈膝、收腹、弯腰，身体重心前倾，肩关节放松，上臂自然靠近身体，球拍在身体右侧下方，拍头对准右侧球网柱方向，拍面后仰，击球面与球台台面形成 135° 左右的夹角。引拍时以肘关节为支点，球拍向身体近身处内收。击球时前臂带动球拍向目标摆臂挥拍摩擦切球。击球后动作还原。（图 6–1–11）

图 6-1-11

（2）反手搓球。

预备动作，右脚在左脚前约一个脚掌的位置，双脚打开比肩略宽，左右脚尖分别对准左右两侧球网柱方向，成外“八”字形。身体离球台 10 ～ 20 cm 距离，屈膝、收腹、弯腰，身体重心前倾，肩关节放松，上臂自然靠近身体，球拍在身体正前方，拍头对准左侧球网柱方向，拍面后仰，击球面与球台台面形成 135° 左右的夹角。引拍时以肘关节为支点，球拍向身体近身处内收。击球时前臂带动球拍向目标摆臂挥拍摩擦切球。击球后动作还原。（图 6-1-12）

图 6-1-12

4. 弧圈球

预备动作，左脚在右脚前约一个脚掌的位置，双脚打开比肩略宽，左右脚尖分别对准左右两侧球网柱方向，成外“八”字形。身体离球台 80 ～ 100 cm 距离，屈膝、收腹、弯腰，身体重心前倾，肩关节放松，上臂自然靠近身体，球拍放在身体正前方。引拍时球拍击球面与球台台面形成 35° ～ 45° 的夹角，重心转移到右脚的同时转动髋关节，手臂以肘关节为中心，前臂带动球拍向身体右侧下方引拍。击球时，脚下重心由右脚转换到左脚的同时向同一方向转动髋关节，手臂以肘关节为中心，前臂带动球拍向眼睛、眉毛正前方 20 ～ 30 cm 处摆臂挥拍摩擦击球。击球后动作还原。（图 6-1-13）

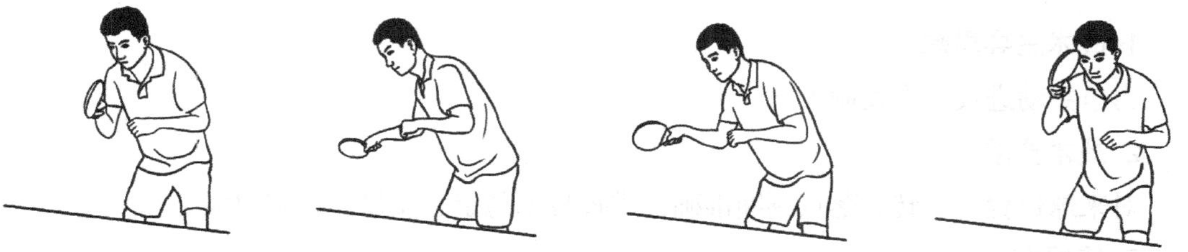

图 6-1-13

5. 削球

削球是一种积极性的防御技术。它以旋转、落点的变化制约和控制对方，使对方直接失误或为自己创造进攻机会。削球技术主要包括正反手削加转弧圈球和削前冲弧圈球。

（1）正反手削加转弧圈球。判断来球，降低身体重心，移动至方便削球的位置，正手削球时左脚稍前，反手削球时右脚稍前，以将球的击球点选在左、右腹前为宜。正手削球时，身体向右后转并向右后上方引拍，动作幅度稍大些，使球拍与击球点之间有适当的挥拍加速距离。反手削球时，身体向左后转并向左后上方引拍，动作幅度略小于正手引拍。正手削球由右后上方向左前下方挥拍，反手削球由左后上方向右前下方挥拍，以上臂带动前臂发力为主，拍形稍立一些。手臂的发力顺序是先压后削再送，力为主，向前为辅。击球后，继续向前下方挥动并迅速还原。

（2）削前冲弧圈球。左脚在前，右脚稍后，两脚间距离比快攻时略大，两膝微屈，身体重心约在前脚掌内侧，手臂自然下垂伸直，拍形略前倾。当来球从台面弹起时，左脚稍蹬地右转，身体重心落在右脚上，右肩下沉，右手随之引拍至身体右后方。右脚蹬地，挺髋，腰部向左上方转动，在肩部带动下，上臂带动前臂向左前上方加速挥动。在击球瞬间，整个身体的动量传递到手腕，加速度达到最大。在来球的下降前期摩擦球的中部。击球后，将身体重心移至左脚，随势挥拍后注意尽快还原。

三、乒乓球运动基本战术

（一）发球抢攻战术

1. 战术主导思想

力争主动进攻、先发制人。

2. 战术要求

进攻技术稳定，质量高，威胁大。

3. 使用方法

发球以平击球，长、短侧上旋球为主，使对方接发球无法回击短球，然后主动上手进攻得分。

（二）接发球抢攻战术

1. 战术主导思想

力争主动进攻、先发制人。

2. 战术要求

对来球位置、旋转、落点判断准确，进攻技术稳定，质量高，威胁大。

3. 使用方法

接发球时，准确判断对方发球的位置、旋转和落点，快速移动找到击球位置，主动进攻得分。

（三）搓攻战术

1. 战术主导思想

控制为主，相持中寻找进攻机会，主动进攻得分。

2. 战术要求

充分利用搓球旋转的特点，灵活地变化搓球的方向位置，需要耐心寻找机会，不得急于求成，出现机会时进攻果断。

3. 使用方法

在搓球相持过程中，利用搓球旋转的变化和落点位置的变化为抢攻创造机会，主动进攻得分。

（四）防守反攻战术

1. 战术主导思想

攻防兼备，适时出击。

2. 战术要求

准确判断对方进攻的回球位置，快速移动，做好准备，主动防守，防守回球到对手的空当位置，最大限度地调动对方。

3. 使用方法

在被动情况下，全力防守，利用防守落点的变化充分调动对方，使其在大范围的跑动过程中勉强完成进攻，降低其进攻质量，给自己创造反攻得分机会。

体育思政园地

1981 年 5 月，万里副总理代表党中央、国务院在总结中国乒乓球队成功经验讲话中将其归因为：胸怀祖国、放眼世界、为国争光的精神；发奋图强、自力更生、艰苦奋斗的实干精神；不屈不挠、勤学苦练、不断钻研、不断创新的精神；同心同德、团结战斗的集体主义精神；胜不骄、败不馁的革命乐观主义和革命英雄主义精神。他将这种精神概括为乒乓精神。依靠乒乓精神，截至 2021 年 12 月，中国乒乓球队 116 人成为世界冠军，共获得 252 枚金牌，其中奥运会金牌 32 枚，包括 8 个团体冠军，24 个单项冠军；世乒赛金牌 149 枚，包括 42 个团体冠军，107 个单项冠军（两次跨国配对按 0.5 块金牌计算）；世界杯金牌 71 枚，包括 21 个团体冠军，50 个单项冠军（含 1 个女双冠军）。乒乓精神能激励大学生刻苦学习，不断创新，勇攀高峰。

乒乓球竞赛规则

第二节　羽毛球

一、羽毛球运动概述

羽毛球运动是一个相互进行击球对抗的球类运动项目。其前身是板羽球，即用木板拍打扎着羽毛的球体（类似于毽子）并避免它落地的游戏，已有近两千年的历史，在古代欧洲国家、中国、日本可见此项运动。19 世纪，印度的浦那（ Poona）传入英国，并在英国的伯明顿流行起来，此后经过不断改良发展，成为现在正式的羽毛球运动，因此羽毛球运动也被命名为伯明顿（ Badminton）。现代羽毛球运动大约在 1920 年传入中国，并在中国得到不断的发展，中国涌现出一大批世界级羽毛球运动员。

二、羽毛球运动基本技术

（一）握拍

握拍是学习羽毛球的第一个动作，从开始到完成每一个击球动作，握拍的方式有所不同。以下以右手执拍为例，介绍 2 种握拍方法：正手握拍和反手握拍。本节将羽毛球拍拍柄分为 8 个面，如图 6–2–1 所示。

握拍

1. 正手握拍（图 6–2–2）

右手虎口位（拇指与食指夹角）对准拍柄 7 面，拇指轻放于 6 面上，食指第二关节轻压 2 面上，其余三指自然握住拍柄，食指与中指自然分开。此时，将球拍竖直，食指位置水平高度高于拇指。掌心与拍柄留有空隙（掌心不能接触拍柄），握拍力度适宜（如同握鸡蛋的力量，不可用力过度，只有在击中球瞬间才发力握紧，其余时间要轻握）。单打时握拍的位置为小鱼际部分与拍柄底盖处相平，双打一般握拍柄中间或偏上的位置。

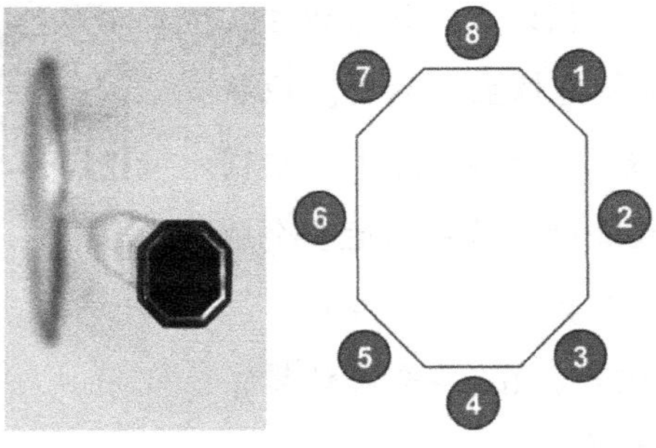

图 6–2–1

图 6–2–2

2. 反手握拍（图 6–2–3）

在正手握拍的基础上，尽量放松握拍，拇指上提，顶贴拍柄的宽拍棱上，食指往中指、无名指和小指方向收回，食指、中指、无名指和小指并拢自然握住拍柄，掌心与拍柄间留有足够的空隙，切记拇指后端不可与拍柄接触。反手握拍强调拇指握拍，击球时以拇指发力为主。单打时握拍的位置为小鱼际部分与拍柄底盖处相平，双打一般握拍柄中间或偏上的位置。

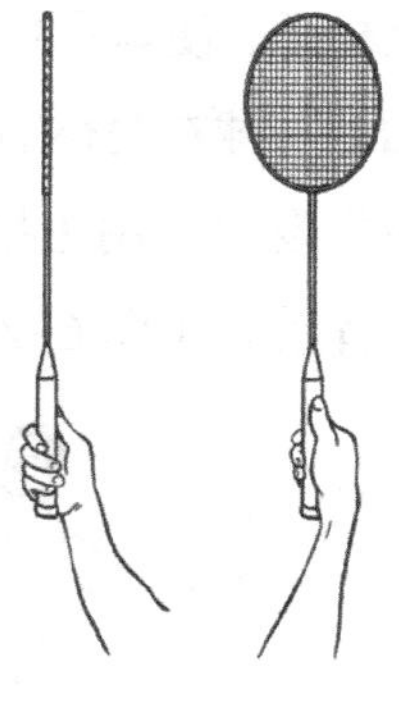
图 6–2–3

（二）发球技术

发球不仅是羽毛球技术中一项很重要的基本技术，也是战术的重要组成部分。发球质量的好坏往往直接影响一个比赛回合的主动与被动。羽毛球的发球方法有 2 种：一种是正手发球，另一种是反手发球。在羽毛球发球中，按照发出球在空中飞行的弧度与落点，可以分为高远球、平高球、平快球和网前球（图 6–2–4）。

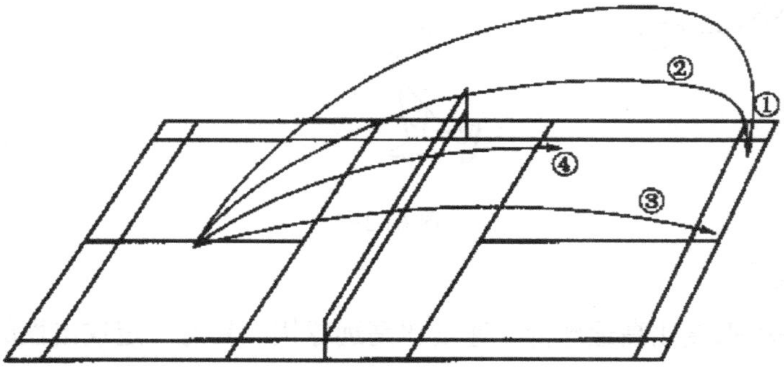

①发高远球，②发平高球，③发平快球，④发网前球

图 6–2–4

以右手握拍为例。单打比赛时，发球员站在中线附近，离前发球线约 1 m。双打发球站位可靠近前发球线。准备发球时，身体左肩侧对球网，左脚在前，右脚在后，身体重心在右脚上，右手持拍向右后侧平举，肘部放松并微屈，左手拇指、食指和中指捏住球的中部，举在胸腹间。发球时，将身体重心由右脚移至左脚。用正手发球，无论是发何种弧线的球，其发球前的准备姿势都应该一致，这样就会给对方的接发球造成判断上的困难。

1. 发高远球

运行轨迹又高又远，下落时与地面垂直，落点在对方场区底线附近的球称为高远球。单打比赛时常选择发高远球迫使对方退到最远的底线去接发球。这在一定程度上限制了对方一些进攻技术的发挥，也可使对方消耗更多的体力。

动作要领：两脚自然开立，左脚在前，脚尖对网，右脚在后，脚尖稍向右侧，重心在右脚上；左手拇指、食指和中指夹持住羽毛球中部，自然平举于胸前方。持球左手自然松开，使球自然下落；右臂上臂外旋，并带动前臂自下而上沿半弧形做回环引拍动作。拍面与球在身体右侧前下方接触的瞬间前臂迅速内旋带动手腕，快速向前上方闪动，屈腕、屈指发力，用正拍面将球击出。身体重心移至左脚，持拍手随击球动作的惯性自然向上方挥动。（图 6-2-5）

图 6-2-5

2. 发平高球

平高球是一种弧度比高远球低，速度比高远球快，具有一定攻击性的球。

动作要领：发球前的准备姿势、发球动作过程与发高远球大致相同，只是在击球的一刹那，前臂加速带动手腕向前上方挥动，拍面要向前上方倾斜，以向前用力为主，球击出的弧度以对方伸拍打不到为宜，落点在对方场区底线。（图 6-2-6）

图 6-2-6

3. 发平快球

平快球的弧度比平高球还要低，速度比平高球快。在对付反应较慢、站位较前、动作幅度较大的对手或初学者时，发平快球效果往往很好。

动作要领：其准备姿势也同发高远球。站位比发平高球稍后些（防止对方很快回球到本方后场），充分利用前臂带动手腕的爆发力向前方用力，球直接从对方肩上稍高位置越过，直攻对方后场。发平快球的关键是击球的动作要小而快，但前期动作应和发高远球一致。发平快球时应注意不要超手、超腰犯规。

4. 发网前球

发网前球是在双打中主要采用的发球技术。单打比赛中，在害怕遭到对方球速较快的直接攻击时或主动改变发球方式借以调动对方时采用发网前球。

动作要领：其准备姿势同发高远球。击球时，握拍手要放松，上臂动作要小，主要靠前臂带动手腕向前切送，用力要轻，注意手腕不能有上挑动作。另外，落点要在前发球线后，发出的球要贴网而过，这可避免被对方扑杀。

（1）正手发网前球。正手发网前球是用正手握拍，以正拍面击出飞行弧度比正手发平高球还要低的一种发球。球的飞行弧度几乎是擦网而过，落入对方前发球区内。击球后的动作与发高远球一样，自如地向左前方挥动。

动作要领：准备姿势大致与发高远球准备姿势相同。用球拍完成小的回环动作。肘关节保持稍微弯曲，腕关节没有或者只有很少的参与。右髋向前送，身体重心移至左脚上。击球点位于右侧体前几乎与髋同高的位置，拍头必须低于持拍手。略晚些抛球，手臂离身体较近击球，髋部快速转向前。球拍继续向前挥拍，直到球拍位于大约与胸同高的位置。（图 6–2–7）

图 6–2–7

（2）反手发网前球。反手发网前球的特点是动作小、出球快，对方不易判断。在双打比赛中多采用此发球技术。

动作要领：面向球网，两脚前后站立（左脚或右脚在前均可），上体稍前倾，身体重心在前脚上。右手反手握拍，左手拇指、食指和中指捏住球的两三根羽毛，球托明显朝下（避免犯规），球体与拍面平行或球托对准拍面放在拍面前方。左手放球的同时，持拍手前臂以肘为轴内旋，带动展腕由后向前做回环半弧形挥动，至一定发力所需幅度。

手腕由外展至内收发力，靠手腕和手指控制力量，以斜拍面向前轻轻推送切击球托，使球尽可能低地沿网上方飞过并落入对方前发球线内。以制动动作结束发力，并迅速将握拍姿势调整为正手握拍。（图 6–2–8）

图 6–2–8

（三）接发球技术

接发球与发球是一对矛盾：发球方想方设法发出各种不同弧线的球，以此来控制对方；而接发球方后发制人，以达到反控制的目的。羽毛球比赛就是在这种控制与反控制的争夺中给人以激情、乐趣和启示的。

1. 接发球站位

不论是单打比赛还是双打比赛，都应选择一个合理的接发球站位。一般情况下，单打的接发球站位在离前发球线约 1.5 m 处，在右发球区应站在靠中线的位置，在左发球区应站在中间稍偏边线位置，主要防备对方发球攻击反手部位。双打接发球时的站位可靠近发球线。

2. 接发球的准备姿势

单打接发球应左脚在前，右脚在后，侧身对网，使身体重心在前脚，后脚脚跟稍提起，收腹含胸，持拍于右身前，两眼注视对方。双打接发球准备姿势基本同单打接发球，但身体重心可随意放在任何一只脚上，将球拍高举过肩，注意力要高度集中。

（四）击球技术

1. 击高远球

击出高弧线飞行的、几乎垂直落到对方底线附近场区的球的技术，称为击高远球。

（1）正手击高远球。

正手击高远球是羽毛球击球技术中的基础。

动作要领：左脚在前，右脚在后，侧身对网。右手正手握拍屈肘于体侧，上臂、前臂间夹角为 45° 左右；左手自然上举，保持平衡，双眼注视来球方向。当球下落到一定的高度时，右臂手肘上抬，后摆引拍，以肩为轴做回环动作；前臂充分向后下方摆动并外旋，手腕充分伸展；左臂随体协调屈臂向身体左侧下降。击球时右臂前臂急速内旋并带动手腕加速向前上方挥动，手腕屈收，手指屈指发力，用正拍面将球击出。击球点选在右肩的前上方，其高度以持拍手臂自然伸直击球为宜。右手随击球后的惯性向左前下方挥动，顺势收回至体前，成接球前的准备姿势。（图 6–2–9）

图 6–2–9

（2）反手击高远球。

反手击高远球是在被动情况下的过渡，能帮助自己重新调整站位。

动作要领：判断准对方来球的方向和落点，迅速将身体转向左后方。步法到位后，右脚前交叉跨到左侧底线，背对球网，身体重心在右脚上，使球在身体的右肩上方。击球前，由正手握拍迅速换为反手握拍，并持拍于胸前，拍面朝上。击球时，以上臂带动前臂，通过手腕的闪动、自上而下地甩臂将球击出。在最后用力时，要注意拇指的侧压与甩腕配合，同时还要利用两脚的蹬地、转体等协调全身用力。（图 6–2–10）

（3）头顶击高远球。

在左后场区，用正手在头顶中间部位或在左肩上方将来球击到对方底线去的高远球击球技术称为头顶击高远球。这种击球技术是我国运动员对羽毛球技术发展的一项贡献。它比反手击球主动性强，具有更大的攻击性。初学者应努力学好头顶击高远球技术。

动作要领：击球前的准备姿势及击球动作与正手击高远球基本一致。二者不同的是头顶击高远球的击球点在左肩上方（因来球是飞向左后角的）。准备击球时，侧身（左肩对网）稍向左后仰；击球时，右臂上臂带动前臂使球拍绕过头顶，从左上方向前加速挥动。在用力击球时，注意发挥手腕的爆发力和充分利用蹬地及收腹的力量。击球后，左脚在身后着地并立即回蹬，同时右脚前移，将身体重心移至右脚。

图 6-2-10

2. 击平高球

依据击球方式和击球时球与人的位置，可将击平高球技术分为正手击平高球、头顶击平高球和反手击平高球 3 种。比较而言，正手击平高球和头顶击平高球两种更为常用。

（1）正手击平高球。

正手击平高球是用正手握拍以正拍面击出飞行弧度比高远球弧度低，但对手持拍站在中场起跳到最高点又不能拦击到来球的一种击球方式。

动作要领：准备姿势、引拍动作同正手击高远球。击球动作与正手击高远球基本一致，只是在击球时，运用前臂带动手腕的充分闪动，然后屈指发力，以比击高远球仰角稍小一些的正拍面（拍面与地面近似垂直）将球击出。击球后右手顺势向左下方减速摆臂，最后至体前成接球前的准备姿势。（图 6-2-11）

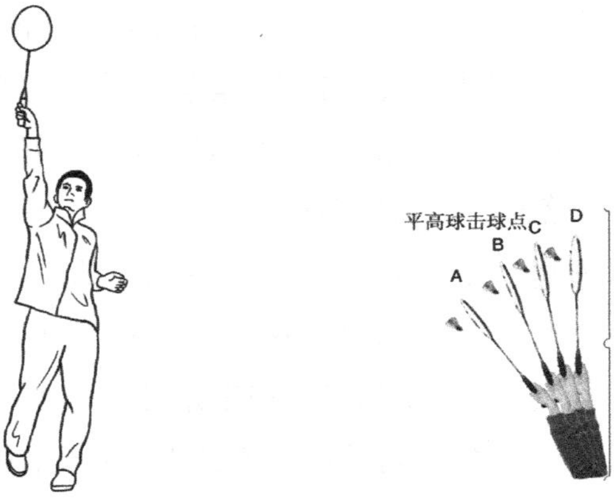

图 6-2-11

（2）头顶击平高球。

头顶击平高球是在左后场区用正手握拍以正拍面在头顶击出较高远球弧度低，但对手持拍站在中场起跳到最高点又不能拦击到来球的一种击球方式。

动作要领：判断来球后，迅速向左侧后场蹬转侧身，做好击球前的准备。引拍动作、击球动作和击球后的动作同正手击平高球一样。

3. 吊球

吊球是将对方击来的后场高球还击到对方网前区的击球技术。它的作用是调动对方站位，以利于己方组织进攻。

动作要领：一种吊球称为劈吊，用力较小，挥拍时拍面正面向内倾斜，手腕做快速切削下压动作。若劈吊斜线球，则球拍切削球托的右侧，并向左下方发力。若劈吊直线球，则拍面正对前方，向前下方切削。另一种吊球称为轻吊（拦截吊），用力更轻一些。其手法是拍面正对来球，用拍面将球轻轻一挡，使球以平弧线、较慢速度越网垂直下落。

4. 杀球

杀球是把对方击来的高球全力向下扣压的击球技术。它的特点是力量大、速度快，是进攻的重要技术。

动作要领：其击球前的准备姿势、击球动作与正手击高远球一样，不同的是最后用力的方向朝下，而且要充分利用蹬地、转体收腹及手臂和手腕的爆发力全力将球向下击出，在击球的一刹那要握紧球拍。无论用哪种动作杀球，都可做重杀、轻杀、长杀、深杀、直线杀和斜线扣杀。杀球时只要通过手腕和手指控制拍面倾斜角度、用力方向和大小，就可以扣杀出不同的球。这些不同形式的杀球主要是为了满足战术的需要，应根据对方站位情况灵活加以运用。一般都是通过打高球和吊球来为扣杀创造机会，显出杀球的威力。

5. 平抽球

平抽球是将位于身体左右侧，高度在肩以下、腰以上的球平抽击过去的击球技术。抽球时以腰为轴，从转髋发力开始，发挥手臂的摆速和手腕的爆发力。平抽球在双打比赛中比单打比赛中运用更多，特别是双打中前场球的飞行距离短、速度快、擦过网、飞行弧线低与地面平行。平抽球有正、反手之分。

（1）正手平抽球。

动作要领：面对球网，右脚稍在前，膝微屈，前脚掌着地，右手握拍于体前。右脚稍向前迈出一小步，同时上体稍偏右侧，右臂向右侧上摆。球拍上举，肘关节保持一定角度，前臂稍后摆，带有外旋，手腕从稍外展至后伸，使球拍到后下方。前臂急速往右前方挥动，从外旋转为内旋，球拍由后伸至闪腕，握紧拍柄挥拍抽击球托底部。球拍向左侧顺势盖过去，收拍于胸前回位。（图 6–2–12）

图 6-2-12

（2）反手平抽球。

动作要领：准备动作与正手平抽球基本相同。右脚向前跨一步，身体左转，右前臂往身前收。肘部稍上抬，前臂内旋，手腕外展，球拍引向左侧。右前臂往前挥拍的同时外旋，手腕由外展伸直至内收闪腕，手指突然握紧拍柄，拇指前顶，迎球挥拍，从球托的底部盖压过去。击球后，球拍随身体回动而回收。（图 6–2–13）

图 6-2-13

6. 平挡球

（1）正手平挡球。

正手平挡球是用正手握拍以正拍面将位于身体右前方的来球轻挡过网，使球过网后落于对方网前区域内的一种中场击球技术。

动作要领：准备姿势与正手平抽球动作相同。右脚向右侧跨出一步，在跨步的同时球拍向右侧后引，使之对准来球，上体向右后转至左肩对网，髋关节也转向右后，右腿蹬直，给接近右侧身体的来球让出适当空位。击球时不必做较大的挥拍动作，只需借助来球力量，在手腕外展闪动的同时，食指、中指往拇指方向轻轻提拉，靠其余手指突然紧握拍柄产生的力量将球轻挡过网。击球后，右脚向前迈，球拍随身体向左转，收回于身前。（图6–2–14）

图 6–2–14

（2）反手平挡球。

反手平挡球是用反手握拍以反拍面将位于身体左前方来的球轻挡过网，使球过网后落于对方网前区域内的一种中场击球技术。

动作要领：准备姿势与反手平抽球动作相同。球拍向左下侧摆，上体稍向左侧闪，左肩向后侧转动，让出适当的击球空位。击球时不必做较大的挥拍动作，只需借助来球力量以及手腕的内收动作，由屈腕至伸直闪腕，以握紧球拍产生的力量击球托的后底部，把球轻轻地弹击到对方网前区域。击球后球拍回收体前，脚向前跟进一步，以便封住对方的直线或斜线网前回球。（图 6–2–15）

图 6–2–15

7. 推球

（1）正手推球。

动作要领：站在右网前，球拍向右侧前上举。在右手肘关节微屈回收时，前臂稍外旋，手腕稍向后侧，球拍也随之往右下后摆，拍面正对来球。这时，小指和无名指稍松开，使拍柄稍离开鱼际肌，拇指和食指向外捻动拍柄，拍面更为后仰。推球时，身体稍往前移，右前臂往前伸并带内旋，手腕和手指控制拍面角度，手腕由后伸至伸直并闪腕，食指向前压，小指和无名指突然握紧拍柄，拍子急速地由右经前上至左挥动推球，使球沿边线飞向对方后场底角。在挥动过程中，拍子回收。（图 6–2–16）

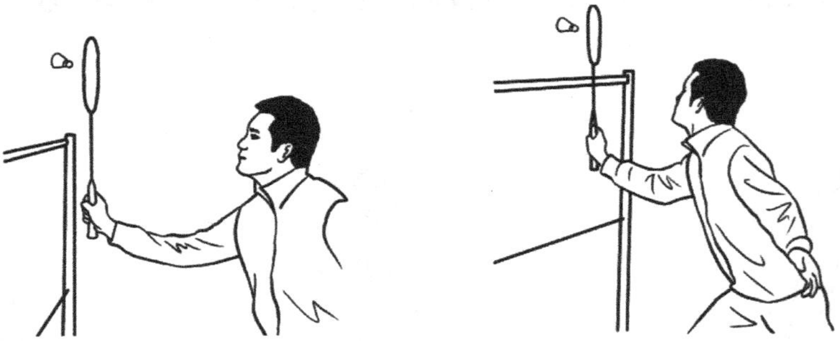

图 6–2–16

（2）反手推球。

动作要领：站在左网前，以反手握拍，前臂往前上方伸举。在前臂稍向左胸前收引，肘关节微屈，手腕外展时，变成反手推球的握拍法，球拍松握，反拍面迎球。当前臂前伸并带外旋，手腕由外展到伸直闪腕，中指、无名指和小指突然握紧拍柄，拇指顶压，往右前方挥拍时，推击球托的左侧后部，使球沿对角线方向飞行。击球后，手臂回收，恢复击球前的准备姿势。（图 6–2–17）

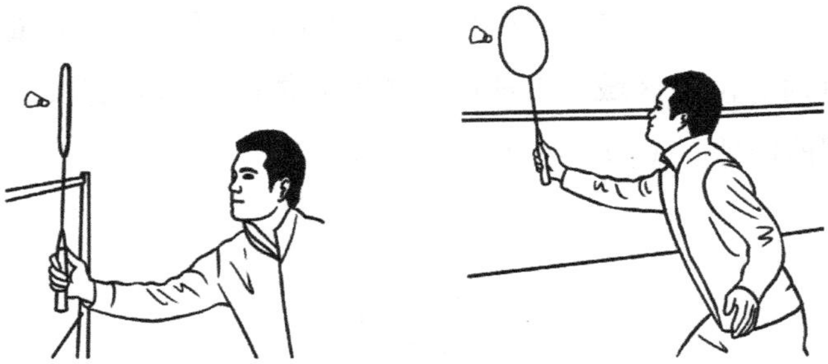

图 6–2–17

8. 搓球

（1）正手搓球。

正手搓球是用正手握拍以正拍面将网前位置的来球运用“搓”“切”等动作回击到对方网前区域附近的击球技术。

动作要领：侧身到右边网前，正手握拍，将球拍举高。两臂抬起，以获得身体平衡，同时身体转向侧面。注意伸出左手以获得身体平衡，这一点很重要。当球拍举至最高点时，右前臂向外旋，手腕由后伸转至稍内收闪腕，握拍手的食指和拇指夹住球拍，中指、无名指和小指轻握球拍柄，使球拍在手腕和手指的挥摆用力下，搓击来球的右下底部。注意球拍拍面不是像直线那样切过去，而是要稍稍带一点倾斜度，这样才能使球旋转起来，翻滚过网。（图 6–2–18）

图 6–2–18

（2）反手搓球。

反手搓球是用反手握拍以反拍面将网前位置的来球运用“搓”“切”等动作回击到对方网前区域附近的击球方式。

动作要领：运用反手上网步法向来球方向移动，击球前的动作同正手搓球。前臂随步法移动过程调整为反手握拍。前臂举起，手腕前屈，手背约与球网同高，拍面低于网顶，用反拍面迎球。击球时手腕由展腕至收腕发力，击球时由左至右切击球托的左后侧部位。击球后动作同正手搓球，注意握拍要从反手握拍还原至手放松握拍。（图 6–2–19）

图 6–2–19

9. 勾球

勾球是将对方击到自己前场区域位置的球还击到与之成对角线位置的对方网前区域内的击球技术。

（1）正手勾球。

勾球一般采用并步加蹬跨步上网的步法。

动作要领：其准备活动与正手搓球相同。在步法移动的同时，球拍随着前臂往右前上方举起，前臂在前伸的同时稍外旋，手腕微后伸。这时的握拍稍有变化，将拍柄稍向外捻动，使拇指贴在拍柄的宽面上，食指的第二指节贴在与其相对的另一个宽面上，拍柄不触及掌心。击球后，将球拍回收至右肩前。（图 6-2-20）

图 6-2-20

（2）反手勾球。

动作要领：其准备活动同正手勾球。在步法移动的同时，将手臂向左前方平举（不要完全伸直，肘关节稍弯曲）。击球时，肘部下压，同时前臂稍外旋，手腕由稍屈至后伸闪腕，拇指内侧和中指把拍柄往右侧一拉，其他手指突然紧握拍柄，拨击球托的左侧面，使球沿着对角线飞行。击球后，将球拍往右回收。（图 6-2-21）

图 6-2-21

10. 扑球

（1）正手扑球。

动作要领：迅速移向网前，右脚在前，上体直立。在跑动过程中完成击球准备，拍头要过头顶。击球时，随着手臂由屈到伸，手腕由后伸至向前闪动，手指顶压，将球扑下。（图 6–2–22）

图 6–2–22

（2）反手扑球。

动作要领：迅速近网，右脚在前，上体直立。在跑动过程中球拍高举过头。向左转动球拍，使拍面正对球网。击球时，前臂伸直外旋带动手腕内收至外展，拇指顶压，加速挥拍扑球。如果来球靠近网顶，手腕可外展由左向右拉切击球，以免触网。（图 6–2–23）

图 6–2–23

11. 挑球

（1）正手挑球。

动作要领：正手握拍举在胸前，右脚向右前跨出一大步，左脚在后，侧身向前，重心在右脚上。同时右臂向后摆，自然伸腕，使球拍后引。然后以肘关节为轴，屈臂内旋，并握紧球拍，用食指及手腕的力量，将球向前上方击出。（图 6–2–24）

图 6–2–24

（2）反手挑球。

动作要领：反手握拍举在胸前，右脚向左前方跨出一大步，重心放在右脚上。同时右肩向网，屈肘引拍至左肩旁，然后以肘关节为轴，握拍经体前由下往上，用拇指第一指节压住拍柄的宽面，用力将球击出。（图 6–2–25）

图 6–2–25

三、羽毛球运动基本战术

羽毛球运动基本战术是指运动员在比赛中为表现出高超的竞技水平和战胜对手，而采取的计谋和行动。在羽毛球比赛中，运动员要控制对手，力争主动，以己之长，克彼之短，抑彼之长，避己之短，根据不同对手的特点，采取相应变化的技术手段战而胜之。这便是战术的意义。

（一）单打基本战术

1. 发球抢攻战术

发球不受对方干扰，发球者可以根据规则，随心所欲地以任何方式将球发到对方接球区的任意位置。应善于利用多变的发球技术，先发制人，取得主动。如以发平快球和网前球配合，争取创造第三拍的主动进攻机会。这就是发球抢攻战术。

2. 攻后场战术

采用重复打高远球或平高球的技术，压对方后场两点，迫使对方处于被动状态。一旦其回球质量不高，便伺机杀球、吊球，一击制敌。

3. 逼反手战术

一般来说，后场反手击球的进攻性不强，球路也较简单。对于后场反手较差的对手要毫不放松地加以攻击。先拉开对方位置，使对方反手区露出空当。然后把球打到反手区，迫使对方使用反手击球。例如，先吊球至对方正手网前球，对方挑高球，便以平高球攻击对方反手区。在重复攻击对方反手区迫使其远离中心位置时，突然吊球至对角网前球。

4. 四方球突击战术

以快速的平高球、吊球准确地打到对方场区的四个角落，迫使对方前后、左右奔跑，当对方来不及回中心位置或失去重心时，抓住空当和弱点进行突击。

5. 吊、杀上网战术

先在后场以轻杀球配合吊球把球下压，落点要选择在场地两边，使对方被动回球。若对方还击网前球，便迅速上网搓球或勾对角快速平推球；若对方在网前挑高球，可在其后退途中直接杀球到对方身上。

（二）双打基本战术

1. 攻人（二打一）战术

这是一种经常运用的行之有效的双打战术。如果发现对方有一个人的防守能力或心理素质较差，失误率比较高或防守时球路单调，就可采用这种战术，把球攻到较弱者的一边。这种战术可集中优势兵力以多打少，以优势打劣势，占据主动或得分；有利于打乱对方防守站位，另一个不被攻的人，由于没有球可打，慢慢地站位会偏向同伴，形成站位上的空当，有利于我方突击另一线而成功；有利于造成对方思想上的矛盾使其互相埋怨，影响其士气。

2. 攻中路战术

不论对方把球打到什么位置，攻球的落点都集中在对方两人之间的位置，并靠近防守能力较弱者一侧或在中线上。攻中路战术可以造成对方抢球或漏球，也可以限制对方挑出大角度的球路，有利于我方网前的封网。

3. 攻直线战术

攻直线战术即杀球路线和落点均为直线，没有固定的目标和对象，只依靠杀球的力量和落点来得分。当对方的来球靠边线时，杀球的落点在边线上；当对方的来球在中间区时，就朝中路进攻。这个战术在使用上较易记住和贯彻。杀直线球虽然难度高一些，但效果不错，便于网前同伴的封网。

4. 后攻前封战术

当本方取得主动攻势时，后场队员逢高球必杀，前场队员积极移动封网扑打。

5. 防守反击战术

防守时，对方攻直线球，我方挑对角平高球；对方攻对角球，我方挑直线平高球，以达到调动对方移动的目的。然后可采用挡或勾球至网前的精巧网前技术迫使对手起球，创造后场进攻机会，达到反守为攻的目的。

体育思政园地

中国羽毛球队起步较晚，曾与世界顶尖水平有着较大差距。新中国成立后，被誉为新中国羽毛球事业“拓荒者”的王文教在1954年不顾印度尼西亚方面和家人的反对，与搭档陈福寿等华侨青年一起归国，为祖国羽毛球事业的发展贡献力量。如今，中国无疑是世界羽毛球运动的强国，运动健儿们在各大国际赛事上为祖国顽强拼搏、奋勇夺金，他们登上领奖台，五星红旗在赛场上飘扬、嘹亮的国歌奏响时，彰显着羽球大国魅力。通过学习华侨归国指导和运动健儿奋勇夺金的事例，大学生能深深体会到为祖国贡献自己力量的爱国主义精神，意识到，自己走上社会，也应尽自己的最大力量为祖国无私奉献。

羽毛球竞赛规则

第三节 网 球

一、网球运动概述

网球运动的起源可以追溯到 12—13 世纪的法国，现代网球起源于 19 世纪的英国。1873 年，英国人温菲尔德少校最先对草地网球的玩法做了几条简单的规定，成为网球运动最早的规则。1881 年，美国草地网球协会宣告成立，并制定了一系列的规定，使网球成为一项正式的比赛项目。

随着世界经济的不断发展，网球运动发展具有以下特点：一是普及性广，即被世界各阶层的广大人民群众所接受；二是高水平，争夺激烈；三是随着器材的改革，尤其是球拍的研制，网球向着力量型、速度型方面发展；四是随着网球赛事规模的不断提高，网球的职业化、商业化程度越来越高。

二、网球运动基本技术

正手击球技术

（一）正手击球

1. 握拍方式

（1）手掌定位。

以食指的指根和小鱼际底部来定位，以食指的指根为主（图 6-3-1）。球拍柄水平放置，拍面与地面垂直，拍柄的 8 个面中最上面的面定为第 1 平面，按顺时针依次为第 1 至第 8 平面（图 6-3-2）。

图 6-3-1

图 6-3-2

（2）握拍方式的选择。

正手击球的握拍常用的方式有（以右手持拍为例）：大陆式、东方式、半西方式和

西方式 。（图 6–3–3）

大陆式：握拍时食指根部紧贴第 2 平面，虎口对准第 1 平面即可。

东方式：握拍时食指的根部紧贴和拍面平行的第 3 平面，食指和中指分开，中指及余下两指自然环扣拍柄，拇指自然弯曲，缠绕拍柄。

半西方式：半西方式握拍是介于东方式和西方式之间的一种握拍方法。握拍时食指的根部紧贴第 3 平面和第 4 平面之间的区域，食指和中指略微分开，其余的手指自然握拍。

西方式：握拍时食指的根部紧贴在拍柄的第 5 平面上，手掌虎口形成的 “V” 字形对准第 3 平面，即和拍面平行的面，拇指垫按在第 1 平面上。

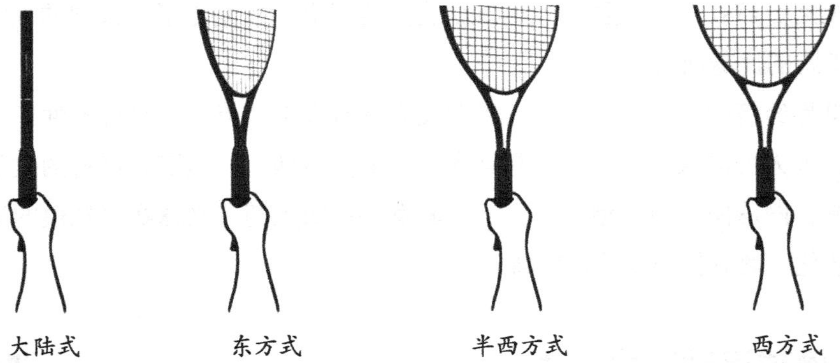

图 6–3–3

2. 准备姿势

准备击球时面对球网，双脚开立约同肩宽，双膝微屈，上体微微前倾，重心在两脚的前脚掌上，右手握拍，左手轻抚拍柄的上端或者拍颈，两手自然置于体前，拍头指向前上方并高于拍柄，拍面略微倾斜，目平视前方。（图 6–3–4）

图 6–3–4

3. 移动及后摆引拍

预判来球的方向并双脚垫步起动，球在空中飞行时快速向球移动，在移动过程中完成后摆引拍。

（1）移动步法及步法模式。

交叉步：类似于跑步。这种步法能够迅速地移动，让运动员快速靠近球。

并步：很适合近距离移动。垫步完成后，直接向移动方向并步过去。并步类似于滑行，但是应该注意：滑行时不要有太大的重心起伏，不然就是在浪费体能。

调整步：亦称小碎步。这种步法对于微调平衡和位置达到最佳的击球点至关重要。

以上几种步法的组合以及击球前移动的最后一步脚的位置，决定了步法模式。步法模式通常分为开放式、半开放式、关闭式等几种类型。

（2）后摆引拍。

判断来球的方向，在转身转体的带动下，做弧形的后摆引拍动作。引拍时在右肩向后转的基础上把球拍向后引出，整个过程中肘关节微屈，拍头微微向上，后摆至拍底指向来球，拍头指向后面的挡网，拍面略微向下关闭。

4. 挥拍击球

借助转体的力量，利用离心力大力摆动身体并挥出球拍，拍头从外侧向内侧加速。从后摆进而向前挥动时向前迎击来球，争取在球的上升期击打来球。球触拍后，挥拍沿着球飞行的方向向前、向左上方送出，重心移落在左脚，身体也随着转向球网，挥拍动作在左肩上方结束，左手在右肩的上方扶住拍颈。（图 6–3–5）

图 6–3–5

5. 快速回位

在移动回位的时候双眼要始终盯住来球，同时选择尽可能快的步伐迅速回到最有利于下一次击球的位置。回位时多采用并步或者交叉步。

（二）反手击球

1. 握拍方式

反手击球的握拍以食指的指跟和小鱼肌底部为定位点：左手的食指指根和小鱼际底部成一直线握在拍柄的第 7 平面上，右手的食指指根和小鱼际底部成一直线握在拍柄的第 2 平面上。（图 6–3–6）

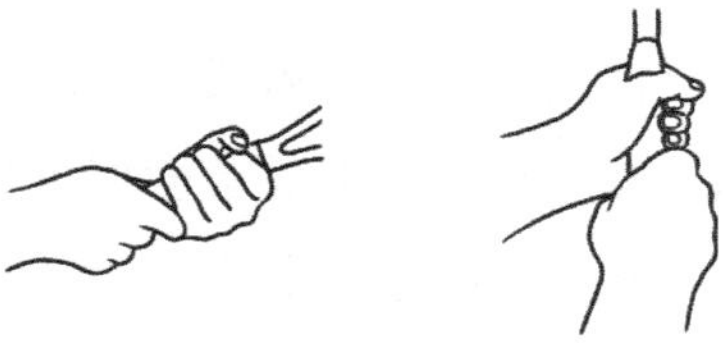

图 6−3−6

2. 准备姿势

准备击球时面对球网，双脚开立约同肩宽，双膝微屈，上体微微前倾，重心在两脚的前脚掌上，右手握拍，左手轻抚拍柄的上端或者拍颈，两手自然置于体前，拍头向前上方并高于拍柄，拍面略微倾斜，双眼平视前方。

3. 移动及后摆引拍

球离开对手的球拍正是你开始准备的时刻。对手击球瞬间你完成预判和垫步，在球空中飞行的过程中快速移动并完成换握拍及后摆引拍动作。

（1）移动步法及步法模式。

反手击球的移动步法及步法模式和正手击球相同，在垫步后，起动脚为左脚，左脚后撤再依次右—左—右—左完成步法的移动；或者垫步后直接迈出右脚，然后依次左右交换完成移动。

（2）后摆引拍。

当判断来球为反手时，在肩的带动下双手向后摆动引拍。引拍时右手肘关节尽量伸直，让上臂紧贴身体，拍头高于拍柄，拍面向下，拍底指向来球方向。

4. 挥拍击球

挥拍击球时，左脚蹬地发力，转髋带肩、手臂及球拍迎着来球的方向向前挥动。在球的上升期击打来球，击球点在右脚侧前方腰部高度，前挥动作要平滑、连贯，击球前瞬间拍头低于来球，击打时靠左手向前挥动的力量把球拍向前上方带出。挥拍动作结束时重心移落在右脚，身体也随之转向球网，挥拍动作在右肩上方结束。（图 6–3–7）

图 6-3-7

5. 快速回位

在移动回位的时候保持双眼始终紧盯来球，选择能保持场上位置的回位方式。在场地上尽量保持最有利、最熟悉的站位。

（三）发球

发球技术是网球技术中极其重要、特别的技术之一，也是网球技术中完全由球员控制的技术 。一次好的发球，可以在较大程度上发挥出个人的特点，用以控制对方，最大限度地施展自己的战术意图，甚至可能直接得分。发球质量的好坏取决于球的速度、落点和旋转这 3 项指标。所以，球员都力求较全面地掌握各种发球技术，以争取在比赛中获得先机。

1. 握拍方式

发球通常使用大陆式握拍。这种握拍为形成扣腕动作和握拍臂动作提供大的活动范围，适合于高点击球时，充分发挥腕的力量。

2. 准备姿势

单打在右区发球时，站在端线后中心标志点稍右侧的位置，左脚脚尖朝向左边网柱，与底线成 45° 角，两脚分开约与肩同宽，两脚的连线指向发球区。在左区发球时，左脚脚尖对准右侧网柱，右脚约与端线平行。无论在哪个区域发球，人的重心都放在左脚上。抛球手拇指、食指和中指轻轻拖住球，掌心向上。球拍置于身体前方，拍头稍稍向前上方倾斜，呼吸均匀，注意力集中。双打发球站位与

图 6-3-8

单打略有不同，一般站在边线与中心标志点的中间，这样做可以更好地保护自己的半场。（图 6–3–8）

3. 抛球与后摆引拍

做好准备动作后，双手同时向下运动，当持球手向下到左大腿内侧时，持拍手运动到右大腿外侧，重心从左脚转移到右脚。当球拍从身后向头上方做大弧度的摆动，身体做转体、屈膝、展肩时，持球手柔和地在身前左脚前方上举，直至伸直高及头顶抛出球。此时身体重心转向左脚，双腿膝关节微屈，左侧腰、胯成 弓形。抛球时，动作要协调、平稳，球送至最高点再离开手，顺势到空中，右肘向后外展约同肩高，拍头指向天空，拍底指向地面，双肩与球网约成直角。（图 6–3–9）

4. 挥拍击球

当左手抛出球时，抬肘转体让球拍继续一个向上摆起的趋势，在向前转动的身体和顶出的右肩带动下，使手臂产生一个完美的绕圈。此时，肘关节、球拍拍底向上，拍头向下。当球下降至击球点时，左脚上蹬，伸膝转髋发力，使手臂和身体充分伸展，迅速向前、向上挥拍击球。身体向前上方伸展击球时，肩、手臂回转，双肩与球网平行，持拍手腕带动前臂做旋内“鞭打”动作。这是发球技术的关键环节，也是其他诸如重心前移、蹬地、转体、挥拍等环节聚集的结果。（图 6–3–10）

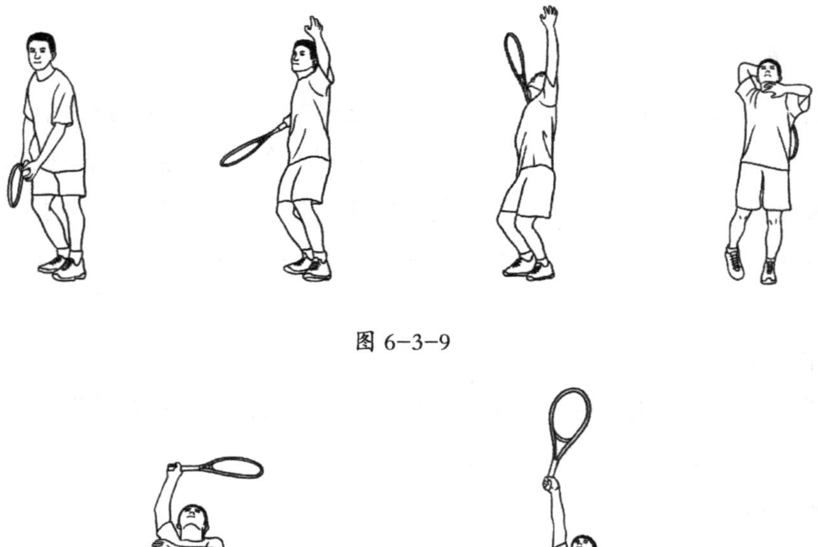

图 6–3–9

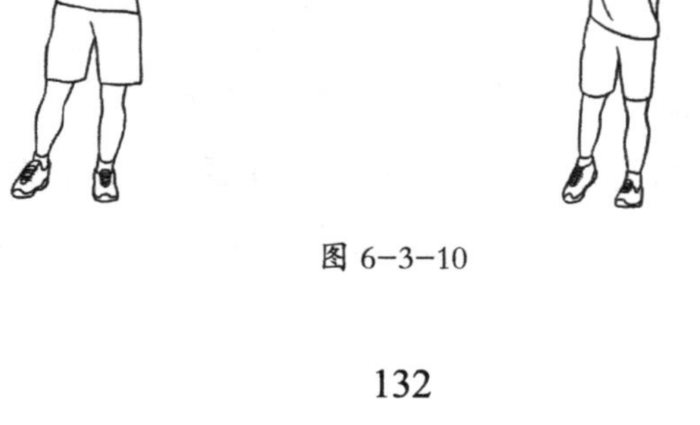

图 6–3–10

5. 随挥

在球拍撞击球后，球员应顺着身体及挥拍动作的惯性做收腹、转肩及收拍的动作。这一系列动作称为随挥。随挥时球拍经过左腿外侧，并收于左侧身体腋下，右腿小腿上翘来维持身体平衡。（图 6–3–11）

发球可分为平击发球、上旋发球和切削发球 3 类。平击发球的速度最快，击球点在身体的前上方，以拍面中心平直对准球的后中部，发球时前臂和手腕做旋内“鞭打”动作，以提高发球的速度和命中率。上旋发球能够产生足够的旋转，球抛到头部偏左一点的位置，球拍迅速从左下方向右上方挥动，从左下方向右上方摩擦球的背面。切削发球能够产生较大的速度与向右的旋转，发球时把球拍快速从右上方向左下方挥动，击打球的外侧，使其产生右侧旋转。

图 6–3–11

（四）接发球

接发球技术和底线正反手抽击球动作十分类似，但更加简洁。它是接发球员根据对方发球的速度、旋转、落点和弹跳弧度等，所采用的各种正反手击球手法的集合，其主要目的是把对方发来的极具威胁的球回击到对方的场地。

1. 握拍与站位

右手普遍采用正手击球的握拍方法，左手用反手击球的握拍方法。这样接发球员既可以快速接发正手位的球，又可以快速变换握拍接发反手位的球。站位采用低重心、大分开脚步、上体略微前倾的方式，当在右区接发球时右脚基本在边线的延长线上，在左区接发球时左脚基本在距离边线半步内。（图 6–3–12）

2. 引拍

在接发球区准备好后，当对方准备发球时，两脚快速地在原地交换重心；对方发球瞬间向前快速分腿垫步，眼睛紧盯来球，并转身转体向后小幅度地引拍，随时准备向前上脚迎击来球。接发球的引拍动作比一般的正反手击球引拍动作幅度要小，但均为直线小摆动拉拍，总体归结为转体、侧身上步和手臂随身体小幅度转动拉拍。（图 6–3–13）

图 6–3–12

图 6–3–13

3. 挥拍击球

发球的力量大、速度快、旋转强，导致接发球的挥拍和击球时间很短。接发球不同于底线抽击球依靠身体旋转来增加力量，而是借助身体重心的前移。接发球挥拍击球时应注意以下几点。

（1）快速侧身后，减小挥拍动作幅度。拍头向前加速包裹来球，前挥完整，动作流畅、不间断。

（2）掌握拍形。在击球瞬间握紧球拍，使拍头稳定。

（3）击球位置固定。球拍与球接触位置尽可能控制在球拍的甜点（球拍中心）上，使球身与拍面完全接触。

（4）注意球身与身体的距离，一般小于正常击球距离，使手臂带动身体转动，借助身体的力量将球击出。

（5）后腿蹬地，重心向前转移。（图 6-3-14）

图 6-3-14

4. 随挥

接发球时基于动作的稳定性要求，随挥要求球拍向前推送完整，以便产生足够的撞击力度，并由前臂带动球拍自然向前、向上，使整个接发球动作完整、自然、流畅。（图 6-3-15）

图 6-3-15

（五）截击

截击是指来球过网未落地之前在空中飞行时被凌空回击到对方场区的击球技术，又称拦网。

1. 握拍与站位

正反手截击常用的握拍方式都为大陆式，这样在截击时就省去了换握拍的麻烦。在准备截击时两脚平行站立，与肩同宽，脚跟稍稍抬起，膝关节微屈，上体略微向前倾斜，以便灵活移动，非持拍手扶拍颈将球拍置于胸前，拍头竖起指向前方。（图 6-3-16）

2. 引拍

截击技术的引拍动作要迅速、简练。不管是正手截击，还是反手截击，引拍动作一定是先分腿垫步再以肩转动引拍。正手引拍以右脚为轴向右侧转动，球拍略微向后打开，后引不要超过右肩，身体面向来球方向，拍头高于手腕，手腕高于肘关节，保持手腕固定，眼睛紧盯来球。反手引拍以左脚为轴向左侧转动，同时左手辅助拍颈将球拍向后拉，持拍手的肘关节弯曲，拍头向上竖立，球拍置于来球后方，重心移向左腿。（图 6-3-17）

图 6-3-16

图 6-3-17

3. 上步击球

看准来球，正手时右脚蹬地向前上方跨出左脚，反手时左脚蹬地向前上方跨出右脚。触球应该迅速、干脆、简短，手腕紧固，保持拍面的稳定。一般来说，击球点位置越低，拍面就越接近水平；击球点位置越高，拍面就越接近垂直，甚至是略微向下。与此同时，球拍的触球部位也由球的底部到后中上部发生微妙的变化。（图 6-3-18）

图 6-3-18

4. 随挥和回位

截击的随挥动作要短而脆，随球动作幅度极小。完成截击动作时，身体重心在跨出去的脚上，拍面指向出球方向。完成一次截击后应立刻收回跨出去的脚，回到刚开始的准备姿势，或者向前跟进准备。

（六）凌空抽击

当对方的回球是较高、较慢的中前场球时，越来越多的选手选择用正反手的大力抽击球把球回击到对方场地，这就是凌空抽击。其动作要点是：击球点必须靠前，击球的高度在腰部和肩部之间；击球时，向前迈出的脚要大跨步，同时夹紧腋下，更多地使用前臂的力量；击球后球拍大幅度地随挥出去，结束时身体重心明显前移。（图 6-3-19）

图 6-3-19

（七）高压球

所谓高压球，是指在头顶以类似发球的动作用扣压方式完成的一种击球技术。高压球根据击球方式的不同可以分为正手高压球和反手高压球，根据球是否落地又可以分为落地高压球和凌空高压球。其动作都与发球相似。

1. 握拍与步法

高压球的握拍基本为大陆式握拍。侧并步是在高压球中比较常见的步法，多用于对手被动挑高球时运动员主动高压。此时，侧身引拍后，后脚带领前脚小步后撤，类似于侧滑步移动。侧后交叉步比侧并步难度稍大一点。侧身引拍时，前脚经后脚后方向做后撤步，再让后脚移动至两脚平行位置，两脚依次交替移动。不论采用哪种移动方式，最后都是双脚一前一后的站位，两脚的连线几乎与球网垂直，人体的重心在后面的脚上。

2. 侧身举拍

高压球的动作与发球相似，但球拍直接从体前举起，并迅速侧身，持拍手向后抬起，将球拍放置于脑后偏上位置，非持拍手高高抬起，向前上方伸展指向来球，并维持身体平衡。（图 6-3-20）

3. 扣腕击球

当来球接近击球区域时，后脚蹬地发力，由上肢带动肩部回转，快速向前上方挥动手臂，在手臂带动下拍头快速向前、向上挥动。击球时上臂、前臂完全伸展于高点，前臂内旋以做到拍面平击来球。跳起扣杀时，在击球瞬间前后脚在空中交换，落地时非发力脚先落地。（图 6-3-21）

图 6-3-20

图 6-3-21

（八）挑高球

挑高球技术是把对方来球向空中高高挑起，使球越过对方或对方队友，落入其球场后端，为自己赢得回位时间或直接得分的技术。

1. 上旋挑高球

正手上旋挑高球大多采用半西方式握拍。准备击球前，上步转肩向后做弧线引拍动作，向前击球的瞬间，拍头低于手腕的位置，采用手腕与前臂的旋内动作，由后下方向前上方挥拍，做弧线“鞭打”以加强球拍对球的擦击。（图 6-3-22）

图 6-3-22

反手上旋挑高球时，侧身转肩，右脚向前跨出，身体重心在右脚。转髋转腰，球拍由后下方向前上方挥出，拍面尽量垂直于地面，拍头略低于手腕。通过手腕与前臂的强力旋内动作触击球的中部或中下部，使球产生强烈上旋。（图 6-3-23）

图 6-3-23

2. 下旋挑高球

正手下旋挑高球采用大陆式握拍。转肩向后引拍，球拍要低于预期的击球点，膝关节要微屈，非持拍手前伸维持身体平衡。在上步击球时球拍拍头向前加速，并确保拍面微微打开。拍面打得越开，球的飞行轨迹就越高，相应地，就会影响击球的深度。击球点在身体前面腰部高度。通过微微向下摩擦球体的后中下部使其产生下旋，最后以向前、向上的随挥动作结束击球。

反手下旋挑高球，引拍类似于反手切削球。拍头始终处于低点，以便能做出从低往高的挥拍动作。保持膝关节弯曲，两脚前后开立，向前上脚时向上、向前加速挥拍。

（九）放小球

放小球就是轻轻将球放到对方网前的一种击球技术。其目的是把球打到对方场区靠近网的位置，以调动对方，争取比赛的主动权。放小球的技术要领如下。

（1）采用与底线正反手抽击球相同的握拍方式，在向前挥击球瞬间将握拍方式调整为大陆式握拍或根本不换握拍的方式。为保证放小球动作的隐蔽性和突然性，尽可能把换握拍的时间推后，以免让对手过早察觉击球意图。

（2）击球前的准备姿势、后摆拉拍和前挥动作与正反手抽击球相似，动作要尽可能隐蔽，使对手无法判断。

（3）击球时，侧身对网，手腕保持适度紧张，拍面稍向后仰，拍头高于设想的击球点。

球拍触球瞬间，手腕放松，拍面打开，从球后部向下摩擦球，使球产生下旋，前臂和手腕前送、上托将球轻柔地送过网。

（4）击球后身体重心向击球方向跟进，自然、协调、连贯地完成随挥动作。

（十）反手切削球

反手切削球的适用范围非常广泛，在比赛中可以达到化解危机、改变球的旋转、调整击球节奏的目的。反手切削球的技术要领如下。

（1）持拍手的握拍为大陆式。当决定用反手切削球技术时，立即向非持拍手的一侧转体、转肩带动手臂转动，基本上让背部对准对手。两脚的连线基本与端线垂直，双膝微屈。保持拍面微微打开，拍头上翘，并高于拍柄。持拍手在肩部高度弯曲肘关节。

（2）击球时，左脚向前蹬地发力，向前大步跨出右脚。向前顶髋，转肩，保持人体重心向前转移；持拍手臂由后上方向前下方挥出，手腕保持紧张，拍面微微向上打开，在身体的左前方切击球的后中下部。左手也随之向后摆出，以维持身体的平衡。整个过程中眼睛始终紧盯来球。

（3）击完球后，身体重心惯性前移。手臂、球拍也随惯性前移，挥击至右肩高度，在身体右前方肩部高度结束动作。

三、网球运动基本战术

网球运动基本战术是有预见、有目的和有意识地运用单项技术或多项技术的组合，并有针对性地通过击球力量、速度、旋转和落点的变化，达到克敌制胜的行为。

（一）单打战术

单打战术是在单打比赛过程中，运动员根据临场比赛的情况，有目的、有针对性地对技术的运用。单打战术不仅是单打比赛胜负的一个重要影响因素，还是双打战术的基础。

1. 发球战术

从发球的性能上讲，运动员在发球战术上，通常结合力量、旋转和落点将对手置于被动的接发球状态。从发球的应用上说，通常注重一发的威胁性和成功率，保证二发的稳定性和一定的攻击性。

2. 接发球战术

接发球是获取比赛胜利的必要手段。阻止对手发球上网和提高击球的稳定性是接发球战术运用的两条基本原则。此战术强调将球击入自己设想的区域；改变接发球的速度和旋转；不断改变接发球的方式；尽量预判到对手的发球意图。

3. 底线战术

通过连续多拍的施压从而造成对手的主动失误：通常调动对手前后、左右不断跑动，使对手疲于应付；主动改变球的旋转，利用平击球、上旋球、下旋球等不同的组合，让对手不适应球的旋转；适时改变击球的节奏，让对手失去运动时的舒适性。

4. 网前战术

当在底线打出极具威胁的进攻，把对手大范围地调动开或对手打出落点较浅的中前场球时，就应该主动上网，利用截击、高压或者放小球等技术在网前解决战斗。在网前应该果断、干脆、直接，人随球动，迅速来到网球封网，不给对手任何反击的机会。

5. 超身球战术

当对手来到网前时，采用超身球将对手穿越。打超身球时一般是低、平、快的球比较适宜。直线时要求发力，把球打深；斜线时要求线路浅，角度刁。有时超身球也可以采用较大弧度和旋转的上旋球。

（二）双打战术

双打战术是网球运动员在比赛中，根据网球比赛的规律、敌我双方的具体情况和临场变化，在密切合作、默契配合的过程中，有效运用各项技术的有预见、有目的、有组织的行动。

1. 站位时的战术

站位会影响运动员技战术的发挥。站位一般分为双底线、双上网、一底一前等几种类型。高水平的双打一般都是采用发球上网或接发球上网的双上网战术。

2. 发球战术

双打的发球不是强调直接得分，而是强调给网前的同伴创造出抢网的机会。因此，双打中的发球应注意：提高一发的成功率，控制球的旋转；变化发球的落点；寻找对手回发球时路线选择的规律。

3. 截击战术

双打中适合截击时就应该大胆地把球打向斜线，或者直接打向靠近你的运动员脚下，或者打向对手两人的中间。两人伺机向前跟进争取更多的主动权。

4. 挑高球战术

挑高球时动作要隐蔽，应等对手有上网的意图或者已经来到网前准备截击时出其不意地打出，将球尽量打到后场。

5. 底线抽击战术

不论发球方或者接发球方都会有一人在底线开始比赛，当在底线抽击准备破网时应尽量把球打低、打平。保证每球过网，要巧妙、凶狠，争取变被动为主动，尽早压制对手为同伴创造机会或伺机来到网前。

体育思政园地

纵观历来职业网球比赛，还没有发现运动员打假球、服用兴奋剂现象，也没有出现“黑判”、组委会操纵比赛等不诚信现象。另外，由于网球是一项速度很快的运动，为给予运动员一个公允判罚，目前大满贯赛事都安装了“鹰眼”，运动员每盘有2次“鹰眼”挑战机会，以确认是界外球还是界内球。从这个层面来说，裁判员要公平公正，运动员也要诚实守信。此外，目前很多业余网球比赛都采用“信任制”，不再设场地裁判员，由运动员双方自主担任裁判员、报分，这就需要运动员有高度的自觉，诚实守信，实事求是。如运动员触到球网、球触运动员身体、球已弹地两次等要主动报告，如果双方有争议可以重赛。网球运动把诚实守信、公平正义体现得淋漓尽致。网球运动能够培养大学生诚实守信、谦虚谨慎的优良品质。

网球竞赛规则

第七章 武术与技击

第一节 太极拳

一、太极拳历史渊源

太极拳是我国优秀传统文化的代表，以其独特的技击、养生、健身、文化等功能风靡海内外，是世界上参与人数最多、影响力最为广泛的全球性健身运动之一，也是一项文化品位极高的健身运动。最早的太极拳系河南省温县陈家沟陈氏第九世传人陈王廷（1600—1680年）所创。明朝末年，天下混乱，陈王廷报国无门，终日郁郁不得志，隐居乡间。晚年时候，他立志创拳，在祖传拳术和多年研究民间武术基础上，由博返约，大胆创新。他博采众家之精华，结合太极阴阳之理，参考中医经络学说及导引、吐纳之术，创编出了阴阳开合、虚实转换、刚柔相济、快慢相间、老少皆宜的陈式太极拳。太极拳历经300多年的流传，演变出了陈、杨、吴、武、孙、和六大流传广泛、特点显著的太极拳流派。

（一）陈式太极拳

陈式太极拳是各派太极拳的起源。自从明朝末年陈王廷创造以来，陈式太极拳一直是同少林拳齐名的内家第一拳种。但是由于历代一直不外传的封闭性，外人长久以来很难窥到它的端倪。陈式太极拳在各式太极拳中独留其刚柔相济、快慢相间、蹿蹦跳跃、松圆弹抖的特色，并具有独特的健身和技击作用，在养身方面尤其有效。它不仅有松慢柔和的普遍特色，还有螺旋缠丝的爆发力。

（二）杨式太极拳

杨式太极拳由河北邯郸永年人杨露禅及其子杨班侯、杨健侯，其孙杨少侯、杨澄甫等在陈式老架太极拳的基础上发展创编。杨露禅（1799—1872年），河北永年人，就学于陈长兴。杨式太极拳拳架舒展简洁，结构严谨，身法中正，动作和顺，轻灵沉着兼而有之；练法上由松入柔，刚柔相济，形成独特的风格。杨式太极拳以舒展大方、圆活连贯、柔和缓慢、似行云如流水的风格享誉世界。它的动作简洁、干练、曲中求直。其极具艺术感的圆与曲线的动作轨迹，更受世人青睐。

（三）吴式太极拳

吴式太极拳是在杨式太极拳的基础上发展创新而来的，始于满族人全佑（1834—1902年），经其子吴鉴泉数十年融汇和拓展，形成一种以柔化为主、拳架紧凑、拳法细腻、轻灵圆活的新架，遂以吴式命名，以别于其他太极拳法。

（四）武式太极拳

武式太极拳是武禹襄（1812—1880年）先生在陈式太极拳及赵堡太极拳的基础上，根据练功方面的感悟而创编的拳式。它小巧紧凑，集强身、防身、修身为一体，更适合文人修炼，后人称为武式太极拳。

（五）孙式太极拳

孙式太极拳创始人孙禄堂，名福全（1862—1932年），晚号涵斋，祖籍河北省保定市望都县东庄疃村。他自幼酷爱武术，经数年研摩，功夫深厚，后从师郝为真学太极拳。孙禄堂毕生研究武术，精形意、八卦及太极拳术，并聚三家拳术之精义，融会一体而创孙式太极拳。孙式太极拳的特点是进退相随，迈步必跟，退步必撤；动作舒展圆活，敏捷自然。

（六）和式太极拳

和式太极拳创编人和兆元（1810—1890年），河南温县赵堡镇人，自幼喜爱武术，聪颖勤奋，师承赵堡镇一代太极拳名师陈清平。他经十余年勤学苦练，终在陈清平诸弟子中脱颖而出，责无旁贷地全面继承了师传太极拳理法。和式太极拳除具有三直、四顺、六合等一般太极拳要点外，又有自己显著的特点。它遵循“中正松柔，轻灵圆活，顺遂自然”之要领。演练时身体中正安舒，不偏不倚，不贪不欠，脊背骨节垂直贯穿，经络通畅；由形体到意识均放松，由松入柔，积柔成刚，以柔走化，以刚击敌，阴阳相济，刚柔并用。

二、24式简化太极拳

24式简化太极拳是中华人民共和国成立后推行的简易太极拳套路。为了便于在广大群众中推广太极拳，1956年，国家体委（现国家体育总局）在杨式太极拳的基础上，删去繁难和重复的动作，选取了24式，编成了24式简化太极拳。

（一）起势

（1）身体直立，两脚并拢，目视前方，呼吸自然。（图7–1–1）

（2）提左腿开步，与肩同宽。（图7–1–2）

（3）两臂向前慢慢平举，与肩同高，与肩同宽，掌心向下。（图7–1–3）

（4）上体保持正直，两腿屈膝下蹲；同时两掌轻轻下按，两肘下垂与两膝相对；目平视前方。（图 7–1–4）

图 7–1–1

图 7–1–2

图 7–1–3

图 7–1–4

（二）左右野马分鬃

（1）上体微向右转，重心移至右腿上；同时右臂收在胸前平屈，手心向下，左手经体前向右下画弧至右手下，手心向上，两手心相对成抱球状；左脚收到右脚内侧，脚尖点地；目视右手。

（2）上体微向左转，左脚向左前方迈出，右脚跟后蹬，右腿自然伸直，成左弓步；同时上体向左转，左右手随转体慢慢分别向左上、右下分开，左手高与眼平（手心斜向上），肘微屈；右手落在右胯旁，肘也微屈，手心向下，指尖向前；目视左手。（图 7–1–5）

（3）上体慢慢后坐，身体重心移至右腿上，左脚尖翘起，微向外撇，随后脚掌慢慢踏实，左腿慢慢前弓，身体左转，身体重心再移至左腿；同时左手翻转向下，左臂收在胸前平屈，右手向左上画弧至左手下，两手心相对成抱球状；右脚随即收到左脚内侧，脚尖点地；目视左手。

（4）右腿向右前方迈出，左腿自然伸直，成右弓步；同时上体右转，左右手随转体分别慢慢向左下、右上分开，右手高与眼平（手心斜向上），肘微屈；左手落在左胯旁，肘也微屈，手心向下，指尖向前；目视右手。（图 7–1–6）

（5）动作同（3），唯左右相反。

（6）动作同（4），唯左右相反。（图 7–1–7）

图 7–1–5

图 7–1–6

图 7–1–7

（三）白鹤亮翅

（1）上体微向左转，左手翻掌向下，左臂平屈于胸前，右手向左上画弧，手心转向上，与左手成抱球状；目视左手。

（2）右脚跟进半步，上体后坐，身体重心移至右腿上，上体先向右转，面向右前方，目视右手；然后左脚稍向前移，脚尖点地，成左虚步，同时上体再微向左转，面向前方，右手、左手随转体慢慢向右上、左下分开，右手上提停于右额前，手心向左后方，左手落于左胯前，手心向下，指尖向前；目平视前方。（图 7–1–8）

图 7–1–8

（四）左右搂膝拗步

（1）右手从体前下落，由下向后上方画弧举至右肩外侧，肘微屈，手与耳同高，手心斜向上；左手由左下向上、向右下方画弧至右胸前，手心斜向下，同时上体先微向左再向右转；左脚收至右脚内侧，脚尖点地；目视右手。

（2）上体左转，左脚向前迈出成左弓步；同时右手屈回由耳侧向前推出，高与鼻尖平，左手向下由左膝前搂过落于左胯旁，指尖向前；目视右手。（图 7–1–9）

（3）右腿慢慢屈膝，上体后坐，重心移至右腿上，左脚尖翘起微向外撇，随后脚掌慢慢踏实，左腿前弓，身体左转，重心移至左腿上，右脚收到左脚内侧，脚尖点地；同时左手向外翻掌由左后向上画弧至左肩外侧，肘微屈，手与耳同高，手心斜向上；右手随转体向上、向左下画弧落于左脚前，手心斜向下；目视左手。

（4）动作同（2），唯左右相反。（图 7–1–10）

（5）动作同（3），唯左右相反。

（6）动作同（2）。（图 7–1–11）

图 7–1–9

图 7–1–10

图 7–1–11

（五）手挥琵琶

右脚跟进半步，上体后坐，身体重心转至右腿上，上体半面向右转，左脚略提起稍向前移，变成左虚步，脚跟着地，脚尖翘起，膝部微屈；同时左手由左下向上挑举，高

与鼻尖平，掌心向右，臂微屈；右手收回放在左肘内侧，掌心向左；目视左手食指。（图 7–1–12）

图 7–1–12

（六）左右倒卷肱

（1）上体右转，右手翻掌手心向上，经腹前由下向后上方画弧平举，臂微屈，左手随即翻掌向上；眼的视线随着向右转体先右视，再转向前方视左手。（图 7–1–13）

（2）右臂屈肘折向前，右手由耳侧向前推出，手心向前，左臂屈肘后撤，手心向上，撤至左肋外侧；同时左腿轻轻提起向后偏左退一步，脚掌先着地，然后慢慢踏实，身体重心移到左腿上，成右虚步，右脚随转体以脚掌为轴扭正；目视右手。（图 7–1–14）

（3）上体微向左转，同时左手随转体向后上方画弧平举，手心向上，右手随即翻掌，掌心向上；眼随转体先左视，再转向前方视右手。

（4）动作同（2），唯左右相反。（图 7–1–15）

（5）动作同（3），唯左右相反。

（6）动作同（2）。（图 7–1–16）

（7）动作同（3）。

（8）动作同（2），唯左右相反。（图 7–1–17）

图 7–1–13

图 7–1–14

图 7–1–15

图 7–1–16

图 7–1–17

（七）左揽雀尾

（1）上体微向右转，同时右手随转体向后上方画弧平举，手心向上；左手手心向下；目视左手。

（2）身体继续右转，左手下落逐渐翻掌经腹前画弧至右肋前，手心向上；右臂屈肘，手心转向下，收至右胸前，两手相对成抱球状；同时左脚收到右脚内侧，脚尖点地；目视右手。

（3）左脚向左前方迈出，上体继续向左转，右腿自然蹬直，左腿屈膝成左弓步；同时左臂向左前方推出，右手向右下落放于右胯旁，手心向下。（图 7–1–18）

（4）身体微向左转，左手随即前伸翻掌向下，右手翻掌向上，经腹前向上、向前伸至左前臂下方；然后两手下捋，即上体向右转，两手经腹前向右后上方画弧，直至右手心向上，高与肩平，左臂平屈于胸前，手心向后；同时身体重心移至右腿上；目视右手。（图 7–1–19）

（5）上体微向左转，右臂屈肘折回，右手附于左手腕内侧，上体继续向左转，双手同时向前慢慢挤出，左手心向后，右手心向前，左前臂要保持半圆；同时身体重心逐渐前移变成左弓步；目视左手腕部。（图 7–1–20）

（6）左手翻掌，手心向下；右手经左腕上方向前、向右伸出，高与左手齐，手心向下；两手左右分开，宽与肩同；然后右腿屈膝，上体慢慢后坐，身体重心移至右腿上，左脚尖翘起；同时两手屈肘回收至腹前，手心均向前下方；目平视前方。

（7）上式不停，身体重心慢慢前移，同时两手向前、向上伸出，掌心向前；成左弓步；目平视前方。（图 7–1–21）

图 7–1–18

图 7–1–19

图 7–1–20

图 7–1–21

（八）右揽雀尾

（1）上体后坐并向右转，身体重心移至右腿上，左脚尖内扣；右手向右平行画弧至右侧，然后由右下经腹前向左上画弧至左肋前，手心向上；左臂平屈于胸前，左手掌向下与右手成抱球状；同时身体重心再移到左腿上，右脚收到左脚内侧，脚尖点地；目视左手。（图 7–1–22、图 7–1–23）

（2）同“左揽雀尾”（3），唯左右相反。（图 7–1–24）

（3）同“左揽雀尾”（4），唯左右相反。（图 7–1–25）

（4）同“左揽雀尾”（5），唯左右相反。（图 7–1–26）

（5）同“左揽雀尾”（6），唯左右相反。

（6）同“左揽雀尾”（7），唯左右相反。（图 7–1–27）

图 7–1–22

图 7–1–23

图 7–1–24

图 7–1–25

图 7–1–26

图 7–1–27

（九）单鞭

（1）上体后坐，身体重心逐渐移至左腿上，右脚尖里扣，同时上体左转，两手(左高右低)向左弧形运转，直至左臂平举，伸于身体左侧，手心向左，右手经腹前运转至左肋前，手心向后上方；目视左手。

（2）身体重心再逐渐移至右腿上，上体左转，左脚向右脚靠拢，脚尖点地；同时右手向右上方画弧(手心由里转向外)，至右侧方时变勾手，臂与肩平，左手向下经腹前向右上画弧停于右肩前，手心向上；目视右手。

（3）上体微向左转，左脚向左前侧方迈出，右脚跟后蹬，成左弓步；在身体重心移向左腿的同时，左掌随上体的继续左转慢慢翻转向前推出，手心向前，手指与眼齐平，臂微屈；目视左手。(图 7–1–28)

图 7–1–28

（十）云手

（1）重心移至右腿上，身体渐向右转，左脚尖内扣；左手经

腹前向右上画弧至右肩前，手心斜向后，同时右手松勾变掌，手心向右前；目视左手。（图 7–1–29）

（2）上体慢慢左转，重心随之逐渐左移；左手由脸前向左侧运转，手心渐渐转向左方；右手由右下经腹前向左上方画弧至左肩前，手心斜向后；同时右脚靠近左脚，成小开立步；目视右手。（图 7–1–30、图 7–1–31）

（3）上体再向右转，同时左手经腹前向右上画弧至右肩前，手心斜向后；右手向右侧运转，手心翻转向右；随之左腿向左横跨一步；目视左手。（图 7–1–32、图 7–1–33）

（4）动作同（2）。（图 7–1–34、图 7–1–35）

（5）动作同（3）。（图 7–1–36、图 7–1–37）

（6）动作同（2）。（图 7–1–38）

图 7–1–29

图 7–1–30

图 7–1–31

图 7–1–32

图 7–1–33

图 7–1–34

图 7–1–35

图 7–1–36

图 7–1–37

图 7–1–38

（十一）单鞭

（1）上体向右转，右手随之向右运转，至右侧方变成勾手；左手经腹前向右上画弧至右肩前，手心向上，身体重心落在右腿上，左脚尖点地；目视左手。

（2）上体微向左转，左脚向左前侧方迈出，右脚跟后蹬，成左弓步；在身体重心移向左腿的同时，上体继续左转，左掌慢慢翻转向前推出，成“单鞭”式。(图 7–1–39)

（十二）高探马

右脚跟进半步，右勾手变成掌，两手心翻转向上，两肘微屈；同时身体微向右转，左脚跟渐渐离地；目视左前方；上体微向左转，面向左前方，右掌经右耳旁向前推出，手心向前，手指与眼同高；左手收至左侧腰前，手心向上；同时左脚微向前移，脚尖点地，成左虚步；目视右手。（图 7–1–40）

图 7–1–39

图 7–1–40

（十三）右蹬脚

（1）左手手心向上，前伸打右手手腕背面，两手相互交叉，随即向两侧分开并向下画弧，手心斜向下，同时左脚提起向左前侧方进步（脚尖稍外撇）；身体重心前移；右腿自然蹬直，成左弓步；目视前方。

（2）两手由外圈向内圈画弧，两手交叉合抱于胸前，右手在外，手心均向后；同时右脚向左脚靠拢，脚尖点地；目平视右前方。

（3）两手臂左右画弧分开平举，肘部微屈，手心均向外；同时右腿屈膝提起，右脚向右前方慢慢蹬出；目视右手。（图 7–1–41）

（十四）双峰贯耳

（1）右腿收回，屈膝平举；左手由后向上、向前下落至体前，两手心均翻转向上，两手同时向下画弧，分落于右膝盖两侧；目视前方。

（2）右脚向右前方落下，重心渐渐前移，成右弓步，面向右前方，同时两手下落慢慢变拳，分别从两侧向上、向前画弧贯拳至面部前方，成钳形状，两拳相对。（图 7–1–42）

（十五）转身左蹬脚

（1）左腿屈膝后坐，身体重心移至左腿上，上体左转，右脚尖内扣；同时两拳变掌，由上向左右画弧分开平举，手心向前；目视左手。

（2）身体重心再移至右腿上，左脚收到右脚内侧，脚尖点地；同时两手由外圈向内圈画弧合抱于胸前，左手在外，手心均向后；目平视左方。

（3）两手臂左右画弧分开平举，肘部微屈，手心均向外；同时左腿屈膝提起，左脚向左前方慢慢蹬出；目视左手。（图 7–1–43）

图 7-1-41

图 7-1-42

图 7-1-43

（十六）左下势独立

（1）左腿收回平屈，上体右转；右掌变成勾手，左掌向上、向右画弧下落，立于右肩前，掌心斜向后；目视右手。

（2）右腿慢慢屈膝下蹲，左腿由内向左侧偏后伸出，成左仆步；左掌下落掌心向外，向左下顺左腿内侧向前穿出；目视左手。（图 7–1–44）

（3）身体重心前移，左脚跟为轴，脚尖尽量向外撇，左腿前弓，右腿后蹬，右脚尖内扣，上体微向左转并向前起身；同时左臂继续向前伸出立掌，掌心向右，右勾手下落，勾尖向后；目视左手。（图 7–1–45）

（4）右腿慢慢提起平屈，成左独立式；同时右勾手变掌，并由后下方顺右腿外侧向前弧形上挑，屈臂立于右腿上方，肘与膝相对，手心向左；左手落于左胯旁，手心向下，指尖向前；目视右手。（图 7–1–46）

图 7-1-44

图 7-1-45

图 7-1-46

（十七）右下势独立

（1）右脚下落于左脚前，脚尖着地，然后左脚以前脚掌为轴，脚跟转动，身体随之左转，同时左手向后平举变成勾手，右掌随着转体向左侧画弧，立于左肩前，掌心斜向后，目视左手。（图 7–1–47）

（2）同“左下势独立”（2），唯左右相反。（图 7–1–48）

（3）同“左下势独立”（3），唯左右相反。（图 7–1–49）

（4）同“左下势独立”（4），唯左右相反。（图 7–1–50）

图 7-1-47

图 7-1-48

图 7-1-49

图 7-1-50

（十八）左右穿梭

（1）身体微向左转，左脚向前落地，脚尖外撇，右脚跟离地，两脚屈膝成半坐盘式；同时两手在左胸前成抱球状（左上右下）；然后右脚收到左脚的内侧，脚尖点地；目视左前臂。

（2）身体右转，右脚向右前方迈出， 屈膝弓腿，成右弓步；同时右手由脸前向上举并翻掌停手右额前，手心斜向上；左手先向左下再经体前向前推出，高与鼻尖平，手心向前；目视左手。（图 7-1-51）

（3）身体重心略向后移，右脚尖稍向外撇，随即身体重心再移至右腿，左脚跟进，停于右脚内侧，脚尖点地；同时两手在右胸前成抱球状（右上左下）；目视右前臂。

（4）与（2）相同，只是左右相反。（图 7-1-52）

图 7-1-51

图 7-1-52

（十九）海底针

（1）右脚向前跟进半步，身体重心移至右腿上，左脚稍向前移举步；右手下落经体前向后、向上提抽至肩上耳旁，左手下落至体前侧。

（2）左脚尖点地成左虚点；同时身体稍向右转；右手再随身体左转，由右耳旁斜向前下方插出，掌心向左，指尖斜向下；与此同时，左手向前、向下画弧落于左胯旁，手心向下，指尖向前；目视前下方。（图 7-1-53）

（二十）闪通臂

（1）上体稍向右转，左脚微回收举步；同时两手上提；目视前方。

（2）左脚向前迈出，脚跟着地；左右两手分别向左前、右后分开；左手心向前，右手心向外；目视前方。

（3）重心前移，左腿屈膝成左弓步；同时右手屈臂上举，停于右额前上方，掌心翻转斜向上，拇指朝下；左手由胸前随重心前移慢慢向前推出，高与鼻尖平，手心向前；目视左手。（图 7–1–54）

图 7–1–53

图 7–1–54

（二十一）转身搬拦捶

（1）上体后坐，身体重心移至右腿上；左脚尖内扣；身体向右后转，然后身体重心再移至左腿上；与此同时，右手随着转体向右、向下变拳，经腹前画弧至左肋旁，拳心向下；左掌上举于头前，掌心斜向上；目视前方。

（2）向右转体，右拳经胸前向前翻转撇出，拳心向上；左手落于左胯旁，掌心向下，指尖向前；同时右脚收回后不要停顿或脚尖点地，即向前迈出，脚尖外撇；目视右拳。（图 7–1–55）

（3）身体重心移至右腿上，左脚向前迈出一步；左手上起经左侧向前上画弧拦出，掌心向前下方；同时右拳向右画弧收到右腰旁，掌心向上，目视左手。（图 7–1–56）

（3）左腿前弓成左弓步，同时右拳向前打出，拳眼向上，高与胸平，左手附于右前臂内侧；目视右拳。（图 7–1–57）

图 7–1–55

图 7–1–56

图 7–1–57

（二十二）如封似闭

图 7-1-58

（1）左手由右腕下方向前伸出，右拳变掌，两手手心逐渐翻转向上并慢慢分开回收；同时身体后坐，左脚尖翘起，身体重心移至右腿上；目视前方。

（2）两手在胸前翻掌，向下经腹前再向上、向前推出，腕部与肩平，手心向前；同时左腿前弓成左弓步；目视前方。（图 7-1-58）

（二十三）十字手

（1）屈膝后坐，身体重心移向右腿，左脚尖内扣，向右转体；右手随着转体动作向右平摆画弧，与左手成两臂侧平举，掌心向前，肘部微屈；同时右脚尖随着转体稍向外撇，成右弓步；目视右手。

（2）身体重心慢慢移至左腿上，右脚尖内扣，随即向左收回，两脚距离与肩同宽，两腿逐渐蹬直，成开立步；同时两手向下经腹前向上画弧交叉合抱于胸前，两臂撑圆，腕高与肩平，右手在外，成十字手，手心均向后；目视前方。（图 7-1-59）

（二十四）收势

（1）两手向外翻掌，手心向下，两臂慢慢下落，停于腹前；目视前方。（图 7-1-60）

（2）两腿缓缓蹬直，同时两掌慢慢下落至大腿外侧，然后收左脚成并步直立；目视前方。（图 7-1-61）

图 7-1-59

图 7-1-60

图 7-1-61

体育思政园地

太极是中国文化的瑰宝。太极拳动作蕴含丰富的文化内涵。大学生通过习练太极拳来学习传统文化，感悟其中的哲理，修养身心。

第二节　散　打

散打也叫散手，古时称为“角力”“白打”“抱手”“相搏”“手搏”“技击”等。散打以踢、打、摔、拿四大技法为主要进攻手段，还有防守、步法等重要技术，特点是远踢、近打、贴身摔。它既讲究功法，又能锻炼人的意志力和反应能力，不仅可以用来防身抗暴，还能强身健体。

一、预备姿势

预备姿势是为完成进攻和防守所采用的有利的姿势，因人而异，但应具有身体重心稳固、暴露给对方的可攻击面积较小、利于防守和起动、便于发力、利于进攻等优点。动作要领与方法：两脚前后分开，前脚跟与后脚尖之间为一脚半距离，前脚与后脚间横向距离稍宽于肩，前脚尖略向内侧转，后脚尖朝斜前，脚跟稍离地面，两臂自然弯曲，左拳置于体前略低于眼睛，拳面斜朝前，拳眼斜朝上，右拳置于右肋前，拳面略高于下颌，肘部与身体相距约一拳距离，以左肩左腹部侧向着对方，含胸收腹，上体稍前倾，头略低，下颌微收，咬牙闭嘴，目视前方。（图 7–2–1 至图 7–2–3）

图 7–2–1

图 7–2–2

图 7–2–3

二、基本步法

散打步法是为保持与对手间的距离，实施进攻与防守动作或破坏对手进攻与防守意图而进行的专门的脚步移动方法。步法有滑步、垫步等。

（一）滑步

1. 前滑步

预备姿势，后脚蹬地，前脚向前移动，落地时以前脚掌先落地，后脚快速前移，落地后与预备姿势相同。后滑步与前滑步方向相反。（图 7–2–4）

图 7–2–4

2. 左滑步

预备姿势，后脚蹬地，前脚向左平移，后脚也随之向左移动，动作完成后与预备姿势相同。右滑步与左滑步方向相反。

注意事项：移动中，重心不能起伏太大，脚步移动的跨度稍小，步法轻盈。

（二）垫步

1. 前垫步

预备姿势，前脚蹬地，后脚前移，在前脚内侧落地的同时前脚前移，落步后仍成预备姿势。

2. 后垫步

预备姿势，后脚蹬地，前脚后移，在前脚内侧落地的同时后脚后移，落步后仍成预备姿势。

注意事项：变换要快，两腿不可交叉，垫步时重心平稳，双脚贴近地面滑行。

三、基本拳法

拳法主要有直拳、摆拳、勾拳，其中还演变出刺拳、鞭拳等。

（一）直拳

左直拳：预备姿势站立，左脚在前，右脚在后，左脚跟稍外旋，重心移至左脚，上体略左转，同时，左臂顺肩伸肘，使拳面向前直线冲击，力达拳面，拳心朝下，右拳至下颌处，目视前方，然后左拳压肘收回，成预备姿势（图 7–2–5 至图 7–2–7）。右直拳反之。

要点：使蹬地、扭胯、拧腰之力传达拳面，整个动作要协调完整，重心不可过多前倾，击拳前不可出现先收拳再击的预兆，也不可在冲拳时将右臂后拉，结合步法的击法应做到拳到脚到。

图 7–2–5

图 7–2–6

图 7–2–7

（二）摆拳

右摆拳：预备姿势站立，右脚蹬地，身体重心移向左脚，右脚跟略离地外转，并蹍转脚掌，上体左转的同时右臂内旋，抬肘与肩平，使拳由右向左横击，高与肩平，然后恢复预备姿势（图 7–2–8 至图 7–2–11）。左摆拳反之。

要点：摆拳时身体不可向左倾斜，要边击拳边抬肘，击打后重心偏右脚，右脚的转力不可忽视，要含胸收腹，不可低头。右摆拳击打前，左臂不可后拉，重心落在右脚，但上体不可过于前倾。

图 7–2–8

图 7–2–9

图 7–2–10

图 7–2–11

（三）勾拳

右勾拳：预备姿势站立，右脚蹬地，重心移向左脚，左脚跟略外转，脚掌蹍地，上体右转略下沉后，右膝及上体瞬间挺伸并向左转体，同时，右臂外旋由下向上击拳，拳面朝上，拳心朝左内，力达拳面，左拳仍置于下颌前，目视右拳，然后恢复预备姿势（图 7–2–12 、图 7–2–13 ）。左勾拳反之。

要点：右臂外旋与击打不同时，不可外旋后再击打，上体不可过于前倾，屈臂的角度大小根据对方的远近距离及击打的部位而定，上体向右转下沉再蹬地，挺伸与左转瞬间要协调自然，不可断裂或耗时太久。

图 7–2–12

图 7–2–13

四、基本腿法

腿法是散打技术中重要的技法之一，在比赛中使用率较高。腿较手长，可发挥一寸长、一寸强的作用。腿较粗壮有力，攻之威力大，防之有效。腿的攻击面大，容易得手。腿攻击对方下身，比较隐蔽。因此拳家常说：“手是两扇门，全凭腿打人”“三分拳七分腿”等，可见腿在散打中的地位。散打中有四大技法，即踢、打、摔、拿。踢就是腿法。腿法在散打比赛中得分最多，据统计，其得分占总得分的 63.5%。

（一）正蹬

右正蹬：预备姿势站立，身体重心移至左腿，左腿略屈，右腿屈膝上抬，含胸收腹，大腿贴近胸部，脚尖勾起，脚底朝前下，随即右腿由屈而伸向前上方蹬出，力达脚跟，当脚触击目标时伸胯并使脚尖猛向前下方压踩，使力达全脚掌，目视右脚，右腿下落，还原成预备姿势（图 7–2–14 至图 7–2–17）。左正蹬反之。

要点：支撑腿可微屈保持平衡，上体不可过分后仰，屈膝上抬与伸蹬要连贯。

图 7–2–14

图 7–2–15

图 7–2–16

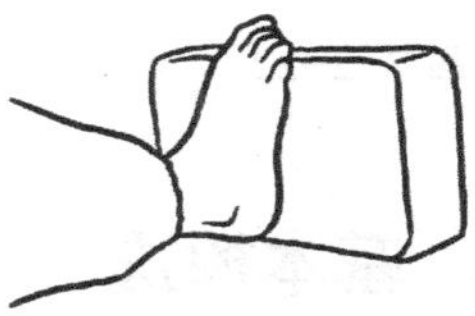

图 7–2–17

（二）侧踹

右侧踹：预备姿势站立，重心移至左腿，膝略屈，脚尖外展，右腿屈膝上抬，抬膝高于腰，脚尖勾起，脚底朝外侧下，随即小腿外翻，脚底朝向攻击点挺膝踹出，力达脚底，同时左腿挺直，上体向左腿侧倾，目视右脚，右腿下落，还原成预备姿势（图 7–2–18 至图 7–2–21）。左侧踹反之。

要点：提膝时上体略向支撑腿侧转，脚内侧与地面近于平行，踹出时身体向支撑腿的倾斜度随攻击点的高度变化，攻击点越高倾斜度越大，支撑腿应以前脚掌为轴蹍地，使脚跟内收。

图 7–2–18

图 7–2–19

图 7–2–20

图 7–2–21

（三）鞭腿

右鞭腿：预备姿势站立，重心移至左腿，膝略屈，右腿屈膝上抬，高过腰，同时膝略内收，小腿略外翻，踝部放松，随即挺膝，使小腿从外向上、向前、向内弧形弹击，并使脚面绷平，使力达脚面或胫骨处，目视右脚，右腿下落，还原成预备姿势（图 7–2–22 至图 7–2–25 ）。左鞭腿反之。

要点：弹腿的膝部发力要借助拧腰转胯之力，加大力度，弹腿时支撑腿伸直并以脚掌为轴蹍地，脚跟内收，上体不可过于倾斜。

图 7–2–22

图 7–2–23

图 7–2–24

图 7–2–25

五、基本摔法

（一）抱腿别腿摔

在格斗中，向对方的支撑腿后上左步，顺势将对方左腿抱住，上体右转，用左腿别对方右腿，同时用胸下压对方左腿，将对方摔倒在地。（图 7–2–26 至图 7–2–30）

要领：抱腿准确、有力，转体协调，顺势压腿。

图 7–2–26

图 7–2–27

图 7–2–28

图 7–2–29

图 7–2–30

（二）双腿抱膝摔

在格斗中，先左脚向前滑步，同时用左直拳虚晃，右直拳重击对方脸部，对方受击必上体后仰，露出下盘空当，抓住时机，右脚向前上步至对方裆部，两手从外向内环抱对方膝窝，同时上体前倾，右肩前顶，合力将对方摔倒。（ 图 7–2–31 至 图 7–2–33）

图 7–2–31

图 7–2–32

图 7–2–33

要领：左右直拳连击要具有威胁，使其上体后仰，露出下盘，上步应及时，抱腿顶肩干脆利索，整套动作要连贯。

（三）拉臂过背摔

在格斗中，对方以右摆拳攻击我头部，我迅速左转身并以双手抓住其手腕，紧接着我向前方上右脚，身体向左转 90° 将对方右臂紧贴于我右肩上，然后两手向前拉，臀部向后上方顶，全身发力，将其背起摔于体前。（图 7–2–34 至图 7–2–37）

要领：双手抓臂及时，上右步迅速，背摔之前，对方与我贴紧，发劲时，双手向下拉与臀部向后顶要相合，整套动作要协调。

图 7–2–34

图 7–2–35

图 7–2–36

图 7–2–37

（四）插裆扛摔

在格斗中，对方进左步并用右摆拳击我头部，我迅速用左臂由里向外向上格挡，并顺势展指抓住其腕，同时用右直拳击对方面部，紧接着上右脚于对方两脚中间，同时右手向前、向下插入对方裆下，接着左手抓其踝部向后拉，右臂抱其裆向上提，右肩扛其腹，上体抬起，将对方摔于身前。（图 7–2–38 至图 7–2–41）

要领：挡抓及时，封其面要突然、有力，上步与插裆要迅速到位，左手拉右手提与肩扛上提要协调。

图 7–2–38

图 7–2–39

图 7–2–40

图 7–2–41

体育思政园地

散打是中华民族传统项目。散打比赛关系到集体和个人荣誉，要求每位大学生尽自己最大的努力去挑战、去创新、去竞争，整个过程激励大学生不断挑战个人极限，培养大学生的进取精神和责任感。

散打竞赛规则

第三节　跆拳道

一、跆拳道概述

跆拳道是一项源于朝鲜半岛的古老而又新颖的利用手脚技术和身体能力进行自身修炼和搏击格斗的一种东方武技，分为大众跆拳道和竞技跆拳道；按级别分为“十级、三品、九段”。跆拳道练习中要以“礼义廉耻，忍耐克己，百折不屈”为宗旨。跆拳道以腿法为主，拳脚并用；动作追求速度、力量和效果，以击破为测试功力的手段；强调呼吸，发声扬威；以刚制刚，方法简练；具有礼始礼终、内外兼修的运动特点；具有防身健身、修身养性、娱乐观赏等多方面的价值；可以培养顽强勇敢、吃苦耐劳、坚韧不拔、积极向上的意志品质。

二、跆拳道基本技术

（一）实战的基本站姿

左脚在前称为左势；右脚在前称为右势。以左势为例（图 7-3-1），双脚自然地前后开立约与肩同宽，前脚斜向右前微内扣约 45°，后脚斜向右前内扣 30°～60°。两脚脚跟抬起，膝关节微屈，保持弹性和灵活。身体自然直立，侧面对敌，左肩向前成 30°～45°，前手低、后手高，成防御状态。

图 7-3-1

（二）基本手形、手法与步形、步法

1. 基本手形、手法

（1）拳：四指节节回屈、并拢握紧，将拇指内屈紧贴食指和中指的第二关节处，拳面要平。（图 7-3-2）

（2）冲拳：以腰部旋转带动肩部、手臂旋转出拳，放松手臂和拳头，在击中目标的一刹那，突然加速用力握紧拳头以拳面击中目标，力达拳面。（图 7-3-3）

图 7-3-2

图 7-3-3

（3）手刀：四指并拢微屈，拇指屈曲贴紧食指，小指的外侧沿形成手刀，拇指的内

侧形成刀背。可砍击或截击，可攻击对方的颈部。（图 7–3–4）

（4）贯手：手形和手刀相似，中指和食指微屈，基本保持四指尖齐平，拇指向掌内贴紧。可戳击对方的主要器官。（图 7–3–5）

（5）二指贯手：伸展食指和中指成 “V”字形，拇指压紧无名指和小指第二指关节处。主要攻击对方的眼睛。（图 7–3–6）

图 7–3–4

图 7–3–5

图 7–3–6

2. 基本步形、步法

（1）步形。

并步：两脚并拢，身体直立，两脚内侧贴紧并拢。（图 7–3–7）

开立步：两脚左右开立与肩同宽，两脚尖稍微外展，两臂下垂于体前，两手轻握拳，身态自然。（图 7–3–8）

马步：两脚左右平行开立约 3 倍于脚长，挺胸立腰，上体正直。两膝关节微屈下蹲，重心在两脚之间。（图 7–3–9）

弓步：两脚前后开立约 3 倍于脚长，前腿屈膝，后腿伸直，后脚尖与前脚的延长线成 30° ，前腿膝关节和脚面垂直，重心中间偏于前脚。（图 7–3–10）

行走步：亦称前行步、高前屈立。两脚前后开立姿态和平时向前走路时相似，前后脚相距大约一脚，重心在两脚之间。（图 7–3–11）

三七步：亦称后屈立。两脚前后相距一步约两脚半，后脚尖外展约 90° ，后膝弯曲，前腿膝微屈，脚尖朝前，重心前后腿三七分。（图 7–3–12）

图 7–3–7

图 7–3–8

图 7–3–9

图 7–3–10

图 7-3-11

图 7-3-12

虚步：亦称猫足步。两脚前后开立约一脚半，后腿尖外展大约 90°，前脚脚尖点地，脚跟抬起，两膝关节微内扣，重心在后腿。（图 7-3-13）

独立步：亦称鹤立步。一腿直膝站立，脚尖外展约 90°；另一腿屈膝上提，脚贴于支撑腿内侧或膝窝处。（图 7-3-14）

交叉步：亦称“十”字步。两腿交叉，两小腿贴紧。交叉步有两种形式：一种是一脚向另一脚后面插步，脚掌着地，两腿膝关节交叉，称后交叉步；另一种是一脚向另一脚前面插步，脚掌着地，两腿膝关节交叉，称前交叉步。（图 7-3-15）

图 7-3-13

图 7-3-14

图 7-3-15

（2）步法。

前滑步与后撤步：前滑步是前脚先动，向前小距离迈步，后脚迅速跟进。注意是有力且有弹性地跟进，而非被前脚拖进。后撤步反之。

前垫步与后垫步：前垫步和前滑步相反，后脚先动，向前有力且有弹性地垫向前脚，同时前脚迅速向前小距离迈步，感觉就像后脚撞击前脚有弹性地前进。后垫步反之。

前进步和后退步：前进步顾名思义，属于大距离前进的步伐。前脚后拉半步，后脚迅速越过前脚，交叉大跨步前进（原理：前脚之所以后拉半步，是为了保持重心，否则后腿交叉大跨步向前进时，容易使重心过于前冲，因此前脚在后拉瞬间，重心稍微后移，利于身体前后平衡）。后退步反之。

侧闪步：和前滑步类似，区别在于侧闪步是向左右移动。向左移则左脚先动，向右移则右脚先动。此步伐用于左右闪躲，可配合攻击。

（三）基本腿法

1. 前踢

【动作过程】左势站立，重心移至左腿。提起右大腿同时髋部略向左转，右腿膝盖朝前，脚面稍绷直，双手握拳自然垂放在身体两侧。继续将髋关节前送，右大腿向前抬提，当大腿抬至水平或稍高时，向前弹出小腿，用脚面击打目标。右腿落下成右势，然后后撤右腿，还原为左势。（图 7–3–16）

图 7–3–16

【动作要领】

（1）提起右腿时，两大腿内侧之间的距离应尽量小，即右腿尽量直线出腿。

（2）为保持重心，躯干可稍向后倾，尽量将髋部向前送，若是高前踢，髋部则要尽量向上向前送。

（3）击打时脚面绷直。

（4）小腿弹出后，在弹直的一刹那，要有一个制动的过程，使脚产生鞭打的效果。

（5）脚尖的方向向前上方。

（6）用前踢主要攻击对方的面部、下颌。

2. 横踢

【动作过程】左势站立，重心移至左腿，提起右大腿同时髋部略向左转，右腿膝盖朝前，大、小腿折叠，脚面绷直。继续将右大腿向前提高，左脚向外侧转动，右腿快速鞭打踢出小腿，膝盖朝向左侧。用脚面击打对方胸腹部、面部和两肋部（或是所有被护具包围的部位，以下同）。击打后，右脚自然落下成右势，然后后撤右脚，还原成左势。（图 7–3–17）

图 7–3–17

【动作要领】

（1）横踢和前踢类似，区别在于横踢腿的膝盖方向在击打的一刹那，是瞬间转髋朝向对方的腹部，而前踢腿的膝盖方向是向前上方。

（2）提起右腿时，两大腿内侧之间的距离应尽量小，即右腿直线出击。

（3）为保持重心，躯干稍向左后倾以配合快速转髋。

（4）击打时脚面绷直，但踝关节要放松。

（5）小腿弹出后，在弹直的一刹那，要有一个制动的过程，使脚产生鞭打的效果。

（6）提膝应尽量随着转髋同时进行，不能完全转髋后再提膝，这样会造成左腿膝盖过早偏向左侧。

（7）左脚应积极配合髋部的转动，转动时可稍有一点踮起。

（8）用横踢主要攻击对方胸腹部、面部和两肋部。

3. 前横踢

【动作过程】右势站立，左脚向前移动，将身体重心移至左腿。提起右腿，向前送髋，大、小腿稍折叠。绷紧脚面，右膝内向指，快速弹出小腿。右脚自然落下，两脚同时后撤一步，还原成右势。（图 7–3–18）

【动作要领】

（1）前横踢与横踢相似，但由于用前腿击打，距离对方近，因而动作较隐蔽，很难使对方察觉，缺点是击打力度小。

（2）后脚一定要配合积极向前移动。

（3）右腿的小腿要快速弹出，尽量增加鞭打力量。

（4）在击打的一刹那，膝盖方向朝向对方的腹部。

（5）小腿弹出后，在弹直的一刹那，要有一个制动的过程，使脚产生鞭打的效果。

（6）用前横踢主要攻击对方的胸腹部、面部和两肋部。

图 7–3–18

4. 旋风踢

【动作过程】右势站立，以右脚前脚掌为轴，脚跟外旋，重心移至右腿。身体左后转约 360°，左腿也随着向后转动。身体稍后仰，左腿下落的同时右脚蹬地使用右腿横踢技术。击打后，两脚自然落下成右势。（图 7–3–19）

【动作要领】

（1）旋风踢主要用在中、远距离中。

（2）提起左腿向后转动时，左腿围绕着右腿转动，两大腿内侧之间的距离不应过大。

（3）为保持重心，躯干应稍向后倾。

（4）击打时右脚脚面稍绷直，但踝关节要放松。

（5）右小腿弹出后，在弹直的一刹那，要有一个制动的过程，使脚产生鞭打的效果。

（6）右脚应积极配合身体的转动，以右脚前脚掌为轴转动。

（7）用旋风踢主要攻击对方胸腹部、面部和两肋部。

图 7-3-19

5. 双飞踢

【动作过程】右势站立，重心移至右腿。提起左大腿使用横踢，然后在左脚未落下时，立即提右腿使用横踢，也就是连续使用两个横踢。击打后，两脚自然落下，还原成右势。（图 7-3-20）

【动作要领】

（1）一般来说，在中、远距离时是使用双飞踢的较好时机，双飞踢中的第一个横踢常常是为了找到合适的距离或破坏对方的进攻，以利于使出第二个横踢。

（2）击打第一个横踢时，身体可稍后倾，以利于使出第二个横踢。

（3）两腿交换之间，髋部要快速扭转。

（4）用双飞踢主要攻击对方的胸腹部、面部和两肋部。

图 7-3-20

6. 后踢

【动作过程】右势站立，重心移至右腿。以右脚尖为轴，右脚跟外旋，身体向左后方转动，同时提起左大腿，使大、小腿几乎折叠，脚尖勾起，头部稍向左后方转动。左腿平伸后蹬，在蹬直前膝盖稍外翻（向左侧）。用脚跟部位击打对方腹部和胸部。击打后，左脚自然落下成左势，然后后撤左脚，还原成右势。（图 7-3-21）

【动作要领】

（1）身体向左后方转动时，要同时快速提起左膝。

（2）身体转到背朝对方时要制动，同时左脚后蹬，此时身体不应再有转动，左腿膝盖此时的方向应与右腿膝盖方向一致。

（3）在提起左腿时，两大腿内侧之间的距离尽量小，即左腿“擦”着右腿起腿。

（4）身体转动时，头部配合同向转动。

（5）为保持重心，躯干在向下弯曲的同时可稍挺胸。

（6）动作熟练时，转身与后蹬应是同时进行的。

（7）最后再练习后踢击头（高后踢）。

（8）右脚应积极配合髋部的转动，调整好身体重心。

（9）由于对方进攻常常是侧向，后踢的方向应在正前方稍偏向左侧。

（10）用后踢主要攻击对方的胸腹部、头部和两肋部。

图 7-3-21

7. 下劈

【动作过程】右势站立，重心先移至右腿。提起左大腿，同时略转髋向右并向上送髋，使左腿膝盖与胸部尽量贴近，身体重心向上。左脚高举过头，左腿伸直贴紧上体，上体保持正直或稍前俯。左脚脚面稍绷直，左腿快速下压（如刀劈木块一样），用脚掌或脚跟下砸对方的头部，身体重心前移至左腿，身体要稍后仰来控制重心。击打后，左脚自

然落下成左势，然后后撤左脚，还原成右势。（图 7–3–22）

【动作要领】

（1）下劈与中国武术中的正踢腿相似，区别在于下劈稍有一点转髋，并且提腿向上时，要向上积极送髋，大、小腿之间也可以有一定的弯曲度。

（2）在下劈时，身体重心向前移。

（3）上提左腿时，左脚脚面不需要绷直，应自然放松，而下劈腿时要稍绷直。

（4）也可直接用前腿（右腿）下劈，左脚进行跟步（即随着身体重心向前移动而向前跳动）。

（5）右脚应积极配合身体向前移动，调整好身体重心。

（6）在练习时，也多采用如武术的外摆腿和里合腿的下劈方法，只是在下落时是向前方劈下，分别称为外摆下劈（由内向外摆）和内摆下劈（由外向内摆）。

（7）用下劈主要攻击对方面部。

图 7–3–22

8. 侧踢

【动作过程】右势站立，将重心移至右腿，同时以右脚前脚掌为轴，脚跟内旋。直线提起左大腿，弯曲小腿同时向右转髋，身体左侧侧对对方。左腿膝盖方向朝内，勾脚面，展髋，走直线平蹬出左腿，用脚掌外侧攻击对方。击打后，左腿自然落下成左势，然后后撤左脚，还原成右势。（图 7–3–23）

【动作要领】

（1）侧踢同中国散手中的侧踹。

（2）也可用前腿（右腿）直接侧踢对方。

（3）右脚一定要配合积极向前移动。

（4）用侧踢主要攻击对方两肋部、胸腹部。

图 7–3–23

9. 后旋踢

【动作过程】右势站立，以右脚尖为轴，右脚跟外旋，重心移至右腿。身体向左后方转动，同时提起左大腿向斜后方 40° 左右蹬伸，头部向左后方转动。身体继续旋转，左腿借旋转的力，向后画一个半圆形的水平弧线，快速屈膝用脚掌击打对方头部。击打后，身体重心依然在右腿上，左脚自然落下成左势，然后后撤左脚，还原成右势。（图 7–3–24）

图 7–3–24

【动作要领】

（1）左腿并不是抡圆了去画弧，在开始时有一个向斜后方蹬伸的动作。

（2）身体向左后方转动时，要快速提起左腿。

（3）身体转动时，头部配合同向转动。

（4）小腿在开始时要自然放松，在接触对方头部前再瞬时绷紧脚面，用脚掌成水平弧线鞭打。

（5）动作熟练时，转身与后蹬接摆应是同时进行的。

（6）右脚应积极配合髋部的转动，在完成整个动作之前，重心一直落在右脚掌前半部分。

（7）用后旋踢主要攻击对方的面部。

三、跆拳道品势

跆拳道品势（又称为“型”）是指练习者以技击为主要内容，通过攻守进退的动作编排，以强身健体、磨炼意志为目的一种练习形式。其初级品势分为太极一章至太极八章；高级品势又分为高丽型、金刚型、太白型、平原型、十进型、地跆型、天拳型、汉水型、一如型。

跆拳道品势的特点：动作简练，招式工整；左右对称，阴阳合宜；以气促力，刚柔相济；归原还位，礼始礼终。

跆拳道品势的作用：磨炼意志，培养品德；身心双修，增强体质；掌握技击，防身克敌；交流技艺，丰富生活。

太极一章的一套动作是对八卦中“乾”的运用。乾指天、父（阳），象征万物的根源，意味着初始。

太极一章所走路线成“王”字形。（图 7–3–25）

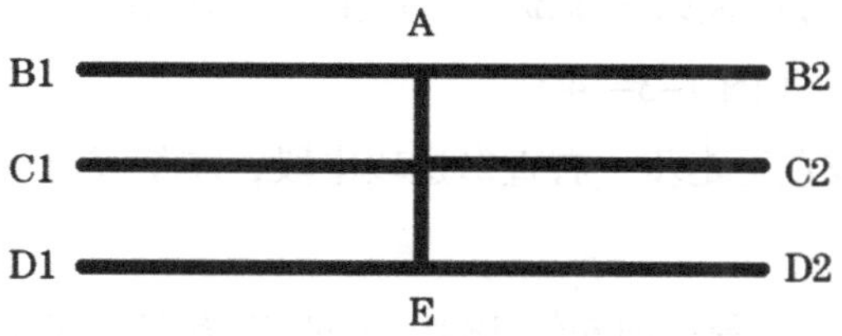

图 7-3-25

动作 1：立正站在演武线的中间 A 的位置（图 7-3-26）；左脚横跨一步，双手掌心向上经腹前至下颌，同时配合吸气，重心慢慢提起，再握拳匀速向下发力配合呼气至腹前，拳心斜向躯干（图 7-3-27）。

动作 2：身体向左转 90° 面向 B2 方向，同时成左行走步，左臂经右肩下格挡，右手握拳于腰间，拳心向上。（图 7-3-28）

图 7-3-26

图 7-3-27

图 7-3-28

动作 3：向前上步成右行走步，右直拳顺攻中段，与胸同高，拳打中线，左手握拳于腰间，拳心向上。（图 7-3-29 ）

动作 4：以左腿为轴身体向右后转 180° 面向 B1 方向，成右行走步，右拳经左肩下格挡，左手握拳于腰间，拳心向上。（图 7-3-30 ）

动作 5：向前上步成左行走步，左直拳顺攻中段，右手握拳于腰间，拳心向上。（图 7-3-31 ）

动作 6：以右腿为轴，身体向左转 90° 面向 E 方向，左拳经右肩成弓步下格挡，右手握拳于腰间，拳心向上。（图 7-3-32 ）

图 7-3-29

图 7-3-30

图 7-3-31

图 7-3-32

动作 7：下肢不动，右直拳逆攻中段，拳打中线，左拳收回于腰间，拳心向上。（图 7-3-33）

动作 8：右脚向 C1 方向横跨一步成右行走步，左拳向内中位格挡，与肩同高，右手握拳于腰间，掌心向上。（图 7–3–34）

动作 9：向前上步成左行走步，右直拳逆攻中段，左拳收回于腰间，拳心向上。（图 7–3–35）

动作 10：以右腿为轴，身体向左转 180° 面向 C2 方向，成左行走步，右手向内中位格挡，与肩同高，左手握拳于腰间，掌心向上。（图 7–3–36）

图 7–3–33

图 7–3–34

图 7–3–35

图 7–3–36

动作 11：向前上步成右行走步，左直拳逆攻中段，右拳收回于腰间，掌心向上。（图 7–3–37）

动作 12：以左腿为轴，身体向右转 90° 面向 E 方向，右拳经左肩成弓步下格挡，左手握拳于腰间，掌心向上。（图 7–3–38）

图 7–3–37

图 7–3–38

动作 13：下肢不动，左直拳逆攻中段，右拳收回于腰间，拳心向上。（图 7–3–39）

动作 14：左腿向前方上步，双手臂在胸前十字交叉，左手在外，右手在内，身体左转面向 D2 方向，成左行走步，接左臂上格挡，手腕在额头上方，右拳收回于腰间，掌心向上。（图 7–3–40）

动作 15：左腿不动，左拳收回在腹前，右腿前踢攻击上段，屈腿落步成右行走步，同时右直拳顺攻中段。（图 7–3–41 至图 7–3–43）

图 7–3–39

图 7–3–40

图 7–3–41

图 7–3–42

图 7–3–43

动作 16：以左脚为轴，身体向后转 180° 面向 D1 方向，双手在胸前十字交叉，右手在外，左手在内，成右行走步，右臂上格挡，左拳收回于腰间，拳心向上。（图 7–3–44）

动作 17：右脚不动，左腿前踢攻击上段，右拳收回在腹前，屈腿落步成左行走步，同时左直拳顺攻中段。（图 7–3–45 至图 7–3–47）

图 7–3–44

图 7–3–45

图 7–3–46

图 7–3–47

动作 18：以右脚为轴，身体向右转 90° 面向 A 方向，成左弓步，同时左拳经右肩下格挡，右手握拳于腰间，掌心向上。（图 7–3–48、图 7–3–49）

动作 19：左脚不动，右脚向前一步成右弓步，同时右直拳顺攻中段，并配合发声“嘿耶！”。（图 7–3–50、图 7–3–51）

动作 20：以右脚为轴，身体向左后转 180° ，双手握拳由下颌还原成准备式，左脚并步，立正。（图 7–3–52、图 7–3–53）

图 7–3–48

图 7–3–49

图 7–3–50

图 7–3–51

图 7–3–52

图 7–3–53

体育思政园地

跆拳道文化深受中国传统儒家“仁、义、礼”思想的熏陶，所以跆拳道文化中贯穿着礼仪文化。在练习跆拳道的过程中，大学生会慢慢受到影响，使自己成为一个懂“礼”的人。这种习惯会深刻到一个人的品德中，对良好品德的形成具有重要的意义。

第八章　健身与养生运动

第一节　健身走与健身跑

健身走与健身跑均属于有氧运动，都是以增强人体代谢功能为目的的持久性运动方式。伴随着全民健身热潮的不断升温，普通大众对于如何保持身体的健康更加关注，健身走与健身跑逐渐成为人们满足自己运动需要的可行办法。

一、健身走与健身跑概述

走和跑是人类最基本的运动方式，健身走与健身跑也被公认为是最经济、安全、自由、容易坚持终身锻炼的运动。最早提出有氧运动概念的是美国空军运动研究室的医学博士肯思·库珀。经过多年的研究探索，库珀创立了闻名世界的 “有氧运动法”。他指出，有氧运动能够通过耐力运动来改善血液循环系统和呼吸系统，提高心肺功能，使全身各个组织和器官都得到良好的氧气和营养供给，维持最佳的功能状态。

健身走与健身跑具有运动强度适中、规律性强的特点，运动费用低廉，运动场地易得，适合在普通大众中开展，因而很快流行起来。

健身走与健身跑运动对场地没有特殊要求，只要空气流通、有足够的活动空间即可。选择一条适合的运动路径，可以是公园小径、学校操场、住所附近，也可以是上、下班的沿途小路。

在进行健身走与健身跑运动时，为了收到良好的健身效果，应选择合适的运动装备。健身跑应选择透气性、吸汗性较强的服装；运动后应立即穿好外衣，贴身衣服如被汗水浸透，一定要及时更换；冬季在锻炼完毕后，应格外注意防风保暖，做好整理活动后不宜在户外久留，以防感冒。

二、健身走、健身跑的作用与准备

健身走、健身跑是典型的有氧代谢运动方式。它们对运动技术的要求不高，却能有效地改善心肺与心血管机能。在进行健身走、健身跑之前，了解其锻炼的作用、锻炼前的准备，对于健身者具有十分重要的意义。

（一）健身走的作用

健身走的特点是动作柔和，不容易出现伤害事故，特别适合于体重过重的人群。坚持走步锻炼，就是运用脚掌与地面不断地机械接触以产生按摩的作用，来刺激脚底反射区，从而调节人体相应的内脏器官和系统功能，促进血液循环，达到增强体质、延年益寿的目的。所以，健身走对人的健康长寿具有积极的影响和作用。

（二）健身跑的作用

人体自然的跑动是一切身体运动的基础。长期以来，人们对跑步的意义和作用进行了多种论述，认为跑是人体进行全面发展、全面锻炼的有效方法之一，可以增强人们的力量、速度、耐力、灵敏和协调等身体素质。人们还认为通过跑的锻炼能够培养良好的意志品质。

（三）运动前须知

为了使健身更有效果，在进行健身走、健身跑前不仅要做健康检查，还要注意做准备活动。如果不做准备活动就开始走或者跑的话，会急剧加重呼吸系统和心脏的负担。尤其对于刚刚开始锻炼的健身者来讲，容易产生胸闷、呼吸困难、腹部疼痛等现象。

三、健身走基本方式

健身走虽然是一项非常安全的健身项目，但是如果不能很好地把握其锻炼方法和要领，同样也不能收到应有的健身效果，甚至可能产生一定的副作用。健身走的基本方式包括慢步走、大步走、快步走、“10 点 10 分”走、倒步走、爬楼梯等。

（一）慢步走

手臂向前摆动最好高于心脏水平线，或与肩同高；尽可能向后摆动；身体保持与地面垂直。在左臂摆至高于心脏水平线后，右腿尽力向前迈出，双脚站稳后，前腿膝关节弯曲使身体慢慢向下蹲，成前弓箭步，后腿用力蹬直，稍作停留；然后双腿同时用力使身体起来后再迈步，双手配合双腿维持平衡，重复进行。（图 8–1–1）

（二）大步走

迈腿时要适当抬高腿的高度，把脚往远处放。换腿时加强后腿的蹬地力量。注意双臂的摆动最好是摆到与肩同高的位置，而且不要“甩”，要有控制地摆动。（图 8–1–2）

（三）快步走

行走时要抬头挺胸，手臂大幅度摆动，步伐大，速度快；将腰部重心置于踏出的脚上，行走时积极活动全身肌肉，有助于减轻腰痛、肩痛以及改善内脏功能；快步走的步幅中等、步频较高、步速较快，以 6 km/h 左右的速度为宜。（图 8–1–3）

（四）“10 点 10 分”走

举起双臂如表中的“10 点 10 分”的样子，沉肩抬头，身体挺直，眼睛平视前方；掌心向下，手指要尽量向远处伸直，略微向后伸；保持这个姿势自然行走。（图 8–1–4）

图 8–1–1

图 8–1–2

图 8–1–3

图 8–1–4

（五）倒步走

上体自然正直，目视前方；右腿支撑，左腿屈膝后摆下落，前脚掌先着地后过渡到全脚掌着地，身体重心随之移至左腿，然后右腿屈膝后摆下落，前脚掌先着地后过渡到全脚掌着地。（图 8–1–5、图 8–1–6）

图 8–1–5

图 8–1–6

（六）爬楼梯

上楼时，上体略前倾，有意识地屈膝抬腿；下楼时，上体略后仰，肌肉放松。爬楼梯时，放松肩膀和颈部，尽量保持颈部挺直，目光略向上看，时刻盯着梯级；爬楼梯要特别注意脚步的动作，脚掌要完全踏在梯级上，步法要轻，步速要慢。（图 8–1–7）

图 8–1–7

四、健身跑基本方式

健身跑是较长时间、较慢速度、较长距离的有氧锻炼方法。在进行健身跑时，只有注意速度、时间和方法等方面，才能起到增进健康、延年益寿的作用。否则，会适得其反。

健身跑特点是持续时间长，体能消耗大。科学、协调的动作方法在健身跑中可以起到降低消耗、节省体能的作用。健身跑的方式有很多种，包括慢跑、小步跑、倒跑、沙滩赤脚跑、登山跑和原地健身跑等。

（一）慢跑

上体正直并略向前倾，使头与身体基本成一直线，前摆腿时，大腿积极向前上方高抬，同时带动髋关节尽量前送，小腿保持放松且自然下垂，前摆下落时前脚掌着地，接着向后方尽力蹬伸。脚落地时注意缓冲，前脚掌先着地，然后过渡到全脚掌着地。

（二）小步跑

放松膝关节，两腿交替屈膝抬举，迅速放松下落，小腿顺势前摆，用前脚掌着地，完成“扒地”动作，并迅速伸直踝、膝、髋三个关节。两臂屈肘，配合两腿动作做前后摆动；肩部放松，上臂自然下垂，肘关节的弯曲度略小于直角，两手自然半握拳，前摆时手略向内，后摆时肘部略向外。

（三）倒跑

抬头挺胸，目视前方，两手握拳，贴肘于腰的两侧；高抬小腿，两脚向后的同时将重心向后移。倒跑时要保持头正、颈直、挺胸，目光平视，头也可微微转动，用眼的余光扫视道路，避开障碍物；倒跑时，肩、臂、肘、手的动作要与脚、腿的节奏保持同步；前脚发力迈步，后脚负载全身重量，把握身体重心，保持平衡。

（四）沙滩赤脚跑

沙滩赤脚跑时，健身者应两手握拳，两臂肘关节保持在 90° 左右，自然地一前一后摆动。跑步开始时，呼吸应深长而均匀，且与步法有节奏地配合，一般是 3～5 步呼吸一次，也可以适当地延长呼气时间，从中得到深呼吸的锻炼。

（五）登山跑

上山时保持在平地时跑步的节奏，用同样的力量，逐渐缩小步幅；接近山顶时，步幅不变，略加快跑步频率；下山时，上体略后仰，用前脚掌或脚跟先着地，加大步幅，略放慢跑步频率，用较小的力量就可以。正确的登山跑姿势可以充分发挥身体的运动能力，因此，无论上坡或下坡都应保持头正身直，发挥最大的推力。（图 8-1-8）

（六）原地健身跑

脚离地 20 cm，高抬腿，轻轻地提踵，脚跟不着地，利用反弹力量，使动作有节奏地进行；两臂自然前后摆动，抬头、含胸、收腹，要求动作放松，呼吸自然、顺畅，鼻吸口呼，吸气要均匀，呼气要充分。（图 8-1-9）

图 8-1-8

图 8-1-9

体育思政园地

有规律的健身走与健身跑，可以增进人的身体健康。要想取得良好的健身走效果，必须长期坚持。长期的健身走与健身跑锻炼，能培养大学生良好的运动活习惯和坚持不懈的精神。

第二节　健身气功——八段锦

健身气功是以自身形体活动、呼吸吐纳、心理调节相结合为主要运动形式的民族传统体育项目。健身气功——八段锦的功法特点是：柔和缓慢，圆活连贯；松紧结合，动静相兼；神与形合，气寓其中。习练要领是：松静自然、准确灵活、练养相兼、循序渐进。

一、基本手形

拳：拇指抵掐无名指指根节内侧，其余四指屈拢收于掌心。（图 8–2–1）

掌一：五指微屈，稍分开，掌心微含。（图 8–2–2）

掌二：拇指和食指竖直分开成“八”字状，其余三指第一、第二指节屈收，掌心微含。（图 8–2–3）

爪：五指并拢，拇指第一指节，其余四指第一、第二指节屈收扣紧，手腕伸直。（图 8–2–4）

图 8-2-1

图 8-2-2

图 8-2-3

图 8-2-4

二、基本步形

马步：开步站立，两脚间距为本人脚长的 2 ～ 3 倍，屈膝半蹲，大腿略高于水平；

两臂自然垂于体侧；目视前方。（图 8–2–5）

并步：两脚并步站立，脚尖向前；两臂自然垂于体侧；身体中正，目视前方。（图 8–2–6）

开立步：左脚向左侧开步，脚尖朝前，约与肩同宽；两臂自然垂于体侧；目视前方。（图 8–2–7）

图 8–2–5

图 8–2–6

图 8–2–7

三、动作图解

预备势

动作（1）：两脚并步站立；两臂自然垂于体侧；身体中正，目视前方。（图 8–2–8）

动作（2）：随着松腰沉髋，身体重心移至右腿；左脚向左侧开步，脚尖朝前，约与肩同宽；目视前方。（图 8–2–9）

动作（3）：两臂内旋，两掌分别向两侧摆起，约与髋同高，掌心向后；目视前方。（图 8–2–10）

动作（4）：上动不停，两腿膝关节稍屈；同时，两臂外旋，向前合抱于腹前成圆弧形，与脐同高，掌心向内，两掌指间距约 10 cm；目视前方。（图 8–2–11）

图 8–2–8

图 8–2–9

图 8–2–10

图 8–2–11

第 1 式　两手托天理三焦

动作（1）：接上式。两臂外旋微下落，两掌五指分开在腹前交叉，掌心向上；目视前方。（图 8–2–12）

动作（2）：上动不停，两腿徐缓挺膝伸直；同时，两掌上托至胸前，随之两臂内旋向上托起，掌心向上；抬头，目视两掌。（图 8–2–13）

动作（3）：上动不停，两臂继续上托，肘关节伸直；同时，下颌内收，动作略停；目视前方。（图 8–2–14）

动作（4）：身体重心缓缓下降；两腿膝关节微屈；同时，十指慢慢分开，两臂分别

向身体两侧下落，两掌捧于腹前，掌心向上；目视前方。（图 8–2–15）

注：本式动作上托、下落为 1 遍，共做 6 遍。

图 8–2–12

图 8–2–13

图 8–2–14

图 8–2–15

第 2 式　左右开弓似射雕

动作（1）：接上式。身体重心右移；左脚向左侧开步站立，两腿膝关节自然伸直；同时，两掌向上交叉于胸前，左掌在外，右掌在内，两掌心向内；目视前方。（图 8–2–16）

动作（2）：两腿慢慢屈膝半蹲成马步；同时，右手成爪，向右拉至肩前；左手成“八”字掌，左臂内旋向左侧推出，与肩同高，坐腕，掌心向左，食指指尖向上，如拉弓射箭之势；动作略停；目视左掌方向。（图 8–2–17）

动作（3）：身体重心向右移；同时，右手五指伸开成掌，向上、向右画弧，与肩同高，指尖向上，掌心斜向前；左手五指伸开成掌，掌心斜向后；目视右掌。（图 8–2–18）

动作（4）：上动不停，重心继续右移；左脚回收成并步站立；同时，两掌同时向两侧下落，捧于腹前，指尖相对，掌心向上；目视前方。（图 8–2–19）

图 8–2–16

图 8–2–17

图 8–2–18

图 8–2–19

动作（5）至动作（8）：动作要领同动作（1）至动作（4），唯左右相反。（图 8–2–20 至 8–2–23）

注：本式一左一右为 1 遍，共做 3 遍。第 3 遍最后一步时，身体重心继续向左移；右脚向右侧开步站立，与肩同宽，屈膝下蹲，两掌不变；目视前方。（图 8–2–24）

图 8–2–20

图 8–2–21

图 8–2–22

图 8–2–23

图 8–2–24

第 3 式　调理脾胃须单举

动作（1）：接上式。两腿慢慢伸直；同时，左掌上托，左臂外旋上穿经面前，随之手臂内旋上举至头左上方，肘关节微屈，力达掌根，掌心向上，掌指向右；同时，右掌微上托，随之手臂内旋下按至右髋旁，肘关节微屈，力达掌根，掌心向下，掌指向前，动作略停；目视前方。（图 8–2–25）

动作（2）：松腰沉髋，身体重心慢慢下降；两腿膝关节微屈；同时，左臂屈肘外旋，左掌经面前下落于腹前，掌心向上；右臂外旋向上捧于腹前，两掌指尖相对，相距约 10 cm，掌心向上；目视前方。（图 8–2–26）

动作（3）、（4）：动作要领同动作（1）、（2），唯左右相反。（图 8–2–27、图 8–2–28）。

注：本式一左一右为 1 遍，共做 3 遍。第 3 遍最后一步时，两腿膝关节微屈；同时，两臂屈肘，两掌下按于两髋旁，掌心向下，指尖向前；目视前方。（图 8–2–29）

图 8–2–25

图 8–2–26

图 8–2–27

图 8–2–28

图 8–2–29

第 4 式　五劳七伤往后瞧

动作（1）：接上式。两腿慢慢伸直；同时两臂伸直，掌心向后，掌指向下，目视前方；上动不停，两臂充分外旋，掌心向外；头左后转，动作略停；目视左斜后方。（图 8–2–30、图 8–2–31）

动作（2）：松腰沉髋，身体重心慢慢下降；两腿膝关节微屈；同时，两臂内旋按于两髋旁，掌心向下，指尖向前；目视前方。（图 8–2–32）

动作（3）：动作要领同动作（1），唯左右相反。（图 8–2–33、图 8–2–34）

动作（4）：动作要领同动作（2），唯左右相反。（图 8–2–35）

注：本式动作一左一右为 1 遍，共做 3 遍。第 3 遍最后一步时，两腿膝关节微屈；同时，两掌捧于腹前，指尖相对，掌心向上；目视前方。（图 8–2–36）

图 8–2–30

图 8–2–31

图 8–2–32

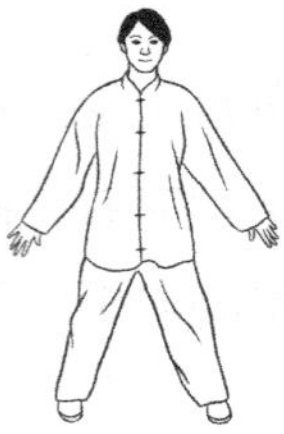
图 8-2-33

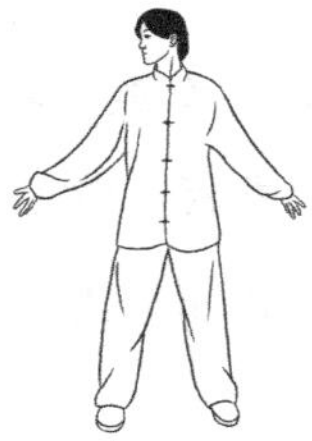
图 8-2-34

图 8-2-35

图 8-2-36

第 5 式　摇头摆尾去心火

动作（1）：接上式。身体重心向左移；右脚向右开大步站立，两腿膝关节自然伸直；同时，两掌上托与胸同高时，两臂内旋，两掌继续上托至头上方，肘关节微屈，掌心向上，指尖相对；目视前方。（图 8-2-37）

动作（2）：上动不停，两腿慢慢屈膝下蹲成马步；同时，两臂向两侧下落，两掌扶于膝关节上方，肘关节微屈，小指侧向前；目视前方。（图 8-2-38）

动作（3）：身体重心向上稍升起，然后向右移；上体向右倾，目视左斜前，随之俯身，低头看右脚内侧。（图 8-2-39）

动作（4）：上动不停，身体重心向左移；同时上体由右边向前、向左旋转；目视左脚。（图 8-2-40）

图 8-2-37

图 8-2-38

图 8-2-39

图 8-2-40

动作（5）：身体重心右移摆尾成马步；同时，头向后摇由右向左约 270° ，上体立起，随之下颌微收；目视前方。（图 8-2-41）

动作（6）至动作（8）：动作要领同动作（3）至动作（5），唯左右相反。（图 8-2-42 至图 8-2-44）

图 8-2-41

图 8-2-42

图 8-2-43

图 8-2-44

注: 本式一左一右为1遍，共做3遍。做完3遍后，身体重心左移，右脚回收成开立步，与肩同宽；同时，两掌向外经两侧向上举，掌心相对；目视前方（图 8–2–45）。随后松腰沉髋，身体重心慢慢下降，两腿膝关节微屈；同时屈肘两掌经面前下按至腹前，掌心向下，指尖相对；目视前方（图 8–2–46）。

图 8–2–45

图 8–2–46

第6式　两手攀足固肾腰

动作（1）：接上式。两腿慢慢伸直站立；同时两掌指尖向上，两臂向前、向上举起，肘关节伸直，掌心向前；目视前方。（图 8–2–47）

动作（2）：两臂外旋至掌心相对，屈肘下按于胸前，掌心向下，指尖相对；目视前方。（图 8–2–48）

动作（3）：上动不停，两臂外旋，两掌心向上，随之两掌掌指顺腋下向后插；目视前方。（图 8–2–49）

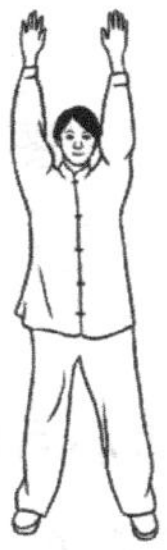
图 8–2–47

图 8–2–48

图 8–2–49

动作（4）：随后两掌心向内沿脊柱两侧向下摩运至臀部；随之上体前俯，两掌继续沿腿后方向下摩运，经脚两侧置于脚面；抬头，动作略停；目视前下方。（图 8–2–50）

动作（5）：两掌沿着地面前伸，随之用手臂带动上体起立，两臂伸直上举，掌心向前；目视前方。（图 8–2–51）

注：本式一上一下为1遍，共做6遍。做完6遍后，松腰沉髋，重心慢慢下降；两腿膝关节微屈，两掌向前下按至腹前，掌心向下，指尖向前；目视前方。（图 8–2–52）

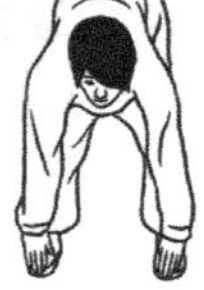

图 8–2–50

图 8–2–51

图 8–2–52

第 7 式 攒拳怒目增气力

动作（1）：接上式。身体重心右移，左脚向左开步，然后两腿慢慢屈膝半蹲成马步；同时，两掌握固，抱于腰侧，拳眼朝上；目视前方。（图 8–2–53）

动作（2）：左拳慢慢用力向前冲出，与肩同高，拳眼朝上；瞪目，看左拳冲出方向。（图 8–2–54）

动作（3）：左臂内旋，左拳变掌，虎口朝下；目视左掌（图 8–2–55）。左臂外旋，肘关节微屈，左臂向左缠绕，变掌心向上后握固；目视左拳（图 8–2–56）。

图 8–2–53

图 8–2–54

图 8–2–55

图 8–2–56

动作（4）：屈肘，回收左拳至腰侧，拳眼朝上；目视前方。（图 8–2–57）

动作（5）至动作（7）：动作要领同动作（2）至动作（4），唯左右相反。（图 8–2–58 至图 8–2–61）

注：本式一左一右为 1 遍，共做 3 遍。做完 3 遍后，身体重心右移，左脚回收成并步站立；同时，两拳变掌，自然垂直于体侧；目视前方。（图 8–2–62）

图 8–2–57

图 8–2–58

图 8–2–59

图 8–2–60

图 8–2–61

图 8–2–62

第 8 式 背后七颠百病消

动作（1）：接上式。两脚跟提起；头上顶，动作略停；目视前方。（图 8–2–63、图 8–2–64）

动作（2）：两脚跟下落时先下落到脚掌中间，然后两脚跟下落轻震地面；目视前方。（图 8–2–65）

注：本式一起一落为 1 遍，共做 7 遍。

图 8–2–63

图 8–2–64

图 8–2–65

收势

动作（1）：接上式。两臂内旋，向两侧摆起，与髋同高，掌心向后；目视前方。（图 8–2–66）

动作（2）：两臂屈肘，两掌相叠置于丹田处（男性左手在内，女性右手在内）；目视前方。（图 8–2–67）

动作（3）：两臂自然下落，两掌轻贴于腿外侧；目视前方。（图 8–2–68）

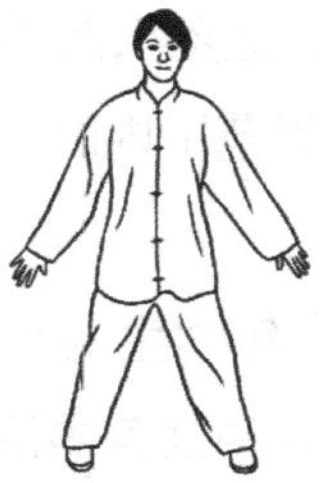

图 8–2–66

图 8–2–67

图 8–2–68

体育思政园地

健身气功强调意守与气息调整，重视在一呼一吸中对膈肌的锻炼。习练健身气功可以延长寿命，与自然相适应，排除对自然的不适状况，能更好地感悟生命的存在，有利于个人德行的修养。

第九章 形体运动

第一节 健美操

一、健美操概述

健美操是在音乐伴奏下进行各种不同类型的操化动作的运动，融体操、舞蹈、音乐于一体，以身体练习为基本手段、有氧运动为基础，以达到增进健康、塑造形体和娱乐身心的目的。

现代健美操起源于20世纪60年代末的美国，当时的美国太空总署为了对宇航员进行体能训练，由医学博士库珀根据宇航员所处的特殊环境和对身体机能的特殊要求，设计了一些配合音乐的有氧训练动作。这些训练内容后来逐步发展成为一项具有独特体系的运动。

20世纪70年代末，健美操发展成为一项独立的体育运动项目，风靡世界。好莱坞电影演员简·方达是现代健美操的代表人物。她根据自己的健身体会和经验编写了《简·方达健美术》一书并配了一套录像带，于1981年在美国出版发行，立刻引起轰动。该书被翻译成20多种语音，在全世界30多个国家出售，对健美操在世界范围内的推广起到了巨大的作用。

20世纪80年代初，健美操传入中国，从一开始就受到了青年学生的喜爱，并在高校和社会上普及开来。随后，北京、上海、广州等地相继举办了各种健美操活动，同时，结合我国的实际情况创编出各种各样的徒手健美操和持轻器械健美操，极大地推动了我国健美操的发展。

二、健美操的分类

根据健美操练习的不同目的和任务，健美操可分为健身健美操和竞技健美操两大类。

（一）健身健美操项目简介

健身健美操以健身为目的，旨在全面活动身体、发展身体，其强度和难度相对较低，社会不同年龄、层次的人都可以练习。

1. 传统有氧健美操

传统有氧健美操是健身健美操的核心内容，动作比较简单，也是各种类型健美操的基础。它可以提高人体的心肺功能和有氧代谢能力，通常是采用单个步伐或步伐组合来配合上肢动作进行练习。

2. 搏击健美操

搏击健美操以有氧健美操为基础，结合了拳击、武术、跆拳道的基本动作。这种在音乐伴奏下用力进行挥拳踢腿的有氧运动，瞬间爆发力强，肢体伸展幅度大，能够增强肌肉的力量、弹性与身体柔韧性，尤其对腰、腹有特殊的效果。

3. 拉丁健美操

拉丁健美操源于国际上的拉丁舞，但不强调基本步伐，对动作的细节要求也不高。它舞姿优美、热情奔放，动感强烈，使练习者在伴随音乐燃烧激情的同时，达到减肥瘦身的效果，尤其对腰、腹有很好的锻炼效果。

4. 踏板健美操

踏板健美操通常是在一块 10 ～ 25 cm 的踏板及地面上练习健美操的动作和步伐，踏板的高度可以根据练习者自身情况进行调节。它的活动强度较大，不仅能提高身体的协调性，还能达到减肥瘦身的效果。

5. 哑铃健美操

哑铃健美操是利用小哑铃较轻的重量来进行练习，不仅可以提高有氧训练的强度，提高新陈代谢水平，还可以有效地减少身体多余脂肪，起到明显的塑形、美体效果。

6. 健身球健美操

健身球最早是在瑞士作为康复医疗设备而出现的，后来逐渐演变成新兴的健身运动项目。

健身球健美操集健身、娱乐为一体，非常有趣味性。它有着很好的损伤恢复和康复功能，尤其对腰背疾病疗效显著，还可以提高人体的柔韧、力量、平衡、心肺功能以及改善身体姿态。

7. 水中健美操

水中健美操综合了游泳和健美操的优点，常常是在音乐的伴奏下，结合不同的身体动作和舞蹈步伐来锻炼和放松身体。水中健美操与地面练习相比，由于水的阻力大和热传导快，可以比地面练习更快达到减肥、塑身的效果。同时，在水中练习健美操还可以减轻运动中地面对膝、踝关节的冲击力，有效减少关节的负荷。

（二）竞技健美操项目简介

竞技健美操虽然起源于传统的有氧健美操，但作为一种竞技项目，它有着特定的比赛规则和评分方法，要求运动员能够在音乐伴奏下，完成连续复杂的、高强度的成套动作，对人的身体素质、技术技能和艺术表现能力等都有较高的要求。竞技健美操的比赛规则对每一具体细节都做出了详细的说明，对人数、场地、时间、服装等都有专门的规定。竞技健美操的比赛项目分为男子单人操、女子单人操、混合双人操、3 人操（3 名运动员性别任选）、集体 6 人操。

三、健美操的特点

健美操与其他体育运动相比，通常具有以下特点。

（一）健身美体的实效性

健美操以人体解剖学、运动生理学、体育美学、体育心理学等多学科的理论为基础，编排以健身美体为目的，动作内容丰富，强调健美大方，讲究力度和弹性。与其他体育项目相比，健美操能塑造人健美的体形，提高人的协调性、柔韧性和弹跳能力，其培养审美的意识尤为突出。

（二）强烈的节奏性

健美操融基本体操、现代舞蹈、节奏音乐于一体，动作具有强烈的节奏性。健美操音乐节奏清晰、旋律优美，具有鲜明的现代韵律感，多取材于迪斯科、爵士、摇滚等现代音乐和具有上述特点的民族音乐，能够烘托气氛、激发练习者情绪，使之产生轻松愉快的感觉，不觉得疲劳，使人们既得到了美的享受，又提高了协调性、节奏感、韵律感和表现力。

（三）高度的艺术性

人类对身体状况所追求的最高境界是“健（康）、力（量）、美（丽）”，而健美操的动作无不处处体现着“健、力、美”的特征。协调、流畅、有弹性的健美操动作，不仅使人们锻炼了身体，增强了体质，还使人们从中得到了美的享受，提高了审美意识和艺术修养。

（四）广泛的适应性

健美操练习形式多样，节奏有快有慢，动作有难有易，运动量和强度可大可小，容易控制，对场地、器材条件的要求也不高，不管是什么年龄、性别、形体、身体素质、技术水平、个性的人群都能找到适合自己的健美操练习方式，并从中得到乐趣。

四、健美操的锻炼价值

（一）增进身体机能

经常参加健美操运动，能够提高关节的灵活性，增强肌肉力量和弹性，提高韧带、肌腱等结缔组织的柔韧性；提高心血管系统机能，提高心脏供血能力和对脑细胞的供氧能力，改善新陈代谢，减少脂肪沉积，延缓血管硬化；提高呼吸系统的耐力水平，使机体具有较强的有氧代谢能力。其较多的髋部活动，不仅锻炼了腰腹肌和骨盆肌，还加强了肠胃蠕动，增强了消化系统机能。对不同动作组合的练习以及协调性要求，有助于提高练习者的动作记忆和再现能力，提高神经系统的灵活性、均衡性，能够改善和提高神经系统的活动能力。

（二）塑造健美形体

健美操动作频率较快，跳跃动作较多，运动负荷和能量消耗较大，利于消除多余的脂肪，有益于肌肉、骨骼、关节的匀称与协调发展，同时经常性的形体训练，有利于改善不良的身体姿势，塑造优美的体形。

（三）缓解精神压力，娱乐身心

健美操的动作充满青春活力，在音乐伴奏下进行练习，使气氛欢快，使练习者心情愉快，不易疲劳，还可缓解精神压力。集体配合的练习还有助于增进友谊，增强群体意识。

此外，长期进行健美操运动还可以增强韵律感、节奏感，提高音乐、舞蹈素养，以及提高认识美、鉴赏美、表现美直至创造美的能力。

五、健美操的基本动作

健美操的基本动作是指动作中主要、稳定的部分，其他所有动作都是以此为核心产生和发展出来的。健美操的基本动作内容丰富，但相对简单，练习者易于练习和掌握。基本动作也是掌握其他动作的基础。

（一）健美操的基本手形

健美操有多种手形。这些手形是从爵士舞、西班牙舞、迪斯科、武术中吸收和发展起来的。手形恰到好处地运用，可以使手臂动作更加生动活泼，表现出美感，还有助于加强动作的力量。健美操的手形主要有掌和拳两种。

（1）开掌：五指用力伸直张开。（图 9–1–1）

（2）并掌：五指并拢伸直。（图 9–1–2）

（3）拳：五指弯曲紧握，拇指压在食指、中指的第二关节。（图 9–1–3）

图 9–1–1

图 9–1–2

图 9–1–3

（二）头、颈部动作

头、颈部动作包括屈、转、绕、绕环等。做各种形式的头颈动作时，节奏要慢，上体保持正直，充分伸展颈部的被动肌群。（图 9–1–4）

图 9–1–4

（三）肩部动作

肩部动作由提、沉、绕、绕环等组成。提肩时要尽量向上，沉肩时要尽量向下，动作幅度要大而有力，绕肩时上体不能摆动，颈与头不能前探。（ 图 9–1–5）

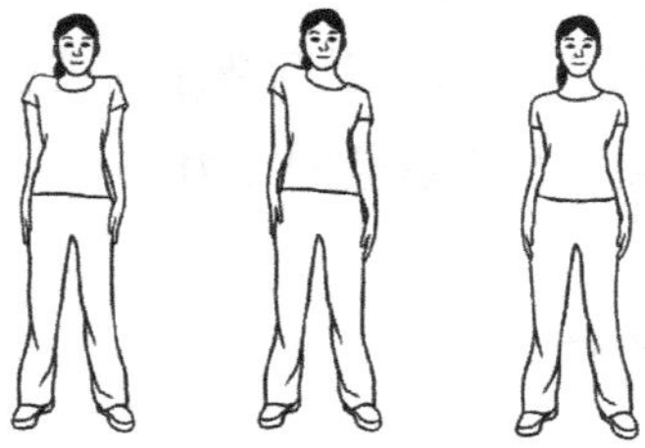

图 9–1–5

（四）臂部动作

臂部动作包括举、屈、伸、摆、绕、绕环、振、旋等。做臂部动作时，上体保持正直，位置要准确，幅度要大，力求伸展到身体的最远端。（图 9–1–6）

图 9–1–6

（五）胸部动作

胸部动作由含、展、移等组成。练习时，收腹、立腰，胸的动作要达到极限。（图 9–1–7）

图 9–1–7

（六）腰部动作

腰部动作由屈、转、绕、绕环等组成。做腰部动作时，身体远端尽力向外延伸，前屈、转时，上体立直，绕和绕环时，速度放慢，动作要充分、连贯。（图 9–1–8）

图 9–1–8

（七）髋部动作

髋部动作由顶、提、绕、绕环等组成。练习髋部动作时，上体放松，髋关节应平稳、柔和、协调，并稍带弹性。（图 9–1–9）

图 9–1–9

（八）健美操的基本步伐

健美操基本步伐是体现健美操练习者下肢动作基本姿态的主要手段，基本步伐的练习能培养练习者的协调性和节奏感。健美操规则规定的 7 个基本步伐是踏步、吸腿跳、踢腿跳、后踢腿跳、弹踢腿跳、开合跳和弓步跳。

（1）踏步：两腿交替，不间断地做屈膝上提然后踏地的动作。踏步动作包括脚尖不离地的踏步、脚离地的踏步、高抬腿的大幅度踏步。

（2）吸腿跳：单腿跳起，同时另一腿屈膝向前、向侧上提。

（3）踢腿跳：单腿跳起，同时另一腿直腿向前、向侧踢出，包括小幅度和大幅度的踢腿。

（4）后踢腿跳：两脚交替有短暂腾空过程（类似跑步），小腿向后屈。

（5）弹踢腿跳：单腿跳起，同时另一腿经屈膝向前、向侧弹踢。

（6）开合跳：并腿跳起，分腿落地，然后分腿跳起，并腿落地。

（7）弓步跳：并腿跳起，落地时成前（侧、后）弓步。

在进行基本步伐的练习时，跳跃要轻松自如、有弹性，注意呼吸的配合。

六、健美操的编排

健身健美操的动作编排是以 32 拍为一个单位，也就是 4 个 8 拍为一组。

（一）基本动作节拍

例如：1个踏步=1拍=1×8拍（可做8次）；1个开合跳=2拍=1×8拍（可做4次）。

（二）组合动作的基本方式

掌握健美操的基本步伐后，就可以利用这些动作开始锻炼了。为了进一步理解和巩固这些动作，最初可以反复练习，在步伐熟练后，就可以把这些单个步伐按照自己的实际水平组合在一起，变成一组一组的动作，避免反复练习单一动作的枯燥感。初学者1组动作可包括2～4种步伐，对于中级水平的练习者来说1组动作可包括5～6种步伐。

例如：4个动作组成1组，包括8次踏步（1×8拍）、4次弓步跳（1×8拍）、4次吸腿跳（1×8拍）、4次开合跳（1×8拍），共32拍。

（三）动作的变化方式

在熟练掌握健美操的基本步伐，学会将单个步伐组合成32拍的动作组合后，为了使动作组合变得更加丰富、更具挑战性，还要懂得运用动作变化的基本要素。

（1）方向变化：在完成某一个动作时改变方向和角度。例如，顺时针转90°，向左、向右转。

（2）动作杠杆的变化：在完成动作时对手臂和腿的长度进行变化。

（3）冲击力的变化：在不改变动作结构的前提下，改变冲击力。

（4）路线变化：在健美操练习时，沿不同的路线做动作，如“Z”“L”“W”型等。

（5）风格的变化：在不改变动作结构的前提下，改变动作的风格，例如踏步加上摆髋变成拉丁操的风格。

（6）手臂动作的变化：在不改变基本步伐的基础上，将手臂动作不断进行变化。

体育思政园地

健美操项目，尤其是引入啦啦操项目特征的健美操课程，是一种讲究团队精神的大众体育运动。每一个项目参与者都要出色地完成任务，无论站在团队的哪个位置，团队成员之间都需要相互配合，沟通协作。这对培养大学生集体主义观念、团结协作精神、协调决策能力都有很好的作用。

第二节 瑜 伽

一、瑜伽概述

瑜伽起源于印度，瑜伽一词来自印度古代梵文，是梵文“yoga”的译音。瑜伽的思想和实践在印度源远流长。

在中国，越来越多的人从了解瑜伽、参与瑜伽，到喜爱瑜伽，并把瑜伽锻炼作为生活的一部分，这些人以女性为主，以中青年为主。全国各个健身中心也都开设了瑜伽，瑜伽成为健身中心主打锻炼形式之一。同时，瑜伽正走进课堂，逐步成为学生喜爱的体育锻炼项目之一。

二、瑜伽的基本分类

（一）办公室瑜伽

办公室瑜伽是将办公室作为锻炼场所，将办公用品作为道具，针对白领人群的特点进行的以减压为主的瑜伽锻炼。

（二）居家瑜伽

居家瑜伽中毛巾也可以作为道具，通过瑜伽练习，能轻轻松松扫除疲劳，调整心态，放松心情。

（三）双人瑜伽

双人瑜伽能提升和唤醒自我，让我们学会与人分享、交流和互动，同时更强调与人共同协作来完成一个人难以完成的动作。

（四）形体瑜伽

形体瑜伽通过反关节的练习，纠正不良身体姿态，改变生活习惯，形成良好的身体姿态。

（五）器械瑜伽

器械瑜伽利用器械，加大练习强度，收到更好的练习效果。

（六）孕妇瑜伽

练习孕妇瑜伽能掌握正确的呼吸技巧和放松方法，提高心肺功能，为助产和产后恢复打下良好基础，增强腹肌力量，有利于缩短产程。

（七）高温瑜伽

高温瑜伽通过温度和速度达到排毒养颜的功效，使练习者排出比平时多几倍量的汗，将体内的多余脂肪和毒素排出，达到减肥养生的功效。

（八）减压瑜伽

减压瑜伽通过抬高下肢的练习，使血液回流，使全身肌肉放松，调节呼吸，减轻压力，缓解疲劳。

三、瑜伽练习

（一）瑜伽练习注意事项

1. 瑜伽的呼吸

（1）胸式呼吸：吸气时，肋骨慢慢向外扩张，胸廓张开，将新鲜空气通过呼吸道吸入肺部，当吸气量加深时，腹部向内收紧，将吸入的气集中在胸腔。呼气时，肋骨收紧，胸廓还原，慢慢将肺内浊气呼至体外。

（2）腹式呼吸：吸气时，胸廓保持不变，腹部肌肉放松向外扩张，随着吸气量的加深，膈肌下降，腹内脏器下移，小腹慢慢鼓起。呼气时，腹部收紧，膈肌升起，把肺内浊气完全排出，内脏器官恢复原位。仰卧姿势、俯卧姿势的练习，多采用腹式呼吸。

（3）混合式呼吸：胸式呼吸和腹式呼吸结合在一起的自然呼吸。吸气时，由腹式呼吸过渡到胸式呼吸。呼气时，按相反的顺序，先放松胸廓，然后再放松腹部，慢慢呼出浊气。大部分的瑜伽练习都适用混合式呼吸。

（4）瑜伽的呼吸贯穿整个练习，呼吸自由顺畅最重要，动作开始时调整好呼吸的节奏，动作过程中呼吸自如，结束时，深呼吸调整心率至平缓。

2. 瑜伽练习的力度

（1）柔韧的力度：初级瑜伽柔韧练习时，要注意力度的控制，每个动作都要温和地伸展身体，达到自己的限度即可，不要过度用力，避免受伤。当韧带、关节的灵活度加强时，再提高锻炼标准。

（2）平衡的力度：初级瑜伽平衡，从站立姿势开始，到单腿站立，先不强调抬起腿的高度，掌握平衡以后，再提高要求，逐步提高抬起腿的高度。

（3）力量的力度：初级瑜伽力量的控制，要做到力所能及，支撑动作从双手、双脚开始，一段时间的练习以后，掌握了技巧，力量得到提高，再增加难度。

（二）瑜伽练习组合、要点及图解

组合一　伸展身体（Body extend）

预备：身体直立，抬头挺胸，两肩下沉，收腹提臀，两脚左右开立。（图 9-2-1）

动作 1：转体 90°，手臂侧上伸手掌合十，抬头看手指的方向，两腿成弓步。（图 9-2-2）

常见错误：弓步开度不够。

要点：弓步要站稳，手臂尽量向上伸，身体向后屈。

动作 2：在动作 1 的基础上，手臂打开成斜上伸展，眼看斜上方。（图 9-2-3）

常见错误：胸部左右伸展不够。

要点：两臂尽量向两侧伸展。

图 9-2-1　　图 9-2-2　　图 9-2-3

动作 3：重心后移至后腿上，后腿微屈，前腿伸直，同时，身体前屈至胸部靠近大腿，双手侧后伸。（图 9–2–4）

常见错误：前屈体时低头含胸。

要点：保持身体姿态伸展，前腿伸直。

动作 4：转体 90°，右手触右脚，左手臂向上伸，眼看左手方向（图 9–2–5）

常见错误：侧屈体时低头含胸。

要点：右肩尽量靠近右腿，保持身体姿态伸展。

动作 5：重心前移，右腿站立，左手抓左脚向上拉起，右手臂前伸。起立落腿，转体 90° 还原至预备姿势。之后再朝相反方向练习，结束。（图 9–2–6）

常见错误：稳定性不够。

要点：初学者，不应强调高度，应保持好身体伸展的姿态和稳定性；手臂和腿部同时用力，保持身体平衡。

图 9-2-4　　图 9-2-5　　图 9-2-6

组合二　身体侧伸展（Body extend sideward）

预备：身体直立，抬头挺胸，两肩下沉，收腹提臀，两脚左右开立。（图 9–2–7）

动作 1：左脚右前点地立，右手下按，左手上伸托掌，身体侧屈。（图 9–2–8）

常见错误：身体前倾，拉伸不够。

要点：身体侧屈时，保持身体面向前，不要转体。

动作 2：重心前移至左腿成弓步，身体前屈。（图 9–2–9）

常见错误：重心不在前腿上。

要点：重心落在前腿上，加大拉伸左侧身体的力度。

动作 3：重心后移至两腿之间，身体向左侧屈，双手臂经体侧交换位置。（图 9–2–10）

常见错误：身体的角度不好。

要点：拉伸右侧身体，身体面向前。

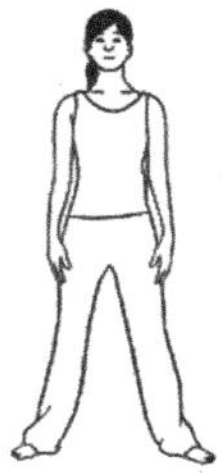

图 9-2-7

图 9-2-8

图 9-2-9

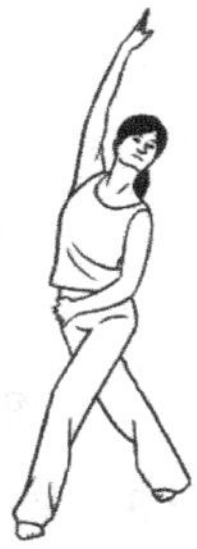

图 9-2-10

动作 4：右脚向右前一步成右弓步，右手从下方背至体后，左手经过上次与右手会合。（图 9-2-11）

常见错误：肩关节伸展不够。

要点：伸展身体和肩部。

动作 5：转体 90° 成侧弓步，身体侧屈靠近大腿，双手松开，左手在体后与右手会合。起立，还原至预备姿势，再朝相反方向练习，结束。（图 9-2-12）

图 9-2-11

常见错误：髋关节伸展不好。

要点：身体面向前，保持身体伸展。

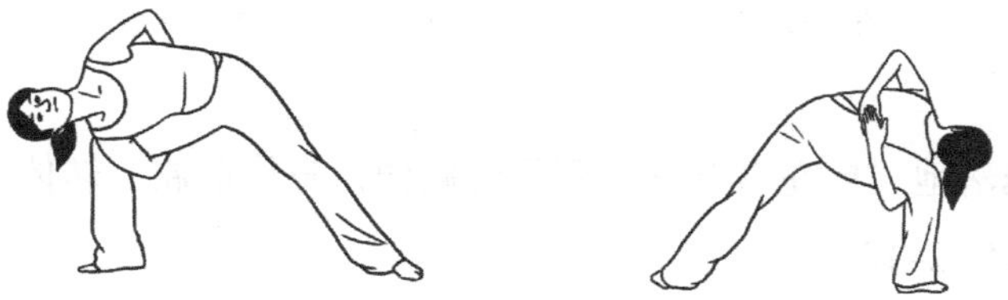

图 9-2-12

组合三　身体平衡（Body balance）

预备：身体直立，抬头挺胸，两肩下沉，收腹提臀，两脚左右开立。（图 9-2-13）

动作 1：右腿直立，左腿抬起，将左脚底贴紧右腿内侧，双臂上伸，手掌合十。（图 9-2-14）

常见错误：抬起腿没有收紧。

要点：身体保持直立伸展，左脚和右腿用力对抗。

动作 2：左腿移至右腿前，身体前屈靠近左腿，双手臂侧后伸展。（图 9-2-15）

常见错误：支撑腿没有弯曲，左手臂后伸，身体后屈。

要点：身体尽量靠近腿部，保持身体平衡。

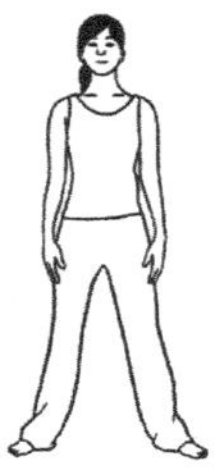

图 9–2–13

图 9–2–14

图 9–2–15

动作 3：放下左腿成后点地站立，右手触头部。（图 9–2–16）

常见错误：后屈时，挺腰不够。

要点：后屈时，腰部挺直，胸部后屈，身体保持平衡。

动作 4：身体恢复直立，右手臂前伸，左手臂扶腿，左腿后举并保持平衡。（图 9–2–17）

常见错误：身体下压，后背肌肉松散。

要点：身体随着后腿的高度向前伸，后腿尽量举高，身体保持平衡。

图 9–2–16

图 9–2–17

动作 5：左腿落地，成左右开立，双手臂侧伸，身体前屈，转体 90° 上手撑地，右腿向后上伸。（图 9–2–18 ）

常见错误：双腿伸展不够，姿态控制不够好。

要点：右腿尽量后伸并举高，手臂撑地要用力并伸直手臂，保持身体平衡。

图 9–2–18

动作 6：以右手右脚为轴，转体 180° ，（翻转）左脚落地，左手在胸前屈曲，成单手蹲撑。然后，挺髋伸手臂，成单手支撑。反复一次之后向反方向练习。起立，还原成预备姿势，结束。（图 9–2–19）

常见错误：髋部伸展不够。

要点：翻转时，手臂用力。支撑时，身体成一条直线，保持身体平衡。

图 9–2–19

组合四 身体后屈（Body bend backward）

预备：身体直立，抬头挺胸，两肩下沉，收腹提臀，两脚左右开立。（图 9–2–20）

动作 1：身体前屈成 90°，手臂侧伸。（图 9–2–21）

常见错误：身体过分下压。

要点：身体伸展，与地面平行。

动作 2：向右转体 90°，右腿屈，左腿后伸，身体后屈，双手合十向上伸。（图 9–2–22）

常见错误：重心太高。

要点：身体尽量后屈，后腿伸直，保持身体平衡。

动作 3：重心后移至左腿，右腿伸直，向左转体 90°，身体侧屈，右手触右脚，左手臂上伸。（图 9–2–23）

常见错误：侧屈时，身体前倾。

要点：身体面向前，尽量侧屈。

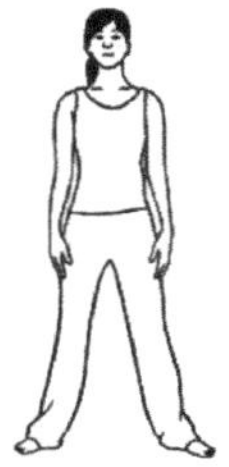

图 9–2–20

图 9–2–21

图 9–2–22

图 9–2–23

动作 4：左手在左前方撑地，右手臂向上伸，右脚移到左后侧点地，身体后屈。（图 9–2–24）

常见错误：身体伸展不够。

要点：身体向后尽量伸展开，保持平衡。

动作 5：身体翻转成正面，右腿后伸，右手前伸。然后放松身体和腿，收腹含胸，膝盖接触肘关节，再伸展一次。（图 9–2–25）

常见错误：支撑时，平衡控制不好。

要点：身体和腿向上伸展。

图 9-2-24

图 9-2-25

动作 6：成分腿蹲，双手经大腿内侧扶脚的外侧，低头伸直腿，成分腿屈体立，重复一次。起立，还原成预备姿势，结束。（图 9-2-26）

图 9-2-26

常见错误：身体与地面角度不好。

要点：身体尽量靠紧大腿，尽量伸直腿，保持身体平衡。

组合五　身体扭转（Body twist）

预备：屈腿盘坐，双手放在膝关节上，挺直后背。（图 9-2-27）

动作 1：左手背后，右手扶左膝盖，身体扭转，右肩接触右膝盖。（图 9-2-28）

常见错误：含胸。

要点：左肩展开，身体尽量靠近腿。

图 9-2-27

图 9-2-28

动作 2：转体 45°，右腿伸直，左脚掌贴住右腿内侧，手臂经体侧向前伸，身体前屈，两手抓握右脚。（图 9-2-29）

常见错误：屈膝腿外展不够，身体姿态控制不好。

要点：身体挺直，保持好姿态尽量靠近腿部。

图 9-2-29

动作 3：身体立直，向右扭转，右脚至左腿外侧，左肘至右腿外侧，左右手掌相对。（图 9–2–30）

常见错误：后背不挺直。

要点：后背尽量挺直再扭转。

动作 4：左腿屈膝至左侧，身体右侧屈，右手触右脚，左手后背。（图 9–2–31）

常见错误：低头含胸。

要点：右肩尽量接触右腿，后背挺直。

动作 5：右腿收回，左右脚掌相对，手臂经体侧落下，身体前屈。恢复身体姿势到预备姿势，结束。（图 9–2–32）

常见错误：低头含胸。

要点：双腿外开，身体尽量前屈，靠近地面。

图 9–2–30

图 9–2–31

图 9–2–32

组合六　腿部伸展（Legs extend）

预备：直角坐。（图 9–2–33）

图 6–2–33

动作 1：含胸收腿，双手抱膝，伸直腿，身体后屈，双手撑地，反复一次上手抱膝再伸展，含胸收右腿。（图 9–2–34）

常见错误：后背伸展不够。

要点：含胸时后背充分伸展，展胸时抬头上挑腰。

图 9–2–34

动作 2：身体后倒，右腿摆至身体左侧，双手侧展开。（图 9–2–35）

常见错误：肩部离开地面。

要点：身体扭转，腰部放松。

动作 3：双手扳右腿至身体前。（图 9–2–36）

常见错误：双腿弯曲。

要点：扳腿时，要伸直腿，尽量靠近身体，左脚不离开地面。

动作 4：右腿屈膝，双手抱膝至胸前，然后左右腿交换，左腿屈膝，双手抱腿至胸前。

（图 9–2–37）

常见错误：大小腿折叠不够紧，节奏控制不好。

要点：交换腿时，控制好节奏，双腿同步完成交换动作。

动作 5：头部和腿部离开地面，腿部交换动作。（图 9–2–38）

常见错误：同动作 4。

要点：同动作 4。

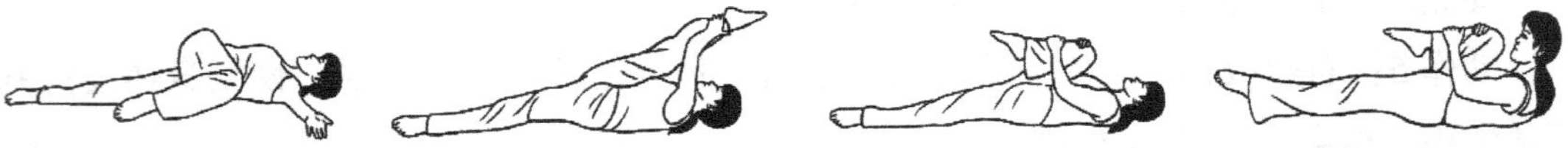

图 9–2–35　图 9–2–36　图 9–2–37　图 9–2–38

动作 6：转体成侧卧肘撑，右手扳起右腿。（图 9–2–39）

常见错误：身体接触地面的位置不好。

要点：扳腿时，腿要伸直，尽量使右腿靠近身体，身体面向前。

动作 7：右腿屈膝收腿，再伸直控制住。（图 9–2–40）

常见错误：同动作 6。

要点：伸腿时，控制好节奏，慢慢伸直。

动作 8：转体 90° 俯卧，右手抓左脚，向上扳；左手、右腿伸直。（图 9–2–41）

常见错误：扳腿的方向不正确。

要点：扳腿时，尽量向右肩上方位置拉动腿，手臂伸直；松开手，换另一侧。

图 9–2–39　图 9–2–40　图 9–2–41

动作 9： 双手抓脚，抬头向上拉动腿。（图 9–2–42）

常见错误：扳、拉腿的方向不正确。

要点：后背收紧，尽量挺胸抬头，向上方扳、拉腿。

动作 10：双手松开，放在髋部位置，腿向上伸展。腿放下，身体放松，结束。（图 9–2–43）

常见错误：双腿弯曲。

要点：腰部、腿部和臀部尽量收紧。然后双腿放松落至地面，结束。

图 9-2-42

图 9-2-43

组合七 躯干拉伸（Trunk pull and extend）

预备：转体 45°，双腿弯曲坐立，双手下垂于体侧。（图 9-2-44）

动作 1：身体扭转 90° 侧屈至右腿、右膝贴右肩，同时，右手臂贴地屈肘，左手臂上伸。（图 9-2-45）

常见错误：后背不够挺直。

要点：身体伸展，左边肩和手臂成一条直线。

动作 2：身体立起，双手分别向右前上、左后下伸。同时，后腿伸直。（图 9-2-46）

常见错误：身体伸展不够。

要点：身体尽量向后伸展拉伸。

动作 3：右手臂后撑地，左手臂向上伸，挺胸、挺髋成双脚单手撑地。（图 9-2-47）

常见错误：髋部伸展不够。

要点：右手臂用力撑地，髋关节向上挺起，伸展后背，双腿用力。

图 9-2-44

图 9-2-45

图 9-2-46

图 9-2-47

动作 4：臀部落地，身体成预备姿势，双手在体后合掌。（图 9-2-48）

常见错误：后背不够挺直。

要点：手尽量合上掌部，指尖向上。

图 9-2-48

动作5：左手扳起左脚放置于肘关节处，右手与左手合掌。然后，右手在后上方与左手合掌。（图9–2–49）

常见错误：膝盖和髋部不在一条直线上。

要点：此动作有一定的难度，不要过分用力，可以降低难度，只做“左手扳起左脚放置于肘关节处，右手与左手合掌”动作亦可。

图 9–2–49

动作6：双腿伸直于体侧，身体向左、向前、向右屈体，手臂伸展。（图9–2–50）

常见错误：前屈时含胸。

要点：挺直后背，身体尽量靠近地面，拉伸腿部。

图 9–2–50

动作7：身体立起，右手臂后撑地，左手臂向上伸，挺胸、挺髋成双腿单手支撑。（图9–2–51）

常见错误：髋部伸展不够。

要点：右手臂用力撑地，髋关节向上挺起，伸展后背，双腿用力。

动作8：身体还原到预备姿势，双手体后相握，然后身体前屈。（图9–2–52）

常见错误：含胸低头。

要点：后背挺直，身体贴紧腿，手臂尽量上伸。还原身体成预备姿势，结束。

图 6–2–51

图 9–2–52

组合八　倒立伸展（Arms–tanding extend）

预备：跪坐，手臂下垂，然后身体前屈双手前伸。（图9–2–53）

图 9–2–53

动作 1：胸部贴近地面前穿撑起上体，右脚屈膝抬起，然后按原路线回到预备姿势。反复两次。（图 9–2–54）

常见错误：胸部动作不到位。

要点：胸部尽量贴近地面，手臂原地用力撑地。

动作 2：跪撑，低头收腹含胸，然后挺胸抬头。（图 9–2–55）

常见错误：动作顺序不正确。

要点：伸展时，注意从骶椎开始，逐步到头部，尽量充分伸展躯干部位。

图 6–2–54

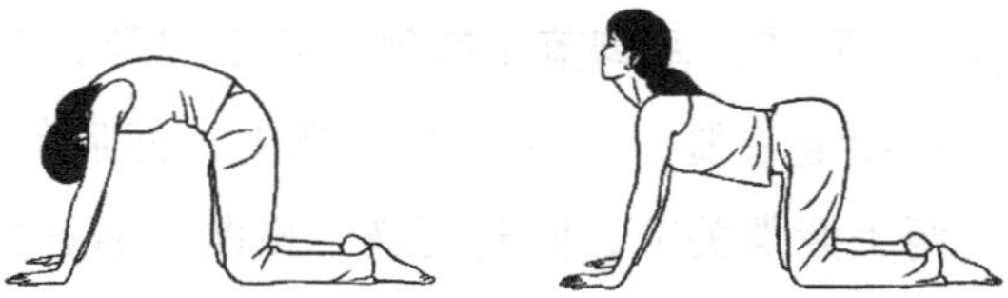

图 9–2–55

动作 3：身体翻转 180° 成坐立姿势，身体后倒，至脚尖点地手臂和肘撑地面，手扶后背，再慢慢屈膝、伸直双腿。（图 9–2–56）

常见错误：手撑的位置不正确，髋关节伸展不够。

要点：动作过程要缓慢，控制好平衡，肘关节夹紧撑地，手撑后背，髋关节尽量伸直。

图 9–2–56

动作 4：右腿屈膝，脚尖点左膝，再交换腿部动作。（图 9–2–57）

常见错误：同动作 3。

要点：大腿与地面平行，交换腿时，注意动作舒缓，控制好身体姿态，保持髋关节伸展。

动作 5：两腿向旁边伸展，再伸展髋关节回到伸直双腿的动作，反复一次。然后，屈膝收腿，还原至两腿体前伸展的动作。（图 9–2–58）

常见错误：同动作 3。

要点：动作舒缓，控制好身体姿态，保持髋关节伸展。

图 6–2–57

图 9–2–58

动作 6：屈膝，两脚落至髋侧，两手握踝关节，同时挺胸、挺髋，肩和脚撑地，反复一次。再抬起右腿，脚尖点在左膝上，然后伸直右腿，反复一次后换另一腿练习。还原至“两手握踝关节，同时挺胸、挺髋，肩和脚撑地”动作。（图 9–2–59）

常见错误：挺髋不够，手撑的位置不正确。

要点：肘关节撑地要用力，躯干尽量伸展；伸腿时，控制好节奏，直到伸直。

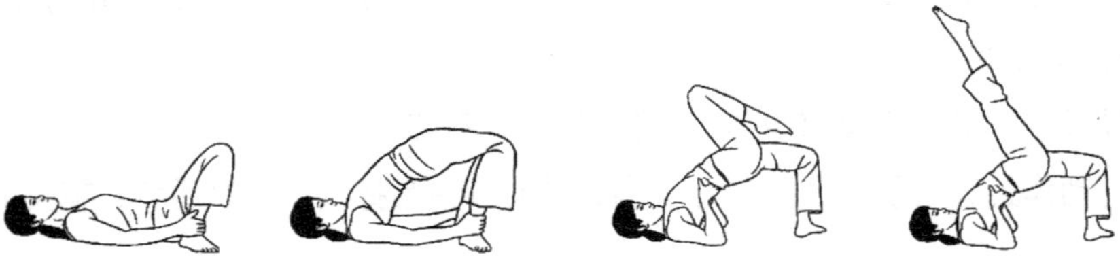

图 9–2–59

结束：全身放松，调整好呼吸。（图 9–2–60）

图 9–2–60

（三）瑜伽课程考试要求

1. 考试内容和方法

（1）学习过的组合，任选其一，均可以作为考试内容。

（2）自主创、编的组合。

（3）音乐。可以选用教师上课用的音乐，或者自主选择音乐，音乐的时间：

5min ± 15s。

（4）自由组成考试小组，男女不限，每组 1 ～ 6 人。

（5）要求有至少 6 个队形的变化。

2. 评分标准（满分 100 分）

100 ～ 90 分：自主创编的动作，队形变化顺畅，能很好地展示所选动作，表现力强，动作连贯优美、舒展缓慢并与呼吸吻合。

89 ～ 80 分：自主创编的动作，队形变化顺畅，能展示所选动作，有表现力，动作连贯、舒展缓慢并与呼吸吻合。

79 ～ 70 分：能展示所选动作，有表现力，动作连贯、舒展缓慢并与呼吸吻合。

69 ～ 60 分：能展示所选动作，动作连贯，动作大致与呼吸吻合。

60 分以下：不能完成动作，有严重的错误动作，动作与呼吸不吻合。

体育思政园地

瑜伽包括站、坐、跪、卧、倒立等动静结合的瑜伽体式。在练习瑜伽体式从易到难的过程中，人的身体将不可避免地承受“疼痛”，如韧带拉伸的紧绷感、肌肉受压的酸胀感。此外，练习进入瓶颈期后，人的心理可能需承受较长时间没有进步的沮丧感、挫败感等。而当通过坚持不懈地练习达到理想状态后，人将从进步中获得巨大的成就感、满足感和喜悦感。练习瑜伽，能培养大学生勇于挑战自我、不畏困难、积极进取的精神，帮助大学生拥有迎难而上和坚持不懈的意志品质。

第三节　健美运动

一、健美运动概述

健美运动作为现代体育运动项目发展至今已有百年历史。它是由德国医生尤金·山道创立的一种旨在发展全身各部位肌肉的体育运动方法。健美运动是一项进行徒手或各种器械练习，以发展肌肉、增强体力、改善形体和陶冶情操为目的的运动项目。在健美练习中，练习者利用各种轻重器械（杠铃、哑铃、弹性限度内的拉力器和多功能力量练习器等）进行有目的、有针对性的练习。基于健美运动的项目特点，课程教学主要注重的是技术的正确性、练习的安全性、练习的渐进性、负荷的合理性、个体的差异性以及练习时间的持续性，同时更强调高质量的课内练习与必须的课外锻炼相结合，积极自觉的个人练习与同学间的相互帮助、保护相结合。

二、主要部位练习

（一）臂部练习

1. 臂弯举

坐于长凳上，掌心向内，双手各握一哑铃；吸气同时抬起一侧手臂，掌心转向上方，肘部抬高，继续弯举哑铃至最高点。双手交替完成。此动作主要锻炼肱桡肌、肱肌、肱二头肌以及三角肌前束。

2. 锤击式臂弯举

站姿（坐姿）均可，掌心向内，双手各握一哑铃。两肘紧靠躯干两侧，吸气弯举哑铃至肩部最高点，还原至肘关节伸直。两手同时或交替进行。此动作主要锻炼肱二头肌、肱肌。

3. 仰卧哑铃（杠铃）臂屈伸

仰卧于长凳上，双臂伸直，正握哑铃（杠铃）；吸气屈肘，稳定上肢，回到起始位呼气。此动作主要锻炼肱三头肌。

（二）肩部练习

1. 坐（站）姿颈后（体前）实力推

背部伸直，正手握杠铃，置于颈后（体前）上方；吸气，将杠铃推至头顶上方，至双肘完全伸直；完成时呼气。此动作主要锻炼三角肌中束、斜方肌上部、肱三头肌、前锯肌、菱形肌、冈下肌、冈上肌以及小圆肌。

2. 直立并握杠铃提肘拉

两脚分开直立，腰背伸直，双手并握杠铃杆中部，置于大腿前；吸气，贴身提杠铃至下颌处，并使肘关节向上做最大位移；慢慢地匀速返回至起始位时呼气。此动作主要锻炼三角肌、斜方肌、肱三头肌以及肱二头肌。

（三）胸部练习

1. 平位（上斜、下斜）杠铃卧推

仰卧于卧推凳上，保持头、肩、臀始终紧贴凳面，双脚平行放于凳尾两侧地面；双手握距明显大于肩宽，掌心向外，正握杠铃；吸气，闭气使杠铃慢速降至胸部乳头上方，触胸即可；推举杠铃至双肘完全伸直时呼气。此动作主要锻炼胸大肌、肱三头肌、三角肌前束、前锯肌以及喙肱肌。此动作可延伸至多种体位、握法、握距及杠铃下降触点，并因此而产生多部位的练习效果。完成此动作时，如腰部有不适，可采用抬脚屈腿至腹部上方的方式完成练习。

2. 俯卧撑

俯卧，双臂伸直，双手与肩同宽或稍宽；双掌掌心向下平行或向内支撑于地面，双脚并拢；吸气屈肘，使躯干平行靠近地面；推举身体至双臂肘关节完全伸直时呼气。此动作主要锻炼胸大肌、肱三头肌以及三角肌前束。此动作变换躯干体位，亦可改变锻炼部位。

3. 平位（上斜）仰卧飞鸟

仰卧于飞鸟凳上，掌心相对，手握哑铃；双臂向上伸，手腕稍微内扣，肘关节微屈；吸气，双臂匀速缓慢向肩两侧分开至肘关节与肩部齐高；停顿 1 s，呼气的同时还原至起始位。此动作主要锻炼胸大肌及肌肉的柔韧性，是单独练习胸肌的较好方法之一。

4. 仰卧哑铃（杠铃）屈（直）臂上提

仰卧于飞鸟凳上，头、肩、背、臀紧贴凳面，双脚平行放于凳尾两侧地面，双手持哑铃（杠铃）；吸气将哑铃（杠铃）下降至头后屈肘；返回起始位时呼气。此动作主要锻炼胸肌、肱三头肌长头、大圆肌、背阔肌、前锯肌、菱形肌以及胸小肌。练习此动作时，负重不宜过重。吸气应充分。

（四）背部练习

1. 正握引体向上

双臂伸直，宽握距，正握单杠；吸气身体上拉至眼睛高于单杠处，还原呼气。此动作是非常有效的锻炼肱二头肌、肱肌、肱桡肌和胸大肌的方法，是增加背部肌肉厚度的较佳方法之一。此动作可采用体前和颈后两种方式，以达到不同的练习效果。如果要增加练习强度，可在练习者身体上增加负重。

2. 俯卧背起

俯卧于体操垫或专用器械上，固定下肢双踝部，并使髋部位于支撑点最前端；双手抱头（或双手伸直反握于臀后），挺胸扩肩，下颌微抬；吸气向上挺身。此动作主要锻炼竖脊肌、臀肌、股二头肌长头及背部其他肌肉。

（五）腹部练习

1. 屈膝仰卧起坐

屈膝平卧，双脚着地，两手抱头；吸气团身，将躯干部抬起至双肘能触膝时呼气；复位后不间断重复此动作直至腹肌出现涨热现象。此动作主要锻炼腹直肌，对屈髋肌和腹外斜肌也可起到锻炼作用。对于初学者来说，用向前伸臂动作代替双手抱头动作更易完成。

2. 屈腿仰卧起坐

平躺，双手抱头，抬腿屈髋成 90° ；吸气团身，起坐至头接近大腿部时呼气；复位后不间断重复此动作直至腹肌出现涨热现象。此动作主要锻炼腹直肌。初学者只完成至双肘触膝即可。

3. 小腿搁凳仰卧起坐

平躺，将两小腿搁置在矮凳上，双手抱头；吸气团身起坐，使头部尽可能触及膝关节时呼气；复位后不间断地重复此动作直至腹肌出现涨热现象。此动作主要锻炼腹直肌上部，对髂腰肌、阔筋膜张肌和股直肌也能起到锻炼作用。

（六）腿部练习

1. 负重颈后深蹲起

收腹挺胸直腰，使杠铃置于肩上时，双手以明显大于肩宽的握距握于杠铃两侧（握距以练习者舒适为宜），并使掌心朝下，手腕部位与掌背成平面；下蹲时两腿尽量分开，脚尖向前或朝外并使膝关节与脚尖的指向在同一直线上。吸气，闭气下蹲至膝关节明显高于臀部时起蹲，直至双膝完全伸直，呼气。此动作主要锻炼股四头肌、长收肌、大收肌、短收肌、竖脊肌。

2. 负重颈后半蹲起

将杠铃置于肩部斜方肌上，且稍高于三角肌后束，以练习者合适的握距握住杠铃两侧；深吸气平视前方，双腿分开与肩同宽，保持脚尖向前或朝外，缓慢屈膝下蹲至大小腿夹角成 90° 或稍大于 90° 时，还原至起始位呼气。此动作主要锻炼股四头肌、臀肌、竖脊肌、腹肌以及腘绳肌。

3. 俯卧小腿屈伸

俯卧，双手紧握于体前固定位，脚踝部负重，吸气时尽力抬脚至膝关节完全弯曲（尽量使足跟触及臀部），缓慢还原至起始位时呼气。此动作主要锻炼股二头肌短头、半腱肌、半膜肌、小腿三头肌及胫骨前肌等。此动作可分腿交替练或并腿练习。

（七）臀部练习

1. 负重弓步

双脚分开与髋同宽，双手持杠铃置于颈后肩上，吸气向前跨一步下蹲，上身保持直立，成弓步；前腿上部稍低于膝关节水平线；还原至起始位呼气。此动作主要锻炼臀肌、股四头肌。初学者因较难掌握平衡，应从小负荷练起。

2. 侧卧直腿侧平举

侧卧，头与肩成一条直线，向上抬腿，与地面形成约 90° 的角，膝关节伸直，还原至起始位，不间断地重复此动作。此动作主要锻炼臀中肌、臀小肌。动作幅度可依据个人实际情况控制。注意在腿抬到最高点时保持 3 ～ 5 s。熟练者可小腿负重练习，以增加效果。

3. 站姿直腿负重后摆

直立时保持髋、膝、踝成一条直线，在运动腿踝部固定轻负荷物（如沙袋等），双手握固定位，保持身体平衡，吸气直腿后伸，呼气还原至起始位，不间断完成。此动作主要锻炼臀大肌、腘绳肌，有利于腿部塑形，增加臀部紧张度。

三、健美训练法则

（一）初级阶段训练法则

渐进性超负荷法：提高身体素质的基础是使肌肉担负比它已习惯重量的更重的工作，使肌肉承担不断增大的负荷。具体就是逐步提高负荷的强度与容量，但一定要循序渐进。

多组练习法：即对每个动作要进行多组练习，以使每一肌肉群都能得到彻底的锻炼。

动作多变法：是为了避免肌肉产生适应性，经常给肌肉以新的刺激。

孤立锻炼法：对要发展的肌肉部位，要尽可能地不借助其他部位，使其单独承受负荷来集中刺激。

（二）中级阶段训练法则

优先训练法：对于身体最弱或重点要加强的部位，将其安排在训练课的最前面，以充足的精力、体力保证训练质量。

金字塔法：即先用一次能举起的最大重量的 60% 做 5 次，随后增加重量，减少次数，直到用 80% 的最大重量做 5 ～ 6 次。

分部练习法：把身体分为几部分，对每部分采用多的锻炼动作和组数，分别在不同的锻炼日来练，以增加锻炼的全面强度。

大量充血法：使用几个不同的动作来刺激同一块肌肉，以增大血流量，集中刺激。

超级组法：把起反作用的相对肌肉群连接起来练，练其中之一有利于另一部分的疲劳消除。

复合组法：两个锻炼同一肌肉部位的动作接连进行，就称为复合组。

综合练习法：为使整个肌肉细胞增大，需要对红肌纤维、白肌纤维分别刺激，即增加耐力和负荷的承受力。

周期法：全年锻炼的某一时期，都采用相应的训练法则，如此可利于休整，避免过度疲劳，保持稳步前进。

静力紧张法：即在做一个动作姿势时，不管是否使用重量，最后能静止不动，并保持最大张紧度 3 ～ 6 s。这对增强神经对肌肉的控制很有好处。

（三）高级阶段训练法则

三合组：即对同一肌肉部位接连做 3 个不同动作，其间不休息。

巨型组合法：把锻炼同一肌肉部位的 5 ～ 6 个动作接连着做，中间不休息。

先期疲劳法：对不容易刺激的部位，采用先完成“孤立”动作、再做“基本”动作的法则。

休息—停歇法：用增加每组间的休息时间来保证次次都在举最大限度的重量。这是增大体力兼增大肌肉块的训练法则。

顶峰收缩法：在动作做到肌肉收缩最紧张位置时，持续一下这种收缩状态。这能使肌肉线条更明显。

持续紧张法：避免动作的“惯性”来缓慢完成动作，使肌肉持续紧张，肌肉线条会更加明显。

强挤次数法：当做到再无力量时，让同伴帮上一点力来完成 2 ～ 3 次。

双分部法：一天进行两次分部练习，练习不同的肌肉群。

三分部法：一天的早上、下午、晚上各练一次，每次只练 1 ～ 2 个肌肉部位。

“烧点”法：当做完一组的最后一次时，再继续做几次短而不完全的动作，这有助于肌肉围度的增长。

质量法：在按照规定的组数和次数进行锻炼时，逐步减少组与组之间的休息时间。这适于赛前锻炼。

渐降组法：在一次动作中，当做到做不了时，减一点重量继续做下去，然后再减重量做。

直觉法：根据自己锻炼的感觉选择最适于自己的训练法则。这是每个健美运动员都应掌握的重要的一条法则。

兼顾法：把孤立动作和基本动作在一个锻炼课程内训练。

部分动作法：用超负荷的重量来做动作全程的一半，使所锻炼的肌肉充分地得到大强度的刺激。

交错穿插法：在组与组间隙之间，插入锻炼其他部位的动作。这是充分利用时间的一种方法。

体育思政园地

健美运动能使大学生的肌肉变得结实、发达、匀称、健壮、有力。匀称、健壮的身材有助于提升大学生的自信心。进行健美运动，要想取得成效，需要长期坚持，可以磨炼大学生的意志品质。

第四节 体育舞蹈

一、体育舞蹈概述

（一）体育舞蹈的起源与发展

体育舞蹈起源于西方国家，经历了原始舞蹈—公众舞—民间舞—宫廷舞—社交舞—新旧国际标准舞等数百年的发展阶段，也称交际舞、交谊舞。国际标准舞包括标准舞、拉丁舞，并发展到了包括 10 个舞种。

国际标准舞以其特有的风格和魅力在极短的时间里风靡世界，并获得了极高的国际声誉。其本身具有的典雅属性和规范化的基本舞步以及日趋清晰的技巧体系，得到了公众的认可，并获得了广泛的发展。

国际标准舞的普及推动了竞赛的开展。1959 年，国际交际舞理事会制定了规则，举行了第 1 届交际舞世界锦标赛，此后每年举行 1 届。1960 年，拉丁舞正式列入世界锦标赛比赛项目。1964年，国际标准舞又增加了新的表演和比赛项目——团体舞（也称队列舞），使国际标准舞 10 个舞种的风格特点得到更为鲜明的体现。至此，国际标准舞已发展成包括标准舞、拉丁舞、团体舞三种形式，每年在国际上都有不同地区、不同规模、不同级别的多种比赛，之后国际标准舞被称为体育舞蹈。

（二）体育舞蹈在中国的发展

交际舞早在 20 世纪 30 年代就传入我国，当时在上海、北京、天津、南京、广州等城市流行起来，并逐步形成一种自娱性较强的普通交际舞形式。1986 年，文化部宣布成立中国国际标准舞学会，并举办了第 1 届全国国际标准舞会演，每年举办 1 届。1989 年，中国舞蹈家协会正式成立了中国国际标准舞总会，后改为中国国际标准舞学会。1991 年 5 月，中国体育舞蹈运动协会成立了，制定了竞赛规划（草案），每年举办 1 届全国体育舞蹈锦标赛，并培训体育舞蹈骨干及考核体育舞蹈的教师和裁判员。中国体育舞蹈运动协会于 1991 年成为世界舞蹈及体育舞蹈理事会（WDDSC）准会员。中国体育舞蹈运动协会后改为中国体育舞蹈联合会，中国体育舞蹈联合会在加入国际体育舞蹈联合会后，已举办了亚洲体育舞蹈锦标赛等多项赛事。国务院发布实施的《全民健身计划纲要》中将体育舞蹈列为推广项目之一。在“终身体育”及“健康第一”的思想指引下，体育舞蹈走进了大学体育课堂，成为大学体育教育和业余活动的一道风景线。作为新兴的体育运动项目，体育舞蹈的发展空间将更为广阔，其体育价值和竞技价值也将得到更充分的展现。

（三）体育舞蹈的内涵与特点

体育舞蹈也称国际标准交际舞，是体育运动项目之一。它是由属于文艺范畴的舞蹈演变而来的体育项目，兼具文艺和体育的特点，是以竞赛为目的、具有自娱性和表演观赏性的竞技舞蹈。体育舞蹈具有律动性、规范性、艺术性、娱乐性、健身性等特点。

（四）体育舞蹈的项目分类和内容特点

体育舞蹈按舞蹈的风格和技术结构，可分为标准舞和拉丁舞两大类；按竞赛项目可分为标准舞、拉丁舞和团体舞三大类。

标准舞：又称“摩登舞”，起源于欧洲，具有端庄、含蓄、稳重、典雅的风格和绅士风度，包括华尔兹、探戈舞、狐步舞、快步舞和维也纳华尔兹。

拉丁舞：起源于非洲和拉丁美洲，具有热情、奔放、浪漫的风格特点，包括桑巴舞、伦巴舞、恰恰舞、斗牛舞和牛仔舞。

团体舞：是标准舞或拉丁舞的混合舞，由 8 对选手组成，借助音乐的引导，将 5 种舞蹈在变化莫测的队形变动中编织出丰富多样的图案。它将音乐、舞姿、队形、图案和选手间的和谐配合融为一体，达到完美的统一，使体育舞蹈的风格特点得到了更为鲜明的表现。

二、体育舞蹈的常用名词及术语

（1）舞程向：在同一舞池中，为避免舞者相碰撞，而规定必须按逆时针方向行进。这一行进方向称舞程向。

（2）舞程线：沿舞程向方向行进的路线叫舞程线。（图 9-4-1）

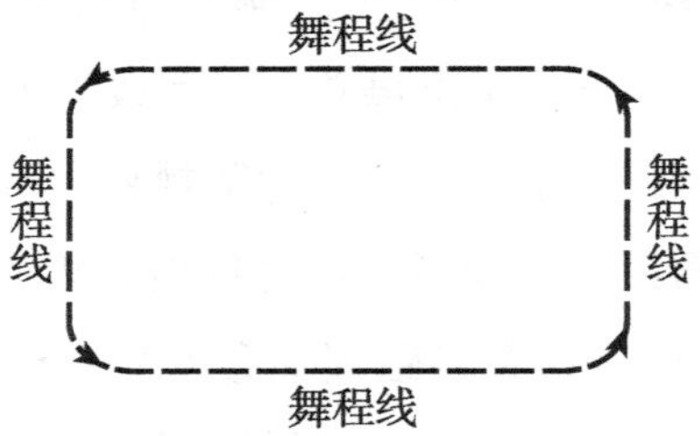

图 9-4-1

（3）舞姿：泛指舞者跳舞的姿态。

合对位舞姿：“合”指男女交手握抱；“对”指男女面对面；合对位舞姿泛指男女面对面双手扶握的身体位置。

侧行位舞姿（简称 P.P 舞姿）：指男士的右侧与女士左侧身体贴靠，身体的另一侧略向外展开成“V”字形的站立或行进的身体位置。

外侧位舞姿（简称 O.P 舞姿）：指在摩登舞中，男女舞伴的一侧脚向舞伴同侧脚的外侧（右外侧或左外侧）前进所形成的身体位置。

并肩位舞姿：指在拉丁舞中，男女面对同一方向肩臂相并的身体位置，以男士为基准。男士左肩与女士右肩相并叫“左并肩位”；男士右肩与女士左肩相并叫“右并肩位”。

影子位舞姿：男女舞伴面向同一方向重叠而立，形影相随的身体位置。以女士居前较常见。

（4）反身动作（简称 C.B.M）：一侧脚前进或后退时，同侧肩和胯后让或前送，使身体与舞步形成反向配合的身体动作。

（5）反身动作位置（简称 C.B.M.P）：在身体不转动的情况下，一脚在身前或身后形成交叉，以保证两人身体维持相靠姿态的身体位置叫反身动作位置，常用于外侧位舞姿、侧行位舞姿的舞步中。

（6）升降动作（起与伏）：指在跳舞时身体的上升与下降。升降动作是在膝、踝、趾关节的屈和伸动作的转换中完成的。

（7）倾斜动作（简称 B.S）：指在跳一些舞步时，身体的倾斜。从形体上讲，倾斜动作是指肩的平衡线向左向右的倾斜，与地面的水平线成三角斜线。

（8）节奏：通常指以一定规律反复出现、赋予音乐以性格的具有特色的节拍。

（9）速度：这里指音乐速度，即每一分钟内所演奏的小节总数。

（10）准线：指的是双脚的位置或双脚方向与场地的关系。

（11）平衡：舞蹈中身体重心的准确分配。

（12）基本舞步：构成一种特定舞蹈的基调舞步型。

（13）滑步：指在第二步双脚并拢的三步组成的舞步。

（14）踌躇步：前进暂时受阻的舞步型或舞步型部分重心停留于一脚超过一拍。

（15）锁步：两脚前后交叉的舞步。

（16）脚跟转：向后迈出的脚的脚跟转。在动作过程中并上的脚必须与主力脚平行，旋转结束时身体重心移动至并上的那只脚。

（17）脚跟轴转：不变重心的单一脚跟旋转。

（18）开式转：第三步不是并靠而是超越第二步的旋转。

（19）轴转：一脚脚掌的旋转，另一脚处于或前或后的反身动作位置。

三、体育舞蹈的创编

体育舞蹈的创编就是将单个动作，按一定的时间、场地、范围和方向路线，合理地连贯起来，组成一套动作。体育舞蹈的创编，在体育舞蹈教学、训练和比赛中十分重要。

（一）体育舞蹈的创编原则

体育舞蹈的创编必须有一个总体构思。一要确定整套动作的风格、结构、运动负荷、主体动作和动作顺序，进行精心设计。二要选择适宜的音乐，处理好单个动作、组合动作的连接，使音乐格调、节奏与动作协调，力求动随音转，音随动张，相辅相成，相得益彰。在创编的过程中要遵循如下原则。

1. 目的性原则

（1）根据不同的目的、任务创编。

（2）根据不同对象的特点创编。

（3）根据体育美学的形式美创编。

2. 全面性原则

（1）身体各部位活动全面。

（2）动作的时空变化丰富。

3. 合理性原则

（1）恰当编排动作。

（2）科学安排运动负荷。

4. 艺术性原则

（1）音乐选配的艺术性。

（2）动作设计的艺术性。

（二）体育舞蹈的创编步骤

（1）创编前的准备。

（2）制定总体方案。

（3）音乐选择与剪接。

（4）进行动作创编。

（5）练习与调整。

（6）撰写文字说明与绘图。

（三）体育舞蹈的创编方法

（1）设计新颖独特的开始与结束。

（2）以多种方法创编单个动作。

（3）以独特的思路创编成套动作。

四、体育舞蹈基本技术实践

（一）标准舞

标准舞又称摩登舞，是体育舞蹈项群之一。在此介绍最常见的华尔兹舞种。

1. 华尔兹的基本知识

（1）风格特点：庄重典雅，华丽大方，动作流畅起伏，婉转多变，舞姿飘逸洒脱，男士气宇轩昂，女士雍容大方。

（2）音乐节奏：3/4 拍，一般情况下 30 ～ 32 小节 /min，音乐华丽，节奏明显。

（3）基本步伐：左脚并换步、右转步、右脚并换步、左转步、叉形步、侧行追步、后退锁步、后叉形步、纺织步、右旋转步。

2. 华尔兹的握抱姿势

（1）闭式舞姿。（图 9–4–2 至图 9–4–4）

（2）散式舞姿。（图 9–4–5）

（3）外侧舞姿。（图 9–4–6、图 9–4–7）

图 9–4–2

图 9–4–3

图 9–4–4

图 9–4–5

图 9–4–6

图 9–4–7

3. 华尔兹的基本步伐

（1）左脚并换步：开始姿势采用闭式舞姿，结束姿势采用闭式舞姿。1—3 步动作及步伐见图 9–4–8 至图 9–4–12。

图 9–4–8

图 9–4–9

图 9–4–10

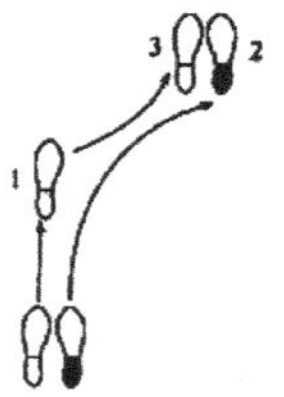

图 9-4-11

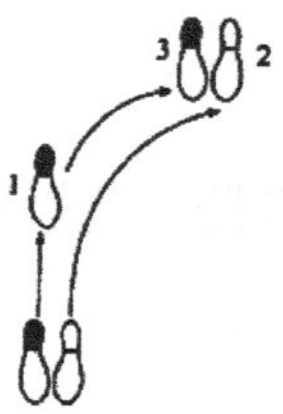

图 9-4-12

（2）右转步：开始姿势采用闭式舞姿，结束姿势采用闭式舞姿。1—6 步动作及步伐见图 9-4-13 至图 9-4-20。

图 9-4-13

图 9-4-14

图 9-4-15

图 9-4-16

图 9-4-17

图 9-4-18

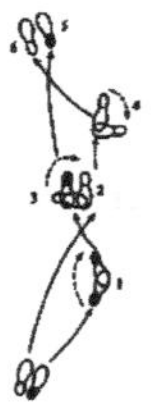

图 9-4-19

图 9-4-20

（3）右脚并换步：开始姿势采用闭式舞姿，结束姿势采用闭式舞姿。1—3 步动作及步伐见图 9-4-21 至图 9-4-25。

图 9-4-21

图 9-4-22

图 9-4-23

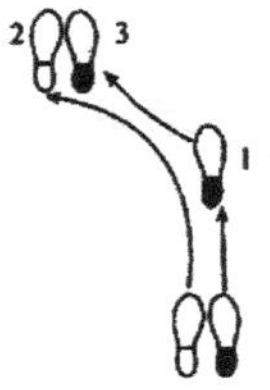

图 9-4-24

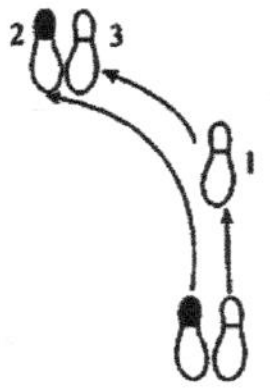

图 9-4-25

（4）左转步：开始姿势采用闭式舞姿，结束姿势采用闭式舞姿。1—6 步动作及步伐见图 9-4-26 至图 9-4-33。

图 9-4-26

图 9-4-27

图 9-4-28

图 9-4-29

图 9-4-30

图 9-4-31

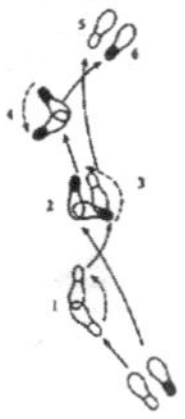
图 9-4-32

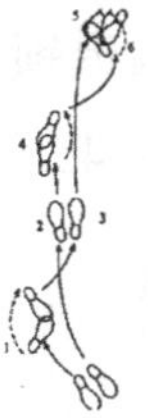
图 9-4-33

（5）叉形步：开始姿势采用闭式舞姿，结束姿势采用 P.P 舞姿。1—3 步动作及步伐见图 9-4-34 至 9-4-38。

图 9-4-34

图 9-4-35

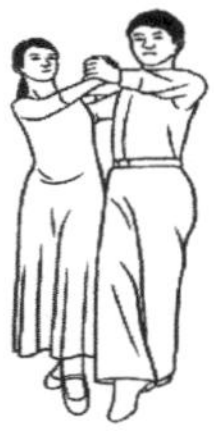
图 9-4-36

图 9-4-37

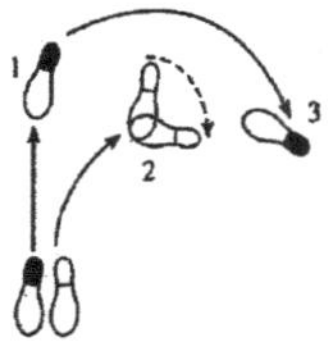

图 9-4-38

（6）侧行追步：开始姿势采用 P.P 舞姿，结束姿势采用闭式舞姿。1—4 步动作及步伐见图 9-4-39 至图 9-4-44。

图 9-4-39

图 9-4-40

图 9-4-41

图 9-4-42

图 9–4–43

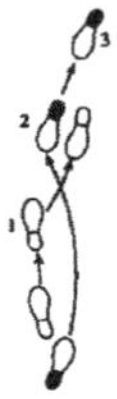

图 9–4–44

（7）后退锁步：开始姿势采用闭式舞姿，结束姿势采用闭式舞姿。1—4 步动作及步伐见图 9–4–45 至图 9–4–50。

图 9–4–45

图 9–4–46

图 9–4–47

图 9–4–48

图 9–4–49

图 9–4–50

（8）后叉形步：开始姿势采用闭式舞姿，结束姿势采用 P.P 舞姿。1—3 步动作及步伐见图 9–4–51 至图 9–4–55。

图 9–4–51

图 9–4–52

图 9–4–53

图 9–4–54

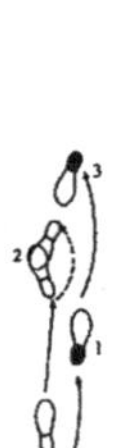

图 9–4–55

（9）纺织步：开始姿势采用 P.P 舞姿，结束姿势采用闭式舞姿。1—6 步动作及步伐见图 9–4–56 至图 9–4–63。

图 9–4–56

图 9–4–57

图 9–4–58

图 9–4–59

图 9–4–60

图 9–4–61

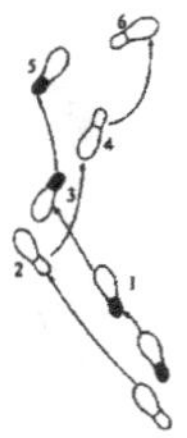
图 9–4–62

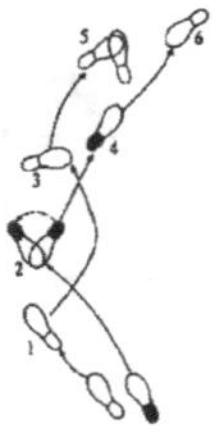
图 9–4–63

（10）右旋转步：开始姿势采用闭式舞姿，结束姿势采用闭式舞姿。1—3 步动作及步伐见图 9–4–64 至图 9–4–68。

图 9–4–64

图 9–4–65

图 9–4–66

图 9–4–67

图 9–4–68

（二）拉丁舞

拉丁舞，是体育舞蹈项群之一。在此介绍其中的一个舞种——伦巴舞。

1. 伦巴舞的基本知识

（1）风格特点：以胯部的转动带动腿和手臂的运动，在节奏中一张一弛。第 2、3 拍移动步中的前半拍为收紧，后半拍为放松；第 4、1 拍逗留步中的第 4 拍和第 1 拍中的前半拍为收紧，第 1 拍后半拍为放松。这样就形成了胯的摆动。

（2）音乐节奏。一般是 4/4 拍，每分钟为 28 ～ 31 小节，重音在第 1 拍和第 3 拍。

（3）基本步伐。基本步、纽约步、定点转、开式扭臀步、扇形步、曲棍步、右陀螺转、闭式扭臀步、阿里曼娜、手接手、阿伊达。

2. 伦巴舞的握持姿势

（1）闭式舞姿。（图 9–4–69）

（2）开式舞姿。（图 9–4–70、图 9–4–71）

图 9–4–69

图 9–4–70

图 9–4–71

（3）并行舞姿。（图 9–4–72）

（4）并肩舞姿。（图 9–4–73、图 9–4–74）

图 9–4–72

图 9–4–73

图 9–4–74

（5）影位舞姿。（图 9–4–75、图 9–4–76）

（6）扇形舞姿。（图 9–4–77）

图 9–4–75

图 9–4–76

图 9–4–77

3. 伦巴舞的基本步伐

（1）基本步：开始姿势采用闭式舞姿，开立，重心方面男在右脚、女在左脚，结束姿势采用闭式舞姿。1—6 步动作见图 9–4–78 至图 9–4–83。

图 9-4-78

图 9-4-79

图 9-4-80

图 9-4-81

图 9-4-82

图 9-4-83

（2）纽约步：开始姿势采用开式舞姿，开立，重心方面男在右脚、女在左脚，过程姿势采用并肩舞姿，结束姿势采用开式舞姿。1—6 步动作见图 9-4-84 至图 9-4-89。

图 9-4-84

图 9-4-85

图 9-4-86

图 9-4-87

图 9-4-88

图 9-4-89

（3）定点转：开始姿势采用开式舞姿，开立，重心方面男在右脚、女在左脚，结束姿势采用开式舞姿。1—6 步动作见图 9-4-90 至图 9-4-95。

图 9-4-90

图 9-4-91

图 9-4-92

图 9-4-93

图 9-4-94

图 9-4-95

（4）开式扭臀步：开始姿势采用开式舞姿，开立，重心方面男在右脚、女在左脚，结束姿势采用女士左肩正对男士成 90° 的舞姿。1—3 步动作见图 9-4-96 至图 9-4-98。

图 9-4-96

图 9-4-97

图 9-4-98

（5）扇形步：开始姿势采用开式舞姿或开式扭臀步结束姿势，并立，重心方面男在左脚、女在右脚，结束姿势采用扇形舞姿。1—3 步动作见图 9-4-99 至图 9-4-101。

图 9-4-99

图 9-4-100

图 9-4-101

（6）曲棍步：开始姿势采用扇形舞姿，开立，重心方面男在右脚、女在左脚，结束姿势采用开式舞姿。1—6 步动作见图 9-4-102 至图 9-4-107。

图 9-4-102

图 9-4-103

图 9-4-104

图 9-4-105

图 9-4-106

图 9-4-107

（7）右陀螺转：开始姿势采用闭式舞姿，开立，重心方面男在左脚、女在右脚，结束姿势采用闭式舞姿。1—3 步动作图示见图 9-4-108 至图 9-4-110。

图 9-4-108

图 9-4-109

图 9-4-110

（8）闭式扭臀步：开始姿势采用闭式舞姿，开立，重心方面男在右脚、女在左脚，结束姿势采用并行舞姿。1—3 步动作图示见图 9-4-111 至图 9-4-113。

图 9-4-111

图 9-4-112

图 9-4-113

（9）阿里曼娜：开始姿势采用扇形舞姿，开立，重心方面男在右脚、女在左脚，结束姿势采用开式舞姿。1—6 步动作图示见图 9-4-114 至图 9-4-119。

图 9-4-114

图 9-4-115

图 9-4-116

图 9-4-117

图 9-4-118

图 9-4-119

（10）手接手：开始姿势采用开式舞姿，开立，重心方面男在右脚、女在左脚，过程姿势采用并肩舞姿，结束姿势采用开式舞姿。1—6 步动作图示见图 9-4-120 至图 9-4-125。

图 9-4-120

图 9-4-121

图 9-4-122

图 9-4-123

图 9-4-124

图 9-4-125

（11）阿伊达：开始姿势采用开式舞姿，开立，重心方面男在左脚、女在右脚，结束姿势采用并肩舞姿。1—3 步动作图示见图 9-4-126 至图 9-4-128。

图 9-4-126

图 9-4-127

图 9-4-128

体育思政园地

体育舞蹈是集音乐、体育、审美于一体的艺术活动。体育舞蹈的人文知识、舞美、音乐美和艺术美对大学生的气质、形象、艺术素养的提高具有良好作用。体育舞蹈训练和比赛可以培养大学生吃苦耐劳、持之以恒、精益求精、积极进取、尊重规则的优良品质。

第十章　新兴体育运动

第一节　街　舞

一、街舞的起源及发展

街舞是嘻哈文化的主要内容。嘻哈文化的产生有其特定的社会历史和文化背景。当黑人奴隶被大量贩卖到美洲大陆时，他们在劳作间隙自娱自乐方式的音乐和舞蹈等文化元素也被引入。随着社会的发展，奴隶虽被解放，但黑人普遍处于社会生活的底层，经济水平差，没有良好的生活环境及文化活动场所，种族歧视在社会生活的很多方面还广泛存在，导致黑人心理、情感压抑的积累及反叛情绪的不断膨胀。因此，黑人通过某种方式，如说唱、舞蹈、涂鸦等来表达内心对现实的不满以及对美好生活的向往。嘻哈文化发展至今，其内涵中积极的因素更多一些。街舞作为嘻哈文化的主要内容，兴起于20世纪80年代的美国街头舞者的即兴舞蹈动作。纽约和洛杉矶是街舞的两个重要发源地。随着嘻哈文化在世界的普及，街舞也迅速传遍世界。

二、街舞的特点

与一般的有氧健身操和舞蹈相比，街舞的独特魅力在于其自由的风格和脚步动作的迅速多变。音乐特征除了较强的低音效果，更以切分音的大量使用为标志，多数动作在音乐的弱拍完成。做好街舞动作虽需要全身动作协调，但上肢动作不被过分强调。在身体姿态方面，想跳好街舞就必须做到全身尽量放松，放弃芭蕾“收紧全身、膝盖绷直”的要领，时刻将双膝保持在弯曲的弹性状态。

三、街舞的分类

（一）按时代划分

（1）Old School（老派街舞）：为20世纪80年代的街舞风格，音乐节奏较密集。

（2）New School（新派街舞）：产生于20世纪90年代，在音乐、动作上与老派街舞都有相当大的不同。新派街舞更“温和”，没有大幅度的脚下移动，只增加了许多头部和手部动作，重视的是身体上半部的律动。同样的一段节奏内，新派街舞显得更多变而流畅，更加崇尚自然流露。

（二）以动作标准划分

（1）Breaking（霹雳舞）：技巧型街舞，要求舞者具有较好的力量、柔韧性和协调性，属于技巧性较高的体育舞蹈。跳这种类型舞蹈的青少年叫作 B-Boy/B-Girl。

（2）Hip-Hop（嘻哈舞）：舞蹈型街舞，有 Popping（机械舞）、Locking（锁舞）、Electric（电子舞）、Hourse（浩室舞）。它们不像霹雳舞那样需要较高的技巧，但要求舞者的动作协调性和舞感，以及肢体灵活性和控制力。

（三）按舞蹈性质划分

（1）健身街舞：健身房里的街舞叫作健身街舞。它是把流行街舞所涵盖的内容中基础、简单，并且有利于身心发展的部分提炼出来组合而成的。健身街舞作为一种变化了的健身形式，肩负着促进身心健康的重任。健身街舞从原始街舞中提炼其动作的健身元素，去掉了街舞表演中难度较大、比较危险的地面动作，从而便于健身者的学习。

（2）流行街舞：与健身街舞相比技术种类多，技术难度大，要求舞者有较高的协调性、律动性以及身体的柔韧和力量素质等。流行街舞更注重技术的创新。

四、街舞的动作简介

（一）霹雳舞

霹雳舞是以旋转为主、翻身为辅，以手部为主要支撑点，以肢体在空中的翻腾、旋转为特色的技巧性街舞。尽管霹雳舞看起来包含许多复杂的动作，但是它们都是由基础的摇摆步、地板步衔接的，再加入复杂的技巧性的动作或定招，使整个舞蹈向更广、更高的方向发展。

1.K 踢（K-Kick）

K 踢，或叫作 L 踢（L-Kick）。这一动作来自坎波舞。单手撑地，双腿踢向头部上方，随着非支撑臂的位置和双腿的弯曲形态不同而有多种变式。双腿向两侧尽量分开成“V”字形 。

2. 侧手转（Side glide）

侧手转，与手转相似，只是肘部支撑于体侧，双腿并拢，上下叠放，身体侧立做圆周旋转。

3. 蛙跳（Frog）

蛙跳，像青蛙一样身体下蹲向前跳，然后双手撑住地面，再接双腿的蛙跳，重复。

4. 蟋蟀跳（Cricket）

蟋蟀跳，也有人叫作跳飞机。双手撑于体下，双肘抵住腹部，双脚离地，身体平行伏于地面，双手推动身体上下跳动着旋转。注意只能用手接触地面。这个动作可以连接地板步、托马斯、蠕虫或其他飘浮动作 。

5. 头转（Headspin）

头转，以头支地的旋转动作。先以头顶地倒立，双手扶地，然后两腿分开做圆周摆动，带动身体旋转，双手离地。在旋转中，朝上的双腿可以摆出各种造型或做出各种动作。

6. 托马斯（Leg circle）

托马斯（分腿全旋），来自体操的旋转动作，在动力和平衡中，使双腿保持在空中，围绕身体前后旋转。

（二）机械舞

机械舞起源于机械人动作及形态，是利用肌肉的紧绷与放松来产生身体的震动与定格。其动作规格要求有突然停顿但不能太重，是将力量释放出来的“划过骤停”的感觉。动作要配合音乐的节拍点“卡住”，卡拍时肌肉瞬间收紧，不卡拍时肌肉相对放松，在肌肉紧张和放松之间把握好度。由于动作要求细腻，因而机械舞基本功要求特别高。

1. 弗雷斯诺（Fresno）

弗雷斯诺，机械舞的基本动作。身体斜向一侧，抬起该侧手臂震，然后身体斜向另一侧，抬起该侧手臂震。做手臂弗雷斯诺的同时，加入同侧腿部动作：猛烈向后抽动该侧腿部的膝盖，感觉像是在极力扩张肢体。这样平滑地交替做下去。

2. 眼镜蛇（Cobra）

舞者用一只手做波浪的动作，将“波浪”传到另一只手，然后再把它送回来，但是只用到肩膀。

3. 玩具人（Toyman）

玩具人，模仿玩偶形态的动作。

（三）新派街舞

新派街舞是极其自由的舞蹈，没有固定的舞蹈体系，可以采用任何舞蹈元素，身体可以像心灵一样自由。初学者可以从律动、波浪、滑步、转身学起。

1. 律动（Up & Down）

律动，嘻哈舞蹈的基本动作形式，也是这种舞蹈风格的主要体现方面。律动表现为身体随音乐的起伏而摇摆，分为重拍向上和重拍向下两种。

2. 波浪（Wave）

波浪，身体做波浪式传动，令人感觉就像一股看不见的力量穿过舞者的整个身体，可以是两臂之间水平的波浪，也可以是从头到脚垂直的波浪，还有双腿之间、肩臂之间等众多身体部位的波浪。不同的波浪可以相互组合，自由发挥。波浪动作要流畅连贯，充满律动。

3. 哈林抖动（Harlem Shake）

哈林抖动，来自摇摆舞的动作，通过胯和肩的配合造成双肩抖动，肩部随音乐每一个拍子抖动一下，然后猛然停顿一下，动作干净利索。

4. 性感抖动（Booty Shake）

性感抖动，以胯部抖动为特色，胸部和肩部配合震动的动作。每一拍中抖动多次，速度快，视觉效果强烈。

五、街舞基础套路教学

本节介绍两套简单的基础套路适用于教学，第一组基础套路为嘻哈风格，第二组基础套路为爵士风格。两组基本套路时尚、动感、活力、激情、彰显个性，供参考。

（一）嘻哈基本套路（4×8 拍）

第 1 个 8 拍 1—4 拍：

预备姿势：直立。

步伐：1—2 拍右腿向左后方撤步，左腿向左撤一小步，右腿向右侧迈一步，同时身体前倾；3—4 拍向反方向。

手臂：自然摆动。

第一个 8 拍 5—8 拍：

步伐：5 拍吸右腿；6 拍吸左腿；7—8 拍动作同 5—6 拍。

手臂：5 拍左手侧上举，手肘与右腿膝关节相夹，含胸；6 拍右手侧上举，右肘与左腿膝关节相夹，含胸；7—8 拍动作同 5—6 拍。

第二个 8 拍 1—4 拍：

步伐：1 拍右腿向右迈步，双腿弯曲；2 拍向右侧方 45° 吸左腿，含胸；3 拍左腿向左侧迈步，双腿弯曲；4 拍向左侧方 45° 吸右腿，含胸。

手臂：1 拍双臂从下方打开，双肘自然弯曲，手掌向上；2 拍前臂在胸前弯曲，手掌向下；3—4 拍重复 1—2 拍动作。

第二个 8 拍 5—8 拍：

步伐：5—6 拍右腿蹬直向后摆腿，脚底与地面摩擦，小腿以膝关节为轴向内侧绕，与大腿成 90°，身体转向左侧，左腿蹬直；7—8 拍双腿由直立姿势变为开合蹲。

手臂：5—6 拍双臂自然贴于体侧；7—8 拍双臂胸前打开，屈肘，胸部向上挺起，然后双臂从右侧方出拳伸直经前方回到胸前屈肘，同时，胸部经左后方做环绕动作，回到正面，含胸。

第三个 8 拍 1—4 拍：

步伐：1 拍左腿蹬直，脚跟抬起，顶左胯，上身同时挺直，并向右侧倾斜；2 拍重心还原到两腿之间；3 拍同 1 拍，方向相反；4 拍同 2 拍。

手臂：1 拍双臂从胸前向下打开并伸直，右手在身体前面，左手在身体后面；2 拍双臂还原到胸前；3 拍同 1 拍，方向相反；4 拍同 2 拍。

第三个 8 拍 5—8 拍：

步伐：5—8 拍双脚起跳，右腿在前交叉经左侧旋转 360°。

手臂：双手自然下垂于体侧。

第四个 8 拍 1—4 拍：

步伐：1 拍吸右腿，同时身体向前倾斜；2 拍右腿向下蹬直，同时身体挺直，3 拍同 1 拍，方向相反；4 拍同 2 拍，方向相反。

手臂：1 拍左手胸前屈臂，左手自然向后摆动；2 拍同 1 拍；3 拍右手胸前屈臂，左手自然向后摆动；4 拍同 3 拍。

第四个 8 拍 5—8 拍：

步伐：5—8 拍以左脚为轴，重心保持平稳，右脚移动四步，身体方向变为面向右方。

手臂：5—8 拍手肘与肩部平行，肘部夹角为 80°～90°，做胸部起伏的动作，同时加上手臂的力量和胯部的力量，胸部的律动算一次动作，共做 4 次。

（二）爵士基本套路（4×8 拍）

第一个 8 拍 1—4 拍：

步伐：1 拍右脚向右侧侧点，左腿微屈，头甩向左侧；2 拍双腿并拢并微屈，头部还原；3 拍左腿向左侧点地，身体转向右侧；4 拍吸左腿。

手臂：1 拍手臂位于身体的前后；2 拍前臂以肘为轴，向外侧旋转 180° 置于身体的两侧；3 拍双手向右侧伸直；4 拍左手叉腰，右手轻托脸颊。

第一个 8 拍 5—8 拍：

步伐：5 拍，左腿侧点，右腿弓步，身体向左侧倾斜；6 拍还原成直立姿势；7 拍右腿向右侧迈一小步，膝关节微屈，胯部向右侧用力，左脚脚跟抬起，前脚掌点地；8 拍左胯向左上方顶起，左腿伸直，脚尖着地，然后还原成 7 拍姿态。

手臂：5 拍双手向右侧推出去，手形为立掌，双手前后叠加，头部向左侧倾斜；6 拍双臂回到胸前屈肘；7—8 拍手臂变为侧平举，双手手指向上，拇指张开。

第二个 8 拍：

步伐：1—7 拍重心在右腿上，左腿前脚掌点地；8 拍左腿后吸。

手臂：1—4 拍双臂经 4 次动作绕环 180° ；5—7 拍双臂经 3 次动作在胸前屈肘重叠；8 拍双臂自然下垂。

第三个 8 拍：

步伐：1—3 拍先迈左腿向前 3 步爵士步；4—5 拍右脚向右侧迈步，同时胸部做波浪动作；6 拍吸右腿；7 拍右腿向左后方撤步；8 拍转体 180° ，身体面向后方。

手臂：1—3 拍手臂自然摆动；4—5 拍左手叉腰，右手由头后方经左侧脸颊滑下；6 拍双手推向右侧；7 拍双臂下垂；8 拍同 7 拍。

第四个 8 拍 1—4 拍：

步伐：1 拍重心在左腿上，右腿前脚掌点地；2 拍同 1 拍，方向相反；3—4 拍动作同 1—2 拍。

手臂：1 拍双臂侧平举，双手为立掌；2 拍两臂上举，双手叠合；3 拍左手向下拉右手手臂；4 拍同 3 拍，方向相反。

第四个 8 拍 5—8 拍：

步伐：5 拍经左侧转体 180° ，面向前方；6 拍右腿向右侧迈步，同时身体向下弯曲；7—8 拍，由头部依次抬起，最后成直立姿势。

手臂：5 拍双臂自然下垂于体侧；6 拍右手点地，左手位于身体后方；7—8 拍右手跟随身体的起伏自然下垂。

体育思政园地

生命在于运动。街舞是一种人体动作艺术，筋骨的舒展、情感的宣泄，本身就是对生命力的呼唤，因而，街舞有益于健康。大学生长期坚持街舞锻炼，可以增强心肺功能，塑造优美体态，提高机体运动能力，释放压力，消除疲劳，陶冶情操，愉悦身心，提高生活质量。

第二节 轮 滑

一、轮滑的起源与发展

轮滑从滑冰过渡而来。据资料记载，轮滑在 18 世纪由一位荷兰人发明。他为了在不结冰的季节继续进行滑冰训练，尝试把木线轴安在皮鞋下，在平坦的地面上滑行。从此，轮滑在欧洲诞生、兴起并得到了较快的发展。

现代轮滑是由美国的詹姆斯·普利姆普顿于1863年发明的。他用金属轮子代替木质轮子，他的发明推动了轮滑的发展。1892年，国际轮滑联盟在瑞士成立，1924年，国际轮滑联合会也在瑞士成立，轮滑进一步向正规化、国际化方向发展。之后，轮滑逐渐演化为花样轮滑、速度轮滑和轮滑球三种不同形式的运动项目。1936年在德国的斯图加特举办了首届世界轮滑球锦标赛。1937年，在意大利蒙扎正式举办了首届世界速度轮滑锦标赛。5年后，第1届世界花样轮滑和花样舞蹈锦标赛在美国华盛顿举行。1940年在罗马举行的第43届国际奥林匹克委员会会议正式承认了轮滑项目的国际联合会。这一决定，使轮滑很快地从欧洲传到北美洲、南美洲、非洲、大洋洲等地，各洲也相继开展了轮滑锦标赛。在经过第二次世界大战的停顿后，轮滑的世界锦标赛于1947年又恢复了，并由战前的3年1届改为每年1届。目前，美国、德国、意大利是世界轮滑强国。

我国轮滑开展较晚。轮滑19世纪传入我国，当时仅限于沿海个别城市，只作为娱乐活动，直到20世纪80年代初期我国才有正式比赛出现。现在，轮滑已经成为我国青少年喜爱的运动项目之一。

二、轮滑的特点

轮滑是一项融健身、竞技、娱乐、趣味、技巧、休闲于一身的运动。轮滑的器材和设备要求相对比较简单，有一双轮滑鞋就可以在坚实的地面上滑行起来。轮滑不受季节、时间、温度的影响，不受性别、年龄、体质水平的限制。所以，轮滑是一项便于普及的体育项目。

三、轮滑基本技术与练习

（一）轮滑基本技术

1. 站姿

一种是普通的平行站立，即两只脚平行站立，稍窄于肩，双膝微屈以保持重心，以脚踝的力量控制好，不要让脚左右摆动，要保证轮子垂直于地面。穿专业平花鞋平行站立时因为鞋的结构设计影响，两脚会自然地向外压外刃。另一种是应用于非平整地面的“T”字形站立（也叫“丁”字形站立），即一只鞋的最后一个轮子抵在另一只鞋的第二和第三个轮子之间，双膝微屈，双腿之间稍有间隙，以保持重心，仍然是以脚踝控制鞋子。

2. 起步

从“T”字形站姿起步，让前脚保持前进姿势，后脚向外方推轫，就会有前进的力量。

3. 滑行

滑行时为保持较好的平衡，让一脚稍稍提起放在另一脚前方，膝关节弯曲。

4. 身体的摆动

将重心放到左脚上，用右脚推轫并向外侧伸展、滑行；然后将双脚并行。接下来将重心放到右脚，左脚向外推轫、伸展、滑行。如此左右不断互换。

5. 身体的姿势

身体稍稍半蹲，像是要坐。将双脚向前伸出，弯曲膝关节及脚踝，使重量在整双鞋上。

6. 停止

以上述姿势滑行，双脚靠近保持平行，有刹车的那只脚稍稍向前滑行，使两脚距离约有半只脚，提起脚尖直到刹车碰触到地面，然后慢慢将重量移到刹车上，增加压力，直到停下来。

（二）轮滑练习

轮滑是一项极易掌握的体育运动，大部分人都能很快地学会它。但对很多人来说，初次接触轮滑时，心理上会产生一种畏惧感——担心摔跤。其实，只要简单地掌握一些轮滑的方法和技巧，就能把这项运动变成乐趣。初学轮滑者一定要有耐心，请记住以下禁忌：滑行前不做准备活动，不戴护具，滑行后立即喝水。初学时一定要注意培养正确的姿势，滑行时髋、膝、踝关节保持弯曲，降低身体重心，身体失去平衡时要向下蹲。以下是高手总结出的口诀：滑需团身，弯曲求稳，重心稍后，欲进先侧，斜中求正，先倾后蹬，先蹬后落，胯部摆动，三点对齐。平衡是掌握轮滑的基础。因为轮滑鞋与地面接触面积小，加之滑轮与地面摩擦后的滚动，所以就不易掌握平衡。练习平衡是非常重要的，具体的做法是：原地踏步，练习静态平衡，熟悉轮滑的性能；用互助法和扶助法练习平衡，两个人相互扶助或双手扶住身边的其他物体，前后左右移动，练习平衡技术；借助外力练习平衡，比如可以通过对静止物体的反作用力使自己滑动，或让别人用力将自己推动，也可以抓住正在移动的人或其他物体，使自己前进或后退。

（三）移动重心的练习

1. 原地站立与踏步练习

穿好轮滑鞋，两脚平行站立与肩同宽，两腿微屈，上体稍前倾，两臂自然下垂。身体重心移至左腿上，右腿稍抬起、放下。然后身体重心移至右腿，左腿稍抬起、放下。反复进行练习，逐渐加快速度。

2. 单脚支撑平衡练习

在掌握原地踏步基础上，保持原来的姿势，手扶栏杆或同伴，将重心移至一条腿上，另一条腿向侧伸出再收回成开始姿势，换脚重复以上动作。

3. 模仿滑行姿势的蹲起练习

速度轮滑的滑行姿势直接关系到滑行速度的快慢。正确的滑行姿势，是上体前倾接近水平，肩背稍高于臂部，腿部弯曲，上体与地面成 15° ～ 20° ，大腿和小腿成 90° ～ 110° ，两踝关节成 50° ～ 70° ，两手互握放于背后或在体侧自然摆动，头部自然抬起，眼向前看 5 ～ 10 m 处。

4.“八”字行走练习

两脚成外“八”字站立，保持好站立的姿势，重心移至左脚上，右脚向前迈一小步，重心随之移至右脚上，然后抬左脚向前迈一步。重复上述练习。

5. 交叉步行走练习

原地站立，先将重心移至左腿上，收右腿，向左腿前外侧迈步成交叉姿势，重心随着移至右腿上，接着收左腿左侧跨一步，成开始姿势，反复练习。

（四）弯道滑行

弯道滑行技术和直道滑行技术有明显的区别。弯道滑行技术特点在于练习者用交叉步滑行。由于向心力的作用，上体不仅前倾，还要向左倾（往左转弯）。

1. 左脚支撑、右脚连续蹬地的滑行

从站立姿势开始，右脚用外刃蹬地后迅速与左脚并拢，接着右脚再做一次蹬地动作，左脚继续做前外曲线滑行。

2. 在圆弧上做不连贯的交叉步滑行

在圆弧上用直线滑行步法，中间插入弯道交叉步。当左脚有稳定的平衡时，右脚向左脚左侧前方迈一小步；只要右脚有短暂的滑行，左脚就迅速从右腿后方收回，同时右脚蹬，左脚直线滑进。重复上述动作。

（五）停止法

在滑行中，有时需要及时停止滑行，所以在初步掌握滑行基本动作的同时，就要学会停止滑行的方法。常用的停止法有“T”形停止法和双脚急停法。

1.“T”形停止法

在向前滑行中，将重心放在右脚上，右膝弯曲，同时抬起左脚横放在右脚后成“T”形，然后以左脚四轮的侧面摩擦地面，减缓滑行速度，直到停止滑行。

2. 双脚急停法

在向前滑行中，两脚并拢，两脚同时向逆时针方向（或顺时针方向）转体 90° ，右脚以内侧轮、左脚以外侧轮压紧地面（或左、右反过来），同时屈膝后坐，上体前倾，身体向左（右）倾倒，两臂前伸，两脚用力压紧地面，就会停止滑行。

四、轮滑安全知识

参与轮滑运动时，应十分注意安全。轮滑的技术特点，主要是移动身体重心，保持身体的动态平衡，滑行时必须使身体重心的垂直投影点落在支撑底面内，滑行时一旦失去平衡，应迅速屈膝下蹲，顺势滚翻，进行自我保护。参与轮滑运动时，必须穿戴护具特别是头盔，以免发生意外。每次运动时，都要注意选择好场地，最好在允许滑行的公园和广场。要找一块光滑、平坦的地方，要远离斜坡和山地，远离车辆。在学会急停和控制速度之前，千万不要在人行道和街区内滑行。在台阶及马路沿前要减速，在上台阶时将鞋倾斜一些，像螃蟹一样侧身行走。地上的每一个裂缝、碎石、小树枝都会锁住轮子，有意外发生的可能。如果在那样的地面上，双腿分开可以站得稳一些。能控制速度和制动后，才可以练习下坡。如果是初学者，下坡时，还是脱下鞋走，这样比较安全。

体育思政园地

轮滑是一项全身运动，健身性强，不仅能增强臂、腿、腰、腹等各处肌肉力量和各关节的灵活性，提高平衡能力，还对心脑血管和呼吸系统的机能起到良好的作用。大学生参与其中，会从摔倒和爬起中得到启发和磨炼，形成一种不断进取、勇于拼搏、积极向上的精神，从而以更加良好的心态去迎接各种挑战。

第三节　毽　球

一、毽球的起源与发展

毽球起源于我国汉代，在我国古代叫作踢毽子（也是现在的俗称），盛行于六朝、隋唐时代。《唐代高僧传》中记载：北魏时有一个叫跋陀的人到洛阳去，在路上遇到了12岁的惠光，惠光在天街井栏上反踢毽子，连续踢了500次，观众赞叹不已。这说明踢毽子在当时已在民间流传。到了唐宋时期，踢毽子非常盛行，花样繁多，还出现了专门制作、出售毽子的店铺。到了清代，踢毽子的技巧已经达到了一个相当高的水平。清代民间艺人绘制的《踢毽图》上的人物动作和姿态，跟现代毽球运动十分相似。

毽球是我国一项历史悠久的传统体育运动项目。毽球占地面积小，器材简单，男女老少皆宜，已经成为全民健身的重要内容。在群众性毽球活动广泛开展的基础上，我国毽球的竞技水平也不断提高，涌现出一大批高水平运动队。

毽球在世界范围内蓬勃开展，尤其是在越南、老挝、德国、匈牙利、荷兰等国家，已经成为深受人们欢迎的体育健身项目。可以预见，我国传统项目——毽球，将以崭新的姿态活跃在世界体坛中。

二、毽球场地、器材和装备

（一）场地

毽球比赛场地采用羽毛球双打比赛场地（图 10-3-1）。

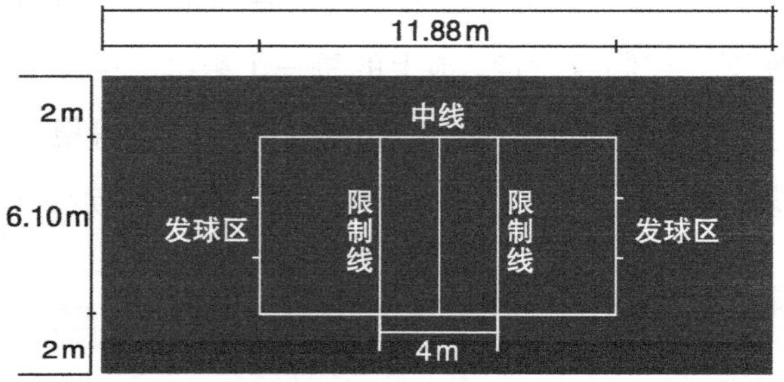

图 10-3-1

1. 规格

（1）场地长 11.88 m，宽 6.10 m。

（2）场地应按平面图画出清晰的界线，较长的两条界线叫边线，较短的叫端线。

（3）连接场地两条边线的中点与端线平行的线叫中线，中线将场地分为均等的两个场区。

（4）在中线两侧各画一条与中线平行的线叫限制线，中线至限制线的距离为 2 m。

（5）距两端线中点两侧各 1 m 处向场外各画一条长为 20 cm 与端线垂直的短线叫发球区线，发球区线向后无限延长的区域叫发球区。

2. 设施

（1）网柱：网柱安在中线以外，距边线 50 cm 处。

（2）球网：球网为深绿色，长 7 m，宽 76 cm，网孔 2 cm 见方；球网上沿缝有 4 cm 的双层白布，用绳穿起，将球网挂在网柱上；球网必须挂在中线的垂直上方，两端距地面的垂直高度必须相等，两端与中间的高度相差不得超过 2 cm；球网的中部顶端距地面垂直高度为 1.60 m（男子）或 1.50 m（女子）。

（3）标志带与标志杆：在球网的两端，垂直于边线和中线交接处，各系有一条宽 4 cm、长 76 cm 的白色带子，叫标志带；在球网上连接标志带外侧应竖有两根有韧性的杆，叫标志杆，两杆内侧相距 6 m；标志杆应高出球网上沿 4 cm，并用鲜明对比的颜色画上 10 cm 长的格纹。

3. 要求

场地上空 6 m 以内（由地面计算）和场地四周 2 m 以内不得有障碍物。

（二）器材和装备

1. 毽球

毽球的高度为 13 ～ 15 cm，重量为 13 ～ 15 g，由毽毛和毽垫构成。（图 10–3–2）

（1）毽毛为四支白色或彩色鹅翎成“十”字形插在毛管内，每支羽毛宽 3.2 ～ 3.5 cm。

（2）毽垫直径 3.8 ～ 4 cm、厚 1.3 ～ 1.5 cm，由上垫、下垫和毛管构成，毛管高 2.5 cm。

（3）毽垫的下垫和毛管连在一起，上垫套在毛管上，上垫和下垫中间套有由三层以上硬质薄形皮革或类似材料制成的垫圈。

图 10–3–2

2. 装备

作为毽球运动的参与者，无论是日常练习还是参加比赛，都需要有一身合适的装备，包括服装和鞋子等。

三、毽球基本技术

毽球基本技术包括准备姿势、起球、发球、移步等。

（一）准备姿势

准备姿势是运动员在场上接球时身体的一种等待状态。保持良好的姿势，是身体能随时在瞬间由静变动，由被动状态变主动状态的关键。准备姿势一般分为左右开立站姿和前后开立站姿两种。

1. 左右开立站姿（图 10–3–3）

（1）动作方法：①两脚左右开立，略比肩宽，两膝略屈，脚跟略提起；②两臂自然垂直于体侧，两脚保持略动状态。

（2）技术要点：①屈膝提踵，上体前倾；②两脚保持略动。

（3）错误纠正：直腿、上体直立、脚跟提得过高为常见的动作错误，因此，应在做动作时屈膝，使膝关节得到缓冲，同时注意上体要前倾，脚跟略提，两脚要始终保持略动状态。

（4）伤害预防：充分做好准备活动，提高肌肉温度，避免肌肉拉伤。

2. 前后开立站姿（图 10–3–4）

前后开立站姿能使运动员从静止状态快速转向前后的移动状态，较多地应用在比赛的接发球过程中。

（1）动作方法：①两脚前后开立，成前后开位站姿；②两臂自然垂直于体侧，两脚保持略动状态；③上体略前倾，重心落于两脚之间，两眼注视来球。

（2）技术要点：①防守时注意后脚脚跟离地，身体重心要向前移随时保持静中带动的状态；②屈膝提踵，上体前倾；③两脚略动，便于步伐的转换。

（3）错误纠正：同“左右开立站姿”。

（4）伤害预防：同“左右开立站姿”。

图 10-3-3

图 10-3-4

（二）起球

起球是指球从脚面弹起到最高点的过程。根据起球时接触点的不同，起球技术可分为脚内侧起球、脚外侧起球、脚背起球、腿部起球、胸部起球和头部起球。

1. 脚内侧起球（图 10-3-5）

（1）动作方法：①起球前，两脚自然开立，踢球脚在后，两膝略屈，两臂放松，自然下垂于体侧；②起球时，身体重心移到支撑腿上，踢球腿大腿带动小腿，由后向前上方摆动，在摆动过程中，逐渐形成髋关节外张、膝关节弯曲、踝关节内翻的基本姿势；③击球的一刹那，脚部击球面端平，击球部位应在脚内侧的中部，击球点一般在支撑腿膝关节前约 40 cm 处。

（2）技术要点：①在接发球时，队员要积极移动，调整好人与球之间的位置，做到一次起球到位；②在组织进攻时，要通过积极移动和第一次调整球的机会，处理好人与球之间、传球队员与进攻队员之间的位置关系；③在防守快速球、大力量球时，要提高出脚速度；④起球全过程应注意柔和、协调，大腿和小腿应完成向前上方的送球动作；⑤注意膝关节向外张，大腿向外转动并略上摆，髋关节和膝关节放松，小腿向上摆，脚放平，用内足弓部位踢球。

图 10-3-5

（3）错误纠正：踢毽时用大腿或小腿发力击球为常见的动作错误，因此，应在做动作时用踝关节发力。

（4）伤害预防：要充分做好准备活动，以免使踝关节或膝关节扭伤或挫伤。

2. 脚外侧起球

（1）动作方法：①起球前，两脚自然开立，两膝略屈，做好准备姿势；②起球时，身体重心移动支撑腿上，击球腿的髋、膝关节内扣，踝关节外翻，使脚外侧尽量与地面平行；③击球是利用小腿外翻快速上抬的动作完成的，脚接触球的部位一般在脚外侧面的中部或中后部，击球的高度一般不超过膝关节；④当来球较高并快速向体侧后方飞行时，触球腿迅速沿地面向后摆，伸腿插入球下，踝关节自然勾起向外翻转，脚指向体侧，脚的外侧面约成水平，身体保持前倾，利用小腿快速屈膝上抬的动作，向体前上方击球。

（2）技术要点：①当来球平且快，落在身体两侧或从体侧、肩上向后场飞行时，一定要略侧身，向体侧甩踢小腿，勾脚尖，用脚外侧踢球；②要想获得较低的托球点，必须要使支撑脚做适当的弯曲；③身体重心应放在支撑脚上，击球点离地面 15 ～ 20 cm。

（3）错误纠正：直腿，踝关节外翻、小腿外翻做匀速运动为常见的动作错误，因此，应在做动作时屈膝，膝关节内扣、小腿外翻的速度一定要快，同时当来球较高并快速向体侧后方飞行伸直腿插入球下时，一定要注意踝关节要勾起并外翻，身体保持前倾，切记绷脚，身体正直。

（4）伤害预防：要充分做好准备活动，以免使踝关节或膝关节扭伤或挫伤。

3. 脚背起球

（1）动作方法：①起球时，一脚支撑身体，另一脚主动插入球下，脚背与地面基本成水平状态，当球快落到脚背上时，利用适度的伸膝和踝关节背屈的协调用力的勾踢动作，把球向上踢起；②击球部位在脚的跖趾（脚面上接近脚趾的部分）关节处，击球点在离地面 10 ～ 15 cm 的高度，击出球的方向、弧度和落点，可通过脚背面的变化和踝关节背屈勾踢的程度来调整。

（2）技术要点：①脚背踢球，一般用正脚背，要注意绷脚尖和抖动脚踝发力击球。②击球点离地面 10 ～ 15 cm。

（3）错误纠正：勾脚尖或用大、小腿发力击球是常见的动作错误。因此，应在做动作时绷脚尖、抖动脚踝发力击球，同时注意抖动脚踝发力击球的速度不要过快或过慢，以免影响踢球的质量。

（4）伤害预防：要充分做好准备活动，防止在抖动或接球的过程中扭伤脚背以及踝关节。

4. 腿部起球（图 10–3–6）

（1）动作方法：①当来球飞近大腿时，重心移到支撑腿上，击球腿自然屈膝，大腿带动小腿由后向前上方快速抬起，用大腿的前 1/3 处击球，抬腿力量的大小应根据起球的速度和落点加以控制；②击球后，击球腿立即放下，准备衔接下一个动作；③腿接触球时与地面保持一定的角度，形成良好的反射角。

图 10-3-6

（2）技术要点（以右腿为例，左腿支撑身体）：右腿屈膝，大腿带动小腿上提，膝关节略低于髋关节，用大腿的前半部分（主要由膝关节发力）起球。

（3）错误纠正：直腿、小腿主动发力击球为常见的动作错误，因此，应在做动作时自然屈膝，大腿带动小腿，发力击球，同时注意要用大腿的前半段击球，以便达到击球目的。

（4）伤害预防：充分做好腿部和髋部的准备活动，以免扭伤髋关节、拉伤腿部肌肉。

（三）发球

发球既是比赛的开始，又是一项进攻技术。发球的时候可采用盯人、找空、压后、吊前等手段发出各种战术球，以达到组织进攻或直接得分的目的。根据发球时身体与球网的关系，以及球接触脚的位置不同，发球技术可以分为脚内侧发球、脚背发球、脚外侧发球。

（四）移步

移步是利用脚步动作，根据来球的距离远近、球速快慢，采用各种不同的步伐，使身体接近球的落点，以便能及时地触击球的技术。

四、毽球基本战术

毽球战术是在比赛中，根据毽球的运动规律、彼此的具体情况和比赛场上的变化，安排具体阵容，合理地运用技术，充分发挥已队之长，限制对方正常发挥，进行的有组织、有目的、有预见性、能克敌制胜的行动。

毽球战术分为进攻战术和防守战术。进攻战术是将高于网上沿的毽子直接攻入对方场区的一种击球动作。进攻战术根据阵容配置可分为“一、二”配备、“二、一”配备和“三、三”配备。防守战术是比赛争取得分的关键技术，也是缓解对方进攻的好方法，能为反击得分创造有利条件。防守战术根据阵容配置可分为“弧形防”“一拦二防”“二拦一防”“拦一堵一防”。

体育思政园地

踢毽球时，抬腿、弹跳、屈身、转体等动作使身体的各部位都能得到很好的锻炼，能有效地提高腿部关节的柔韧性和身体的灵活性。毽球运动能够提高大学生的注意力、思维敏捷性，增强其应对事物变化的反应能力，以更好地适应环境。

第四节 棒、垒球

一、棒、垒球的起源与发展

棒、垒球，有人会认为是同一种球类项目，其实，棒、垒球是棒球（Baseball）和垒球（Softball）的简称，因其比赛形式、规则极其相似，故经常被合称为“棒、垒球”。

（一）棒球

棒球是球类运动项目之一，是以球棒击球进行攻守对抗的竞技项目。棒球最早起源于15世纪，即当时流行于英国的板桨球，后来传到美国。1839年，美国纽约州古帕斯敦举行了首次棒球比赛。1938年，国际棒球联合会成立。1978年，国际棒球联合会得到国际奥委会的承认。1979年，中国棒球协会在北京成立。1981年，中国棒球协会加入国际棒球联合会。1992年，棒球被列入奥运会比赛项目。

（二）垒球

垒球是从棒球演变出来的，起源于19世纪80年代的美国芝加哥。1933年，正式命名为“垒球”。1959年，女子垒球正式列为中国全国运动会的比赛项目。1996年，女子垒球被正式列为奥运会比赛项目。垒球的最高组织机构国际垒球联合会，成立于1952年9月，总部设在美国俄克拉荷马。国际垒联的主要赛事有奥运会垒球比赛、世界垒球锦标赛、世界青年垒球锦标赛和各大洲垒球锦标赛等。

二、棒、垒球基本技术

（一）进攻技术

（1）击球：有持棒挥击和持棒触击两种方法，击球员双手握棒，手指第二关节对齐（图10-4-1）。挥击时，双手靠拢，前肘离身，前臂拉平，后肘不宜过于贴身，挥棒时前脚伸踏不要过大，以免影响挥棒的准确性。挥棒力量主要靠后蹬、转体、拉臂、甩腕（图10-4-2至图10-4-8）。

图 10-4-1

图 10-4-2

图 10-4-3

图 10-4-4

图 10–4–5

图 10–4–6

图 10–4–7

图 10–4–8

（2）跑垒：击球员击出球后，在守方队员未接到球的瞬间，立即上垒，抢垒位。

（3）滑垒：跑垒员身体贴地面滑动的占垒动作，有侧身倒地踏垒和俯冲倒地踏垒。滑垒共有 4 种姿势：单脚冲前坐势滑进；双脚冲前，单脚勾垒；双脚冲前从垒侧滑过后，翻身用手抓垒；双手冲前，用腹部滑进触垒。

（二）防守技术

防守技术包括接球、传球、投球、触杀、封杀和追杀。

（1）接球：面向本垒，两脚左右开立，两手置于胸前，眼睛注视来球；一般用双手接球。（图 10–4–9、图 10–4–10）

图 10–4–9

图 10–4–10

（2）传球：以食指、中指和拇指持球，掌心不触球；有肩上传球、体侧传球和低手传球。（图 10–4–11 至图 10–4–15）

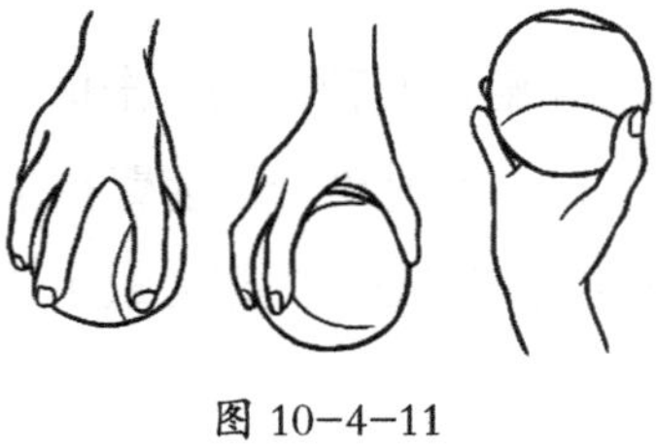
图 10–4–11

图 10–4–12

图 10–4–13

图 10–4–14

图 10–4–15

（3）投球：一般采用身体正对击球员的正面投球和身体侧对击球员的侧面投球两种投球姿势，球出手时通过手指、手腕的压、拧、拨等动作，可投出不同性能的曲线球、直线球、变速球、飘球和下坠球；有肩上高压、低肩侧投、低手3种投球动作。

（4）触杀：守备员持球碰触离开垒位的跑垒员使之出局。

（5）封杀：守备员持球，在跑垒员进垒或退垒到达垒位前，先触及垒位，或对击跑员进行传杀，使之出局。

（6）追杀：守场员追赶离开垒位的跑垒员并用持球手碰触跑垒员，使之出局。

三、棒、垒球基本战术

（一）进攻战术

进攻战术一般按照全队所规定的战术及教练员临时的战术暗号进行。

（1）观察：投手投来的第一个球，不击，以观察投手的动作及实力。

（2）积极迎击第一个球：达到攻其不备的目的。

（3）击出高远球：准备牺牲自己促使同队进垒得分。

（4）打带跑：把球击到一垒跑垒员身后的空隙地带，使其他跑垒员安全进到二垒或抢到三垒，破坏对方企图制造双杀的意图。

（5）跑了再打：跑垒员先偷垒，击球员随后击球。

（6）触击牺牲打：击球员用触击将球击向一垒（或三垒），击出地滚球引诱守队“杀”一垒，击球员牺牲自己，使同队进垒或返回本垒得分。

（7）一、三跑垒员双偷垒：制造三垒跑垒员返回本垒得分机会，应注意避免互相冲撞和钉鞋伤人。

（二）防守战术

防守战术须全队密切配合，及时移动补位和进行掩护，以防止攻队进垒或得分，常用的战术有以下几种。

（1）接球后传一垒封杀击跑员。

（2）双杀：接球后传到最近垒位封杀跑垒员，随即传球到一垒封杀击跑员造成双杀。

（3）夹杀：守队互相配合传球，截杀在垒间的跑垒员，逼赶跑垒员退回原垒并乘机在垒间触杀之。

（4）防止双偷垒：由接手指挥行动，由游击手、二垒手或投手作中间策应拦截接手传二垒的球，再传回本垒，截杀三垒跑垒员。如三垒跑垒员不抢回本垒，即由守二垒的队员接球，截杀一垒跑垒员。

（5）配球：投手针对击球员不同弱点，投出不同的球，如快速球、变速球、曲线球或下坠球等，使击球员无法击中来球，造成出局。

（6）缩小防圈：为了防止击球员采用牺牲触击球战术，缩短防守距离，明确本垒前各区有人负责截接球，其余各队员应移动补位防守。

体育思政园地

棒、垒球运动是一项相对比较重智能的集体对抗性运动项目。它的基本技术如传球、接球、击球和跑垒等，都是人类日常生活的基本活动技能，动作自然舒展，比较容易掌握。大学生经常参加棒、垒球运动，能发展其传、投、击、跑等基本活动能力，培养其灵活机敏、坚毅顽强的品质。

第五节　拓展训练

一、拓展训练的起源与发展

20世纪初，教育学家库尔特·哈恩深感当时的学校教育不能很好地为学生提供成长的机会，开始尝试在传统教育之外探索更有效的学习模式。

第二次世界大战期间许多海员葬身大西洋海底，哈恩等人通过调查发现：能够生还的海员不像人们想象的是年轻力壮的青年人居多，而是年龄偏大的有着丰富的求生经验和技能、意志力较顽强的人居多，并且他们很少独自生还，大都以团队的形式生还。1934年，哈恩和他人一起创办了一所学校，用来训练年轻海员在海上的生存能力和触礁后的生存技巧，以及团队精神，明显提高了海员的生存率。

战争结束后，这种体验式训练的独特创意和训练方式逐渐被推广开来，被大量的教育学家、心理学家、社会学家、管理学家所推崇，训练对象也由海员扩大到军人、学生、工商界人士、党政机关工作者等群体。训练目标也由单纯的体能训练、生存训练扩展到心理训练、人格训练、管理训练等。

这种全新的教育方式在1995年进入我国，由于它被一家培训公司注册为“拓展训练”，因此大家习惯于叫它拓展训练。经过多年的发展，拓展训练已经成为众多企事业单位的培训课程。

二、拓展训练经典项目介绍

（一）高空项目

1. 高空单杠

（1）项目概述。高空单杠是一个以个人挑战为主的项目，属于高心理冲击的高空跳跃类项目，模拟的是在舰船发生事故即将沉没的时候，救援直升机放下悬空的单杠。这是在极具危险的环境中的机会，我们别无选择，只有一条路通向生存，机会就在眼前，最后关头我们必须纵身一跃抓向它，不管是否抓住都无怨无悔。学生必须在穿着保护装置的前提下，爬上约 10 m 高的圆形小跳台独立完成整个过程。

（2）学习目的。一是培养学生克服恐惧、勇于挑战的信心并在其中激发个人潜能；二是使学生学习用积极的心态去争取和获得机会；三是增强团队精神，使学生面对困难时相互鼓励、相互帮助；四是使学生学会目标管理与自我说服；五是使学生学会分析风险和把握机会的能力。

2. 垂直天梯

（1）项目概述。垂直天梯是一个 2 ～ 3 人共同挑战并需要团队配合的项目。它模拟船舱发生严重漏水，我们必须依靠彼此间的相互合作才能爬上更高的圆木梯逃离迅速上涨的海水以获得安全。项目具有一定的难度和心理冲击力，需要消耗较大的体力。想要渡过难关，就必须相互帮助，既要甘为人梯，也要勇于探索。最重要的是不能忘记同路人，相互支持与相互感恩可以让大家一起前进和提高。学生必须在穿着保护装置的前提下，以 2 ～ 3 人为小组共同爬上约 15 m 高的圆木梯。

（2）学习目的。一是培养学生的责任感和人际信任感；二是培养学生合作精神和协调能力；三是培养学生不离不弃的共同体意识；四是培养学生克服困难的毅力和胆量，增强其勇攀高峰的信心和解决问题的能力；五是培养学生珍惜别人的帮助、懂得感恩的意识。

（二）中低空项目

1. 信任背摔

（1）项目概述。信任背摔是较为经典的拓展项目。它模拟舰船严重破损船员弃船登上救生艇，救生艇已经坐满，而船即将沉没，但仍有最后一名离船的船员尚未登艇，如果他直接跳下那将使救生艇倾覆，唯一安全的上艇方法是背向后直体倒下，其他全体在艇上的船员须组成“人床”在下方接住他。整个过程要求全体组员参与，彼此的信任来源于彼此的责任和关爱，团队的支持是个人勇于挑战的基础。

（2）学习目的。一是培养团队相互信任的意识；二是使学生克服恐惧心理，增强挑战自我的勇气；三是发扬团队精神相互帮助，培养学生团队责任感；四是使学生体会通过挑战突破本能的意义。

2. 电网

（1）项目概述。电网也叫蜘蛛网，是一个著名的户外游戏，是幻想与挑战的完美融合。它模拟的是完成任务的回撤小组，在无路可走时，发现正前方有一张大电网。它是一张有“漏洞”的“智能网”，任何人触碰电网都会被“击伤”并关闭该网洞，每个网洞只能通过一人，小组人人肩负重任，必须全体通过，否则强敌在 40 min 内赶到后小组将全军覆没。活动中每一个人都需要尽最大的努力，否则某人的放松将会给别人造成更大的麻烦，甚至会让所有的人前功尽弃。

（2）学习目的。一是在活动中培养学生的团队合作精神，使其学习分工合作与冲突处理技巧，培养其沟通能力；二是增强学生充分利用资源、配置资源的能力与时间管理能力。

（三）地面与心智项目

1. 盲人方阵

（1）项目概述。盲人方阵是一个以团队挑战为主的项目。它模拟我们在误食一种奇异的果实后的 40 min 内暂时失明，为保安全，我们找到一堆绳子，围成一个方阵来抵御外敌。越大的正方形对于敌人来说越有防御力，因此我们必须把其建造得又大又方，建好后我们均匀分兵把守之。小组全体成员参加活动，这将是一次非同寻常的经历，带来全新的认知。

（2）学习目的。一是培养学生的沟通意识，提高其沟通技巧和决策能力；二是使学生了解领导力对完成任务的重要作用；三是培养学生将所学知识学以致用的能力；四是使学生理解“失与得”的辩证关系。

2. 同心鼓

（1）项目概述。同心鼓又叫击鼓颠球，是一个以团队挑战为主的项目，挑战团结协作的能力。每个小组得到一个拴有十多根绳子的大鼓，众人牵绳将一个排球不断颠起，努力挑战更多的次数，每个人都需要投入 100% 的专注与激情。

（2）学习目的。一是培养学生团结协作完成共同目标的能力；二是培养学生不怕挫折、不断进取的意识；三是使学生感受相互鼓励对完成任务的积极作用；四是使学生感受团队成长与团队绩效的提高过程。

（四）户外与水上项目

1. 校园趣味定向越野

（1）项目概述。校园趣味定向越野是一个以团队熔炼为主的项目。团队必须按照要求完成任务，寻找指定地点并完成秘密任务。我们有高级的侦查工具和密信，准确完成任务快速返回者获得嘉奖。身边的校园这时变得既熟悉又陌生，快速准确到达目标点后，我们会陷入迷茫，这时需要队友间的协作，通过分析、判断、寻找和确定来完成任务。

（2）学习目的。一是培养学生确认方向和寻找指定目标的能力；二是培养学生快速判断与分析的能力；三是培养学生协作和互助的精神。

2. 扎筏渡河

（1）项目概述。扎筏渡河是一个以团队熔炼为主的项目。全班学生被分成两支互为友军的侦查小分队，在完成任务后回撤途中遇到一条充满食人鱼的河流，敌军主力将在 60 min 后追到，我们将利用现场提供的工具和器材制造救生筏，并赶在敌军到达前全体渡河，否则就有可能损失惨重甚至全军覆没。

（2）学习目的。一是在活动中培养学生团队合作精神、使其学习分工合作与冲突处理技巧、培养其沟通能力；二是增强学生充分利用资源和对资源的配置能力；三是培养学生对时间和资源的管理能力；四是培养学生细致的工作作风；五是培养学生在竞争中寻求合作的能力。

体育思政园地

拓展训练以体验式的方式进行，其体验式学习圈在每一次项目活动中得以反复循环应用，一方面增强了大学生主动参与的热情，另一方面反复与循环的行为认知，重视从实践中获得知识，使大学生掌握知识更加牢固，使其价值观的形成也从外在的灌输成为内化的吸收。大学生对自我认知的深入也能够更好地帮助其确定适合自身特点的发展目标，同时使其在团队合作中也能够深切领悟到团队对个人发展的重要影响，并形成良好的集体主义意识、社会责任意识等。

第六节　定向越野

一、定向越野概述

定向越野是指运动员借助定向地图和指北针，按组织者规定的顺序方式，自我选择行进路线并到访地图上所标示的地面检查点，以通过全程检查点用时较短者或在规定时间找到检查点得分较多者为胜的一种体育运动。定向越野通常在野外森林进行，也可在城市的近郊、公园和较大的校园等各种地形进行。参加定向越野必须有定向地图，在定向地图上标有定向路线，一条定向路线一般包括一个起点（用三角表示）、一个终点（用双圆圈表示）和一系列的检查点（用单圆圈表示）。运动员根据定向地图所提供的信息，可以利用指北针快速定向，在实际地形中寻找一个橘黄色和白色相间的点标旗，该点标旗的位置准确放置在地图所标示的地点双圆圈的中心。为了证实运动员通过了这些检查点，他们必须在到达的每一个检查点（点标）处使用打卡器在卡上打卡，当然，也可用其他办法做记号，以证明他们确实到达此地。现在大型比赛都用电子打卡系统打卡，它不仅能证实运动员正确通过检查点，还能同时记录通过检查点的时间。运动员通过检查点与检查点之间的路线由运动员自己做出选择。这种借助于定向地图和指北针在生疏的地域辨明方向、选择路线并以最快速度到达目的地的能力是定向越野区别于其他体育运动的精髓所在。

二、定向越野的场地

（一）比赛区域的地形

地形是地物和地貌的总称。地物是指地面上的固定性物体，如居民地、建筑物、道路、河流、树木等。地貌是指地面的高低起伏状态，如山地、丘陵、平地、洼地等。由于地形对定向越野比赛的难易程度和用时长短有较大的影响，因此要根据比赛需要选择地形。

（二）对比赛区域的要求

①比赛区域要有与比赛的等级相适应的难度，并保证它能够使参赛选手充分发挥自己的定向越野技能。②比赛区域必须是所有选手都不熟悉或不太熟悉的，至少应防止赛区当地的选手在比赛中获得明显的好处。为保证这一点，有的国家规定，3 年内不得在同一地点举行第二次比赛。③比赛区域的选择与确定在赛前必须严格保密。通常情况下，合格的定向越野比赛区域应具备下列特点：中等起伏的森林地，植被适度；地形变化多样的有限通视地域、生疏的人烟稀少地区。当然，在组织一般的定向越野活动时，城市公园、近郊区以及未耕种或未长成的田地也是可供选择的地点。

（三）起点和终点

定向越野比赛的起点与终点最好设置在同一处，这样能方便比赛的组织工作。起点与终点一般设在地势平坦且面积足够大（与比赛规模相适应）的开阔地上。通往终点的路段要更平坦且有足够的长度，这样才能让裁判员与观众看清楚跑回来的选手。

（四）比赛路线

为了方便比赛的组织工作，定向越野比赛路线通常按环形设计。定向越野比赛路线的距离只是个相对准确的数字，因为它是按从起点经各检查点至终点的图上最短水平距离计算的。比赛路线的距离一般要根据参赛选手的水平和比赛时间确定。比赛路线的设定要有可选择性，使选手能够根据自己的能力对前进的方向和路径进行选择；要具有可判读性，只有这样才能迫使选手依赖识图、用图的能力参加比赛，体现出定向越野的特点。

三、定向越野器材

（一）定向地图

定向地图一般由方向指示标识、地图比例尺、符号和颜色、图例注记等要素组成。

1. 方向指示标识

阅读地图，首先要辨别图上方向。地平面上有东、南、西、北 4 个基本方向，还可再分出东北、东南、西北、西南 4 个方向，共 8 个方向。地图也有方向，如果地图没有方向指示标识，通常默认“上北下南，左西右东”的图上方向。定向地图是用磁北方向线和指向箭头指示地图方向的。

2. 地图比例尺

地图上某线段长与相应的实地水平投影长度之比，叫地图比例尺。它确定了地图与实地地面缩小的倍数。地图比例尺主要有以下 2 种表示方式：数字式，如 1:10000；文字式，如图上 1 cm 等于实地 100 m。

3. 符号和颜色

为使不同国籍的定向爱好者都能容易阅读和理解定向地图，国际定向越野联合会统一规定了定向地图的符号和颜色，具体分为地貌符号（棕色）、岩石与石块符号（黑色）、水系与淤泥地符号（蓝色）、植被符号（白色、黄色和不同浓度的绿色等）、人工地物符号（黑色、棕色等）、比赛路线与技术符号（紫色等）、检查点说明表（紫色或其他颜色）等。

4. 图例注记

地图符号的对照说明叫图例。一般普及型的定向地图附有图例，高级竞赛型的定向地图可不附图例，或只附统一规范之外的符号图例。图上的文字说明，如图名、比例尺、等高距、赛会名称、主办单位，标明山高、海深的数字等叫注记。有些定向地图还标有主办单位、比赛日期、宣传口号、赞助单位及广告等。

（二）指北针

1. 指南针与指北针

指南针是中国古代的一项伟大发明，早在 2000 多年前的战国时期，我们祖先用天然磁铁做成的司南，就是指南针的始祖。指南针与地图结合使用时，因为需要确定北方，所以也常称指南针为指北针。

2. 指北针的种类

军用指北针。（图 10–6–1）

定向指北针。（图 10–6–2）

图 10−6−1

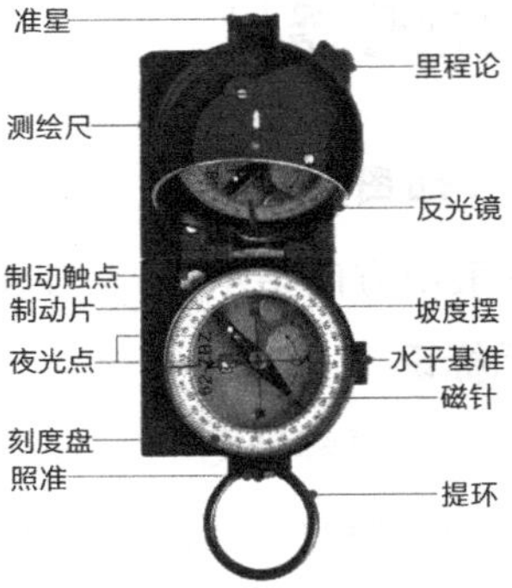

图 10−6−2

3. 指北针的基本使用方法

（1）指示方位：在现地将指北针持平，指北针稳定后磁针红端所指方向即为实地磁北方向。

（2）标定地图：也叫给地图定向，意思是使地图的方位与实地的方位一致。操作方法为将指北针长边与地图上的指北线相切，转动身体使指北针磁针红端与地图北端方向一致。这时地图已标定好。

（3）指示前进目标方位：已知图上站立点，将指北针长边切于站立点和目标点连线，转动身体，使指北针磁针红端与地图北端方向一致，这时指北针面板上的箭头（与长边方向一致）所指方向为目标前进方向。

四、基本定向技能

（一）标定地图

标定地图是较重要的定向技能。在定向运动中，只要看地图必须先标定地图，即保持地图方位与实地方位一致。在跑动中要经常检查指北针的红端是否与地图上的北端方向一致。如果不一致立即转动身体（而不是转动地图）使磁针红端与地图北端方向相一致。

（二）明确出发点的图上位置和目标点的方位

定向运动每次出发时（包括途中每一段落出发），必须判明出发点的图上位置、明确前进方向和目标点。另外要标定地图，选准前进方向，向目标点进发。记住：在前进过程中，还要随时明确自己的站立点在图上的位置及将要到达的目标点的方位，养成“人在地上走，心在图上移”的习惯。

（三）超前读图和概括地形

阅读地图时要面朝目标前进方向，判读图中正前方、左侧、右侧的地形特征，超前读图要提前思考，明确自己下一步将要到达的地点，记住沿途将要路过的明显地形特征，行进中要边读图边对照实地地形。阅读地图时还要注意通观全局，学会概括地形和简化地图。特别是在读零碎杂乱区域地图时，要注意概括该地域地形结构，突出主要地形特征，把复杂的地图在脑海中描绘成一幅新的简单化的地图。

（四）安全定向技巧

（1）拇指法。在定向运动中常用拇指压住图上你目前站立点的位置，把拿图手的拇指想象为你自己（缩小到图中了的自己）。当你向前运动时，拇指也在图上做相应移动。此种方法叫拇指法。拇指法主要是帮助你随时明确自己在图上的位置。

（2）"扶手"法。"扶手"是把实地中的线形地形，如各种道路、输电线、地类界、溪流、面状地物的边界等地物地貌，比喻为上下楼梯时的扶手。利用"扶手"引领你较为容易和安全地到达目的地。在定向运动中要尽可能地利用"扶手"。这就是人们通常说的"有路不越野"的原则。

（3）放大法（先大后小法）。在寻点过程中尽可能扩大你的视野，从目标点附近大的、明显的地形找起，然后再找目标点。不能只是把目光集中在你要寻找的目标点上，特别是当目标点所在地较小时。如果只看很小的一点地形，你很难找到它。

（4）偏向法。当你穿越一块没有明显特征的地带而要寻找一个交叉口、路的端点或面状地物的侧顶点时，不能正对着这一点去寻找，而要稍偏离目标方向瞄准，然后再顺着找到目标点。

（5）从上到下法。当目标点在半山腰，周围又没有明显地貌地物时，选择从山顶向下寻找的方法。这就是人们常说的"走高不走低"原则。

（五）定向越野中变换方向的要点

（1）变换方向时拿图姿势做相应变化。

（2）使图正面对准前进目标。

（3）拇指在图上做相应的移动。

（4）标定地图方位。

（5）判读地图正前方的地貌和地物。

（6）新的方向—新的拿图姿势—重新标定地图—检查地图对照地形。

（六）良好的定向习惯的养成

（1）"北对北"给地图定向。在定向运动过程中，任何时候只要看地图，先要使指北针的红端与地图的北端方向一致，即磁针的北对准地图的北方。

（2）折叠地图。优秀定向运动员在比赛中常常将地图折叠成大小合适的小幅地图，以方便快速读图用图。折叠地图的要领：沿地图北端方向折叠，用图时无须再确定磁北线方向；折叠后的地图绝大部分都能握在手掌内，用手掌托着地图；保证折叠后的地图还有足够的可视区域；要方便再次折叠地图。

（3）检查点—路线—技能。一个优秀的定向运动员在跑每一路段时应养成这样的思考习惯：检查点在哪里？要明确位置；选择哪条路线？选择到达检查点的路线应具有明显的地形特征；采用哪种技能？选定行进路线后，接着决定在该路段不同部分应采用哪种定向技能。

（4）速度必须与安全相一致，这是很重要的一个习惯。当方向有错误时，快的速度失去实际意义，有时节省时间意味着要减缓行进速度，甚至停下来。当定向真的很困难时，如在半山腰或复杂地形时，你不妨放慢速度，仔细读图，不必跑得太快。在准确判定方向的情况下，才可加快行进速度。

体育思政园地

定向越野是一项户外体育运动，其开展场地可以是森林、公园、校园、村落、小镇等，借助其特有的形式，与自然环境、人文景观有机结合，触摸传统历史文化，实现历史文化的传播；与此同时，在户外翻越山坡，跨越鸿沟，穿越草坪，从一个检查点到另一个检查点，充满了未知和挑战，需要大学生不畏艰险、勇往直前才能抵达终点。

第七节　冰雪运动

随着 2022 年第 24 届北京冬奥会的成功举办，人们对冰雪运动的热情不断提高，越来越多的人参与冰雪运动，促进了我国冰雪运动的发展，满足了全民健身的需要。

一、滑冰运动

（一）滑冰运动概述

滑冰，亦称“冰嬉”。很多人认为，滑冰是从外国传来的“洋玩意”，事实上，早在宋代，我国就已经有了滑冰运动，不过，那时不叫滑冰，而叫冰嬉。

滑冰是一项集速度、协调、力量、耐力、柔韧、平衡、灵活、优美、稳定于一体的运动项目。滑冰包括速度滑冰、花样滑冰、短道速滑等。它不仅能够锻炼增强人体的平衡能力、协调能力以及身体的柔韧性，还可增强人的心肺功能，提高有氧运动能力。

（二）速度滑冰

1. 速度滑冰概述

速度滑冰是运动员足登冰鞋，在冰面跑道上滑行竞速的运动项目。男、女速度滑冰分别于1924年、1960年被列为冬奥会比赛项目。现比赛项目有男子500 m（1924年列入）、1000 m（1976年列入）、1500 m、5000 m、10000 m（男子1500 m、5000 m、10000 m均为1924年列入），女子500 m、1000 m、1500 m、3000 m（女子500 m、1000 m、1500 m、3000 m均为1960年列入）、5000 m（1988年列入）。速度滑冰在1924年第1届巴黎冬奥会上即列为正式比赛项目。

2. 速度滑冰装备与场地

速度滑冰装备包括冰刀、冰鞋和滑冰服装。速度滑冰冰刀由刀刃、刀身管、前小刀托、前大刀托、前托盘、后刀托和后托盘等部分组成。速度滑冰冰鞋选用优质厚牛皮缝制，为半高腰瘦长形，鞋跟部为坚硬式，以包围和固定脚跟。鞋底为硬皮、冰刀以螺钉或铆钉固定在鞋底上。速度滑冰运动员的服装应具备保暖、轻便等特点。速度滑冰运动员的比赛服均为尼龙紧身运动服和连衣服。连衣服是帽子、上衣、裤子、袜子连成一体的，具有轻便、紧身、阻力小、动作灵活等特点。

标准速度滑冰跑道是由两条直线跑道连接两条弧度为180° 的半圆式曲线组成的封闭跑道。最大周长400 m，最小周长为333.33 m。国际比赛应在400 m周长的跑道上进行。其直线跑道长为111.98 m，跑道宽5 m，内跑道的内圈半径为25 m，外跑道的内圈半径为30 m，在一侧直道的末端设置重点，另一侧直道上设置置换区。

3. 速度滑冰基本技术

（1）直道滑跑。（图10-7-1）

滑跑姿势：上体前倾，肩稍微高于臀部，身体重心既不要前探，也不要后坐。

蹬冰动作：开始蹬冰、最大用力蹬冰、结束蹬冰。

收腿动作：将浮腿从蹬冰结束后的侧位拉到后位，到冰刀着冰时的前位动作。

下刀动作：从浮腿收回靠近支撑腿的内侧开始，全正刃支撑滑进结束。

惯性滑进动作：用单腿支撑身体借助惯性向前滑进的动作。

全身配合动作：臀、上体和两臂的合理、协调配合。

摆臂动作：在滑跑中，两臂的摆动是为了增加蹬冰的力量。

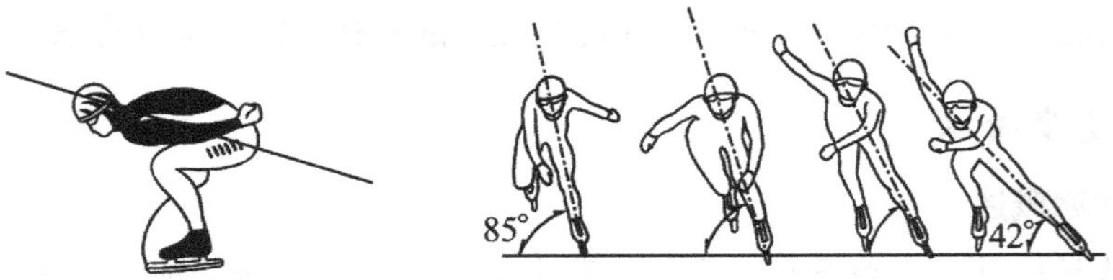

滑跑姿势

收腿动作

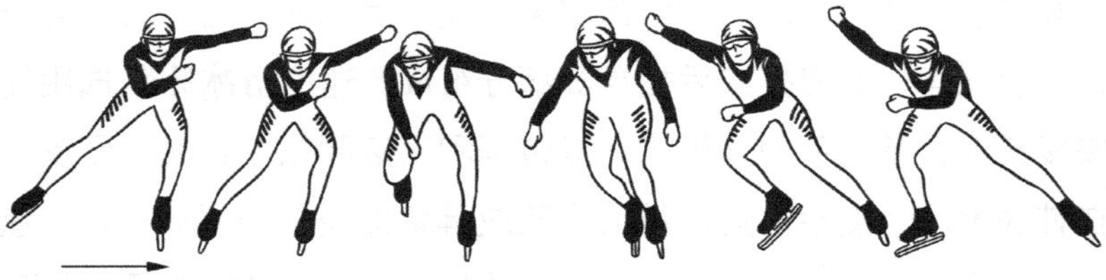

全身配合动作

摆臂动作

图 10–7–1

（2）弯道滑跑。（图 10–7–2）

滑跑姿势：掌握好身体倾斜度与弯道弧度的关系。

蹬冰动作：弯道蹬冰采用交叉步滑跑，右脚用内刃，左脚用外刃向右侧蹬冰。

收腿动作：右腿结束蹬冰以大腿带动小腿，向左支撑腿靠近，继续向左侧移动着冰。

下刀动作：注意出刀角的大小和惯性滑进动作。

滑跑姿势

右腿蹬冰动作

左腿蹬冰动作

右腿收腿动作　　左腿收腿动作

下刀动作

图 10–7–2

（3）起跑与终点冲刺。（图 10–7–3）

起跑动作：短时间内尽快发挥运动员的速度，迅速起动并向途中滑跑过渡。

终点冲刺动作：双摆臂来提高滑跑频率，收摆的浮腿向支撑腿靠近。

起跑预备动作　　起跑动作　　终点冲刺动作

图 10–7–3

（三）短道速滑

1. 短道速滑概述

短道速滑（短道速度滑冰），冰上项目，是在长度较短的跑道上进行的冰上竞速运动。该项目于 19 世纪 80 年代起源于加拿大。1969 年，加拿大在第 33 届国际滑冰联盟代表大会上发布《短道速滑规则》，1975 年，国际滑冰联盟成立短道速滑技术委员会。1981 年，短道速滑被引进中国；1988 年，成为 1988 年第 15 届卡尔加里冬奥会的表演项目；在 1992 年第 16 届阿尔贝维尔冬奥会中列为冬奥会正式比赛项目。2018 年 7 月，短道速滑混合团体接力项目列为 2022 年第 24 届北京冬奥会正式比赛项目。其项目小项为：男 /

女子 500 m、1000 m、1500 m；男子 5000 m 接力；女子 3000 m 接力；混合团体 2000 m 接力。

2. 短道速滑装备与场地

短道速滑装备如下。一是短道速滑安全头盔应符合现行的 ASTM 标准，必须有一个规则的形状，不能有突起。二是耐切割手套或皮革制成的连指手套，或不含羊毛的合成材料手套。三是防割、防扎耐用材料的护腿。四是符合 97.1402 号 MU 型安全比赛服。五是长袖长裤连身服。六是软垫或软垫的硬壳护膝。七是冰刀管必须是封闭的，刀根必须是圆弧形，最小半径为 10 mm。刀管最少有两点固定在鞋上，没有可动的部分。八是所有中国运动员必须佩戴中国滑冰协会批准使用的护颈。

短道速滑比赛场地面积为 30 m×60 m，椭圆形跑道每圈长 111.12 m，直道宽不小于 7 m，弯道半径 8 m，直道长 28.85 m。场地两端弧形弯道处摆放黑色橡胶块，既作为标志线，也增加比赛的安全性。运动员不得滑入标志线内。直道区则没有标志线，可以随意滑行。

3. 短道速滑比赛规则

短道速滑比赛采用淘汰制，以预赛、次赛、半决赛、决赛的比赛方式进行。4～8 名运动员在一条起跑线上同时起跑出发。规则规定，预赛站位通过抽签决定，之后的比赛按照上一轮比赛的成绩确定站位，成绩好的站内道。比赛途中，在不违反规则的前提下，运动员可以随时超越对手。

（四）花样滑冰

1. 花样滑冰概述

花样滑冰起源于 18 世纪的英国。1772 年，英国约翰逊撰写出版的《论滑冰》是世界上出版的第一部涉及花样滑冰的书籍。1872 年，奥地利首次举办花样滑冰比赛。1892 年，世界性滑冰运动的管理机构国际滑冰联盟成立。1924 年第 1 届巴黎冬奥会开始将花样滑冰列为正式比赛项目。1930 年花样滑冰传入中国。1952 年，在法国巴黎举行第一次世界冰上舞蹈锦标赛。1990 年，亚洲滑冰联合会成立。2018 年，中国花样滑冰协会在北京成立。2022 年 6 月，国际滑冰联盟会议通过了提高花样滑冰选手参加成年赛事的最低年龄限制的提议，年龄底限从 15 岁上浮到 17 岁。根据计划，2022—2023 赛季的参赛年龄下限维持 15 岁不变，然后从 2023—2024 赛季开始再提升至 16 岁，2024—2025 赛季再提升至 17 岁。

花样滑冰是冬季冰上运动项目。运动员足登冰鞋在冰面滑行中配合音乐滑出各种图案，做出各种跳跃、旋转和造型动作。花样滑冰现有项目包括男子单人滑、女子单人滑、双人滑、冰上舞蹈。

2. 花样滑冰装备与场地

花样滑冰的冰刀与冰球冰刀最显著的不同在于前端有着刀齿。刀齿主要用于完成跳跃动作，不应用在滑行和旋转中。冰刀以螺丝固定在冰鞋的鞋底。高水平的花样滑冰选手通常都会定制冰鞋和冰刀。花样滑冰的滑冰鞋对色彩有着明确要求，通常男用鞋为黑色，女用鞋为白色。

花样滑冰选手练习时通常穿紧身柔软的长裤。比赛中，女选手可以穿短裙、长裤或体操服，裙装下穿不透明的肉色紧身裤或长袜，有时会以此来覆盖冰鞋，不得穿上下分开的服装，裙子前后长度要掩盖臀部；男选手则必须穿长裤，不得穿露胸无袖上衣和紧身裤。

花样滑冰比赛场地规定长 56 ～ 60m、宽 26 ～ 30m。

3. 花样滑冰比赛规程

花样滑冰国际比赛由国际滑冰联盟负责组织管理。在花样滑冰的单人滑与双人滑比赛中，选手必须完成两套节目。在短节目（short program）中，选手必须完成一系列必选动作，包括跳跃、旋转和步法；在自由滑（free skate）/ 长节目（long program）中，选手选择动作有更大的自由度。冰上舞蹈的比赛通常包括三个阶段：至少一套规定舞（compulsory dances），一套每年指定采用一种国际标准舞节奏（如华尔兹、狐步舞、探戈舞等等）的创编舞（original dance）和一套选手自己选择的自由舞（free dance）。2010 年 6 月，国际滑冰联盟大会通过决议，在今后的冰上舞蹈比赛中取消规定舞，只保留创编舞和自由舞。

体育思政园地

滑冰运动是冬季运动项目之一，其特点为运动环境较为寒冷、体能要求严格、技巧性较强，有助于激发人们征服自然的决心，并且在低温环境中进行运动能提高人体的身体素质、抗寒能力以及个人意志品质。

二、滑雪运动

（一）滑雪运动概述

滑雪运动历史久远。据考证，早在 5000 多年前，北欧、西伯利亚等地已有人滑雪。在挪威境内的北极圈附近，曾发现 4000 年以前的一块石刻，上面刻有两人滑雪的图画。最初的滑雪是用于人们生产劳动和生活，之后又用于战争和冲突。随着社会的发展和进步，滑雪最终演变为体育运动项目。1733 年，挪威人阿马霍尔森写出了《滑雪运动指南》。1877 年，挪威成立了世界最早的滑雪俱乐部。1924 年第 1 届巴黎冬奥会期间，成立了国际滑雪联合会。世界性的滑雪比赛有世界滑雪锦标赛、世界杯滑雪比赛和冬奥会的滑雪比赛。欧美国家的滑雪运动有比较广泛的群众基础，特别是北欧国家的整体水平较高。

中国的滑雪在唐代的史料中就有记载。但是，现代滑雪运动进入我国还是比较晚的。在 1996 年前，涉足这项运动的还仅仅是专业运动员和在华的外国人中的滑雪爱好者。随着我国社会、经济、文化的发展，北方新建了众多的滑雪场，为滑雪运动的广泛开展提供了物质保障。目前，在我国北方大城市中，滑雪运动已经成为时尚的冬季体育项目，深受群众喜爱。特别是2022年第24届北京冬奥会的成功举办，进一步推动了滑雪运动在我国的发展。

（二）滑雪运动分类

现代滑雪运动大致可分为3种类别：阿尔卑斯山式、北欧式和自由式。

阿尔卑斯山式滑雪是指沿雪坡滑降的滑雪运动，其名称是由滑降运动源于阿尔卑斯山而得，包括了各式技巧和动作，其中有3种基本的动作：直降、横渡和转弯。

北欧式滑雪包括了越野滑雪和滑雪跳跃，名称的由来是因为这种运动起源于北欧各国。越野滑雪是较大众化的滑雪方式。

自由式滑雪其实就是一种特技表演。表演者从陡峭而崎岖不平的雪坡向下滑降，同时还得表演后跳、踢腿，甚至翻跟头等其他惊险的特技。

（三）滑雪运动场地与器材

1. 滑雪场地

滑雪场地一般分为两种，即天然滑雪场和人工滑雪场。滑雪场一般都是利用山坡、丘陵的地形修建的，设有供不同层次和水平的滑雪爱好者使用的初级、中级和高级雪道。天然滑雪场一般是以天然雪为主，辅以人造雪；而人工滑雪场特别是冬季雪量少的地区则是以人造雪为主。人造雪成本高、雪质硬，但可以相对延长滑雪季节，受气候因素影响较少。另外，现代高山滑雪场都建有各种机械索道。滑雪索道的实现，使高山滑雪从艰苦的登山之中完全解脱出来，是滑雪史上的一场革命。每个滑雪场地还都配备了压雪机，使新雪及凹凸不平、松软不等的雪面变成平整、松软适中的雪面，减少了滑雪难度，提高了安全性。

2. 滑雪器材

滑雪器材主要包括滑雪服、滑雪板（图10-7-4）、雪杖、雪靴（图10-7-5）、脱离器等。A类滑雪板、雪靴是跳台滑雪用；B类是高山滑雪用；C类是越野滑雪用；D类是单板滑雪用。

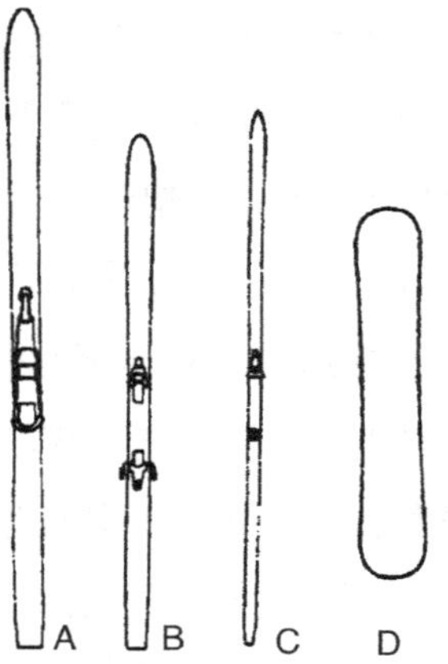

图 10-7-4

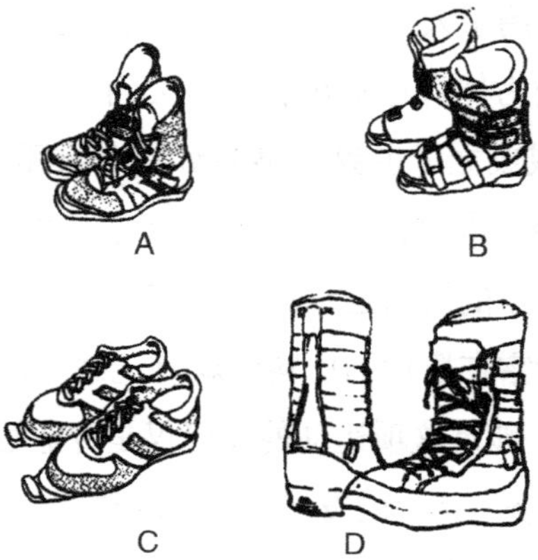

图 10-7-5

（1）滑雪服：包括连体服装、帽、手套，起防寒、保暖、保护身体防止伤害事故的作用。

（2）滑雪板：是滑雪主要的器材之一，由玻璃纤维及金属合成。其表面及滑行面由硬塑料及玻璃钢合成，滑行面的刃部由金属制成，滑行面上刻有方向槽，以帮助控制滑行方向。滑雪板正面安装固定雪靴的脱离器。选择滑雪板的长度要根据自己的身高和技术水平来决定。

（3）雪杖：是滑雪者握在手中，便于行走，有支撑、控制平衡、引导变向和推进作用的工具。现代雪杖是用铝合金或玻璃钢制成的。雪杖分为雪杖杆、握革、握把、雪杖尖和雪轮几个部分。越野雪杖的长度为使用者身高的85%，高山雪杖为65%。（图 10-7- 6）

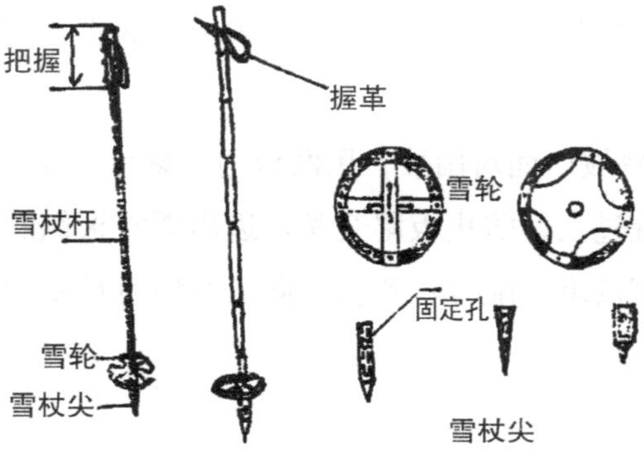

图 10-7- 6

（4）雪靴：具有保暖和保护作用。雪靴必须合脚、保暖、易穿易脱，避免过松或过紧。

（5）脱离器：是固定在滑雪板上用来夹卡雪靴的装置，使雪靴和滑雪板结合成为一体。脱离器还具有自动脱离的功能，滑雪者摔倒后，脱离器使滑雪板与雪靴分离，保护滑雪者的安全。脱离器应当安全性能较好、可调节、穿脱方便。

（6）雪蜡：是涂在滑雪板的滑行面上以减少摩擦的系数的化学合成品，现代滑雪比赛中，雪蜡的使用情况往往可以左右成绩的好坏。

（7）有色镜和防风镜：起防风和保护眼睛的作用，避免出现高山雪盲症。

（8）其他器材：包括弹簧旗杆、旗门、方向旗等，是作为高山滑雪比赛项目标志用的。

（四）滑雪运动基本技术

1. 平地滑雪技术

（1）基本站姿。身体姿势是基本放松站立，两脚平行，即双滑雪板平行，两腿微屈压靠雪靴，两手位于体侧，滑雪杖插入雪地，两眼平视前方。

（2）雪上行走。上体直立稍前倾，重心适当前移。滑雪板底不离雪面，边支撑、边滑、边走，用雪杖支撑时不是双杖同时推进，而是如同摆臂动作用杖支撑推动。

（3）推进滑行。①保持微屈膝，上体前倾，双雪杖同时向前摆动，雪尖在体前方着雪。

②膝与上体加大前倾幅度，双臂用力向后用杖支撑。③雪杖充分推进滑行后撑，肘臂伸直，重心下降保持滑行姿势滑进。④收雪杖时重心升起，准备第二次撑杖。

（5）蹬冰式滑行。①上体稍前倾，膝关节微屈，双板平行与肩同宽，两臂自然弯曲，杖尖在身体侧后方。②左侧板与前进方向成 45°，大腿用力向滑行侧后方蹬出。③左脚蹬伸结束后，滑雪板抬离雪面，重心落在右侧腿上向前方滑行，同时将左脚收回。④右侧脚蹬伸时，动作与左侧脚相同。

2. 登坡技术

（1）双板平行登坡。①向上迈出的步幅不要太大，迈动时保持双板平行，重心随之向上移动，可用雪杖协助支撑。②用山上侧板外刃刻住雪面后重心全部移到山上侧腿上，接着山下侧腿向山上侧腿靠拢，并用内刃刻住雪面。③山下侧板内刃刻住雪面后，再进行第二步的登行。

（2）“八”字形登坡。面对山坡，用两板内刃刻住雪面，身体前倾，向前上方依次迈出滑雪板。步子不宜过大，防止板尾交叉。迈出滑雪板侧的雪杖协助支撑，可用手握住雪杖握把的头。手脚及重心配合一致。在向上登坡时重要的是板内刃刻住雪面和重心的移动。

3. 原地变向技术

（1）板尖、板尾展开变向。变向时要注意雪杖的位置，板尖展开变向时雪杖支撑位置应在体后，而板尾展开变向时雪杖支撑位置应在体前。滑雪板展开距离不宜过大，随着对滑雪板的适应再逐渐加大展开的距离。

（2）180° 变向。前转 180° 变向时，双板平行站立，两杖在体前支撑。右腿支撑体重，左板向前抬起直立，双杖在体侧支撑。上体左转的同时直立的左板以板尾为中心向左侧下方转并着地。在放左板的同时，左雪杖移至右板外侧支撑。重心移至左腿，右板和右雪杖抬起移向与左板平行的同一方向，随后两雪杖在体前侧支撑。把前转 180° 变向动作由结束部分依次向开始部分相反进行，即为后转 180° 变向。

4. 停止滑行技术

犁式停止法：在滑降中使滑雪板成犁式状态，重心稍后移，形成稍后坐姿势的同时两板尾蹬开，加大立刃，两板内刃逐渐加大刮雪力量，逐渐加大板尾向外侧的立刃和蹬出力量直至停止。

5. 安全摔倒与站起

在失去重心情况下，尽量不挣扎，迅速屈膝降低重心，两臂自然伸展，臀部向山上侧侧坐。两滑雪板稍举起，防止滚动状态发生。在完全停止前勿伸腿使滑雪板某一部分着雪，保持稍团身姿势。

摔倒后站起的办法：一是单撑、双撑站起。摔倒后站起时身体调整到山上侧，滑雪板调整到山下侧，使滑雪板与滚落线形成90° 的横板状态，用山上侧板的外刃和山下侧板的内刃刻住雪面，借助雪杖在身后的用力撑动站起，单撑或双撑站起的撑杖位置最好离身体近一些。二是“八”字站起适合体重较大的滑雪者。身体调整到山上侧，滑雪板调整到山下侧，趴在雪面成俯卧状态，滑雪板调整倒“八”字形状；双板内刃刻住雪面，双手撑地站起。

（五）滑雪运动注意事项

（1）应首先了解雪道的高度、宽度、长度、走向和雪的质量等基本情况，做到心中有数。不然出现意外情况的话来不及做出反应。

（2）要根据自己的水平选择适合的雪道，一般初学者要先从平地行走和滑行练起。然后再进入初级道和中级道，要循序渐进，千万不能贸然行动。

（3）要根据自己的特点，选择合适的服装和器材，并按规定要求穿戴好，如在滑雪过程中感到器材有异常情况，应马上停下来检查或请工作人员检查。

（4）滑雪时一定要和同伴们拉开间距，不要相互影响和干扰。

（5）中途休息时不要停留在雪道的陡坡下，要站在滑雪道边上，随时注意从上方滑下来的人。

（6）大风雪天气，能见度很低，不要滑雪，否则容易发生危险。

（7）不要戴金属框架眼镜，以免跌倒后划伤眼部。不要戴隐形眼镜，一旦掉落无法找回。

（8）要了解滑雪索道开放的时间和乘坐方法，要注意安全。

（9）没有掌握减速、停止、转弯技术的滑雪者，不要急速滑降，以免发生意外。

体育思政园地

滑雪运动是运动员把滑雪板装在靴底上在雪地上进行速度、跳跃和滑降的竞赛项目。大学生经常参加滑雪运动，不仅可以锻炼身体，发展速度、耐力、力量、灵敏等身体素质和良好的心理素质，还可以培养敢于向风雪严寒、高山险岭等自然环境挑战的坚强意志和勇敢精神，培养勇于战胜困难的决心和勇气。

参考文献

[1] 体育课程教材研发中心 . 体育与健康课程教材研究 [M]. 北京：人民出版社，2009.

[2] 王润平 . 体育锻炼与心理健康 [M]. 桂林：广西师范大学出版社，2005.

[3] 邓树勋，陈小蓉 . 现代大学体育理论教程 [M]. 广州：广东高等教育出版社，2006.

[4] 杨文轩 . 当代大学体育 [M]. 北京：人民体育出版社，2005.

[5] 陈瑜 . 体育与健康教育教程 ：南方版 [M]. 长春：吉林大学出版社，2010.

[6] 邹继豪，孙麒麟 . 体育与健康教育教程 ：修订版 [M]. 沈阳：辽宁大学出版社，2007.

[7] 邓树勋，陈小容 . 现代大学体育理论教程 [M]. 广州：广东高等教育出版社，2006.

[8] 何志林 . 现代足球 [M]. 北京：人民体育出版社，2006.

[9] 刘良刚 . 足球竞赛规则 ：2007/2008[M]. 北京：人民体育出版社，2007.

[10] 朱征宇，陈卓源 . 排球 [M]. 广州：中山大学出版社，2003.

[11] 李毅钧 . 排球基础教程 [M]. 北京：中国科学文化出版社，2003.

[12] 中国乒乓球协会 . 乒乓球竞赛规则 [M]. 北京：人民体育出版社，2007

[13] 孙卫星 . 现代网球技术教学法 [M]. 北京：北京体育大学出版社，2007.

[14] 杨忠令 . 现代网球教程 [M]. 杭州：浙江大学出版社，2001.

[15] 杨宁 . 网球 [M]. 北京：北京体育大学出版社，2003.

[16] 中国网球协会 . 网球竞赛规则 [M]. 北京：人民体育出版社，2009.

[17] 周文胜，闫美怡 . 网球基础与实战技巧 [M]. 成都：成都时代出版社，2009.

[18] 易勤，赵俊浩，王忠，等 . 大学体育教程新编 [M]. 武汉：武汉大学出版社，2008.

[19] 林志超 . 大学体育标准教程 [M]. 北京：北京体育大学出版社，2007.

[20] 形体健美与健美操编委会 . 形体健美与健美操 ：修订版 [M]. 北京：高等教育出版社，2001.

[21] 艾杨格 . 艾杨格瑜伽 [M]. 天津：天津科学院出版社，2010.

[22] 蕙兰 . 瑜伽 [M]. 北京：北京人民出版社，2009.

[23] 赵彦 . 祖本瑜伽大全 [M]. 北京：华文出版社，2010.

[24] 德拉威尔 . 肌肉健美训练图解 [M]. 李振华，译 . 济南：山东科技出版社，2008.

[25] 钱永健 . 拓展 [M]. 北京：高等教育出版社，2008.

[26] 毛振明 . 学校心理拓展训练 [M]. 北京：北京体育大学出版社，2005.

[27] 刘梅，杜勇，邓财林 . 体教融合下大学生体育与健康教育指导 [M]. 北京：北京体育大学出版社，2021.

[28] 张晓军，何健 . 大学公共体育教程 [M]. 北京：北京体育大学出版社，2018.

[29] 黄伟，张茂松，朱玲，等 . 新时代大学生体育与健康教育指南 [M]. 北京：北京体育大学出版社，2021.